Andreas von Bülow
Die CIA und der 11. September

Andreas von Bülow

Die
CIA
und der 11. September

Internationaler Terror und
die Rolle der Geheimdienste

Mit 15 Abbildungen

Piper
München Zürich

Alle Photos und Zeichnungen dieses Buches stammen aus der Broschüre »Painful Questions – An Analysis of the September 11th Attack« von Eric Hufschmid, die 2002 veröffentlicht wurde. Der Autor dankt Eric Hufschmid für die Bereitstellung von Bilddaten und für die Erlaubnis, dessen Zeichnungen abdrucken zu dürfen. Das Copyright für die Photos auf den Seiten 144 und 147 liegt bei AP/Wide World Photo. Das Photo auf Seite 153 stammt von James R. Tourtellotte. Die Photographen der übrigen Photos sind nicht bekannt.

ISBN 3-492-04545-6
4. Auflage 2003
© Piper Verlag GmbH, München 2003
Satz: EDV-Fotosatz Huber / Verlagsservice G. Pfeifer, Germering
Druck und Bindung: Clausen & Bosse, Leck
Printed in Germany

www.piper.de

INHALT

Einleitung   7

ERSTES KAPITEL
Der Angriff auf die Nervenzentren der USA

Die vierfache Attacke am Morgen des 11. 9. 2001   15
Im Laufe des Tages   17

ZWEITES KAPITEL
Ein Blick zurück – zur Vorgeschichte des 11. 9. 2001

Die Spur des Terrors   23
Alte Kameraden   32
19 Attentäter bei der geheimen Vorbereitung   47
Spekulationen vor den Anschlägen   61

DRITTES KAPITEL
**Das Kaninchen aus dem Zylinder –
Osama bin Laden und die muslimische Spur**

Wer sucht, der findet   66

VIERTES KAPITEL
Die offizielle Darstellung des 11. 9. 2001 – und ihre Lücken

Wer war in den Flugzeugen?   76
Merkwürdige Spuren   97

Kein Ende der Ungereimtheiten 109
Das Geschehen in New York 134

FÜNFTES KAPITEL
Der amerikanische Regierungsapparat – blind, beschränkt oder mitwissend?

Die Häufung der Ungereimtheiten macht mißtrauisch 165

SECHSTES KAPITEL
Das ganz andere Puzzle: Geheimdienste als Hintergrund

Geheimdienste in verdeckter Operation 179
Die mögliche Außensteuerung der Flugzeuge 188
Was geschah mit der AA 77? 196
Das Geheimnis des WTC-Gebäudes 7 201
Vorahnungen 211
Was weiß der israelische Geheimdienst? 213

SIEBTES KAPITEL
Die Regierung Bush nutzt die Gunst der Stunde

Das Große Spiel um die Weltherrschaft 223

Schlußbemerkung 248
Anmerkungen 253
Register 267

EINLEITUNG

Die Terroranschläge des 11. 9. 2001 schockten die Welt. Der Angriff war feige, er war grausam und tötete fast 3000 Menschen, die im Begriff waren, friedlich ihrer Arbeit nachzugehen. Die Völker der Erde scharten sich in Entsetzen und tiefer Anteilnahme um das amerikanische Volk und dessen Regierung. Und die Regierungen der Welt erklärten ihre Solidarität im Kampf gegen den internationalen Terrorismus.

Aber auch die Schlußfolgerungen, die die amerikanische Regierung aus den Anschlägen zog, schockten die Welt. So wenig sie über das Heraufziehen der Terrorgefahren vor dem 11. 9 zu wissen vorgab, so schnell war sie bei der Hand, die Namen der Täter zu veröffentlichen und die Staaten zu benennen, die sie entsandt hatten. Blitzschnell wurden als verantwortlicher Organisator der Anschläge Osama bin Laden in Afghanistan und seine globale Terrortruppe Al Kaida benannt, dazu der Diktator des Irak, Saddam Hussein, der zum Förderer von Al Kaida ernannt wurde. An eindeutigen Beweisen mangelte es zwar, gleichwohl wurde binnen weniger Tage ein »Weltkrieg«, der Jahre dauern würde, gegen bis zu 60 dem Terror Vorschub leistende Staaten verkündet.[1]

Schon bald stellte sich heraus, daß die Administration in Washington sehr wohl sehr viel früher sehr viel mehr gewußt hatte als behauptet. Vor allem aber wurde schnell klar, daß die Kriege sowohl gegen Afghanistan als auch gegen den Irak lange vor dem 11. 9. 2001 geplant und ins Auge gefaßt worden waren. Inzwischen ist von einer gewaltsamen Neuordnung der Nahostregion die Rede. Mit Feuer und Schwert soll der muslimischen Welt die Demokratie beigebracht werden. Doch die Pläne, lange vor dem 11. 9. 2001 von maßgeblichen Vertretern der derzeitigen amerikanischen Administration diskutiert und schriftlich niedergelegt, handeln weniger von den Sorgen über mangelnde Demokratie in Nahost. Sie zielen auf die Sicherung eines Jahrhunderts globaler amerikanischer Weltherrschaft, die Eindämmung der Milliardenvölker Chinas und Indiens, die Verhinderung des Aufstiegs konkurrierender Gegenmächte auf dem eurasischen Kontinent und schließlich den Zugriff auf die Lagerstätten des Öls, den knapper werdenden Rohstoff von strategischer Bedeutung, und die damit verbundene Finanzmacht. Die Bush-Administration nutzte die Ereignisse des 11. 9., ohne auch nur einen Moment zu zögern, um diese schon vorab formulierte Politik im Zuge des Kampfes gegen den internationalen Terror durchsetzen und rechtfertigen zu können.

Die Täter des 11. 9. waren in der Lage, die zivile und militärische Überwachung des amerikanischen Kontinents scheinbar mühelos zu überlisten und Gegenmaßnahmen für volle zwei Stunden auszuschalten. Vier riesige Verkehrsflugzeuge binnen einer Stunde in die Gewalt zu bekommen und mit nur mangelhaften fliegerischen Fähigkeiten bei hohen Geschwindigkeiten exakt in die Ziele zu lenken grenzt an Hexerei. Die Beobachter trauten ihren Augen nicht, als sie das Geschehen live auf den Bildschirmen verfolgten. Die Skepsis, die anfangs gegenüber den amtlichen Erklärungen laut wurde, wich im Laufe der Wochen und Monate der täglich wiederholten Botschaft von den 19 muslimischen, meist saudiarabischen Tätern und deren Verbindung zu der weltumspannenden Terror-Basis Al Kaida unter der Führung des Cheforganisators Osama bin Laden im von den Taliban beherrschten Afghanistan. Inzwischen scheint eine den Globus umspannende Kette neuer, schrecklicher Taten und Verschwörungen das Bild zu bestätigen.

Die eigentliche Tat des 11. 9. ist jedoch nach wie vor nicht aufgeklärt. Es liegt kein amtliches Untersuchungsergebnis der amerikanischen Regierung vor, noch nicht einmal ein vorläufiges. Unendlich viele Einzelheiten stehen nicht fest, sind nicht hinreichend recherchiert oder können nur schwer eingeordnet werden. Die Einsetzung eines parlamentarischen Untersuchungsausschusses scheiterte am Widerstand der amerikanischen Regierung. Lediglich die Geheimdienstausschüsse des amerikanischen Kongresses durften sich mit der Angelegenheit beschäftigen. Abgeordnete, die im Verdacht standen, Nachrichten aus der Arbeit dieser Ausschüsse an die Öffentlichkeit weitergegeben zu haben, wurden von der Administration zur Überprüfung ihrer Dementis mit dem Einsatz von Lügendetektoren bedroht. Die amtliche Kommission zur Untersuchung der Vorgänge, die zunächst vorgesehen war, scheiterte an der Befangenheit des beauftragten Vorsitzenden und ehemaligen Sicherheitsberaters Präsident Nixons, Henry Kissinger. Er zählt saudische Milliardäre zu seinen Beratungskunden, die zugleich als Finanziers des muslimischen Fundamentalismus Gegenstand der Untersuchung hätten werden können. Ähnliches galt für den vorgesehenen Stellvertreter.

Daß Henry Kissinger als Sicherheitsberater Präsident Nixons für den Aufgabenbereich der CIA verantwortlich war, kam dabei kaum zur Sprache. Dies ist insofern von Bedeutung, als es zu den Hauptaufgaben des amerikanischen Geheimdienstes zählt, die nationale wie internationale Öffentlichkeit möglichst perfekt über die kriminellen Seiten seiner Tätigkeit zu täuschen. Wer Information und nicht Desinformation über den 11. 9. 2001 schaffen will, darf folglich nicht Persönlichkeiten dieses Hintergrunds mit der Aufklärung beauftragen.

Immer mehr traten die Ungereimtheiten der amtlichen amerikanischen Verschwörungstheorie zutage, aber die amerikanische Regierung sorgt bis zum heutigen Tag nicht für umfassende Aufklärung. Die in den USA in den Händen weniger Großkonzerne liegenden Medien wirken wie gleichgeschaltet und scheinen wenig Interesse zu haben, brisante Fragen zu stellen.

Ein Großteil der Beweismittel, die eine sachverständige Aufklärung hätten ermöglichen können, ist zudem inzwischen beseitigt worden. Die im folgenden zusammengetragene und keineswegs vollständige Auflistung der Unstimmigkeiten legt nahe, die amtliche Darstellung einer muslimischen Verschwörung in Zweifel zu ziehen.

Wer das Treiben der amerikanischen, aber auch israelischen Geheimdienste seit Ende des Zweiten Weltkriegs, also über mehr als sechs Jahrzehnte, verfolgt, der wird auch an verdeckte Geheimdienstoperationen als Mittel der psychologischen Kriegführung zur Beeinflussung der Massen denken müssen. Betrachtet man den ganzen Komplex unter diesem Blickwinkel, zeigt sich, daß viele der Puzzlesteine, die nicht in das von der Bush-Regierung beschworene Bild eines muslimischen Selbstmordattentats passen, plötzlich doch »passen«, wenn man sich zwei Bilder vorstellt – das Bild einer Haupttat und das einer zur Ablenkung in Szene gesetzten »getürkten« Tat. Die Spuren der eigentlichen Täter werden durch kunstvoll gelegte Fehlspuren verdeckt.

Es wäre vermessen, Vorgeschichte und Tat des 11. 9. in allen Einzelheiten ohne Hilfe aus den Riesenapparaten des FBI, der CIA, der NSA oder des Mossad aufklären zu wollen. Doch die Zweifel an der offiziellen Version reichen aus, um der amerikanischen Regierung bei ihrer Darstellung des Geschehens und der daraus abgeleiteten politischen wie militärischen Strategie eines »Weltkriegs« schlicht die Gefolgschaft zu verweigern. Diese Strategie gefährdet das Überleben von Demokratie, Rechtsstaat und globalem Frieden. Schließlich drohen nicht nur »Präventivkriege« des extrem aufgeblasenen amerikanischen Militärapparats, sondern auch die Beseitigung der Vereinten Nationen als ausgleichendem Faktor zwischen den Nationen, es droht die Zerstörung des über Jahrzehnte, ja über Jahrhunderte entwickelten Völkerrechts.

Einleitung

Am 11. 9. 2001 brach in Sekundenschnelle eine Hölle über wehrlose, von ihrem Staat nicht geschützte Menschen herein. Die hinterhältige Tat wird muslimischen Terroristen angelastet, deren Führung, ob Al Kaida, Taliban oder Osama bin Laden, im verdeckten Kampf der CIA gegen die sowjetischen Truppen in Afghanistan angeworben, ausgebildet und eingesetzt wurde. Die Geldquelle des geduldeten Drogenhandels half bei der Finanzierung. Ob die CIA sich je vollständig von diesen Mannschaften getrennt hat oder sie gar weiter für ihre weltweiten Einsätze nutzt, bleibt ungewiß. Der 11. 9. ist daher auch ein Anlaß, die hochkriminellen Aktivitäten insbesondere der CIA in allen wichtigen Ländern der Welt, nicht zuletzt die schamlose Nutzung der Drogenkriminalität zu geheimdienstlichen Zwecken in allen Erdteilen, zum Thema zu machen. Die Gründer hatten der CIA zur Vorgabe gemacht, besser als der KGB sein zu müssen. Die damit verbundenen verdeckten geheimdienstlichen Operationen, mit den Grundsätzen einer rechtsstaatlichen Demokratie unvereinbar, müssen aufgegeben werden, wenn nicht stets aufs neue von außen geschürter Haß und Chaos das Zusammenleben der Völker unmöglich machen sollen.

Es gibt sie, die beherzten Demokraten in den Vereinigten Staaten wie in Europa und anderswo, die gemeinsam auf eine Änderung hinarbeiten können und müssen. Nirgendwo sonst ist die Kritik an den Operationen der geheimen Außenpolitik der USA so massiv, so erbittert, so minutiös wie in den USA selbst. Da aber die amerikanischen Medien das Thema ausklammern und sich für die Taktik der amtlichen Desinformation einspannen lassen, hat sich eine die Politik in die Schranken fordernde Protestbewegung noch nicht bilden können.

Dieses Buch wäre nicht ohne die vielen Amerikaner zustande gekommen, denen der Rausch des Patriotismus nicht den kritischen Blick und vor allem die kämpferische Bereitschaft nehmen konnte, die Werte der amerikanischen Verfassung gegen die Manipulation durch Politik und Medien hochzuhalten. Es ist eine starke, kluge und mutige Minderheit, deren Hartnäckigkeit und Hingabe dazu geeignet erscheinen, eine neue Mehrheit zu schaffen, die die drohende Erosion der amerikanischen Demokratie aufhalten und die Republik in friedlichere Fahrwasser zurücksteuern könnte. Den Beiträgen dieser Minderheit im Internet hat die Regierung bislang nichts entgegenzusetzen als die leicht zu durchschauende, täglich zelebrierte Propaganda.

Dieses Buch baut auf Erkenntnissen auf, die ich in meinem Buch *Im Namen des Staates* systematischer dargestellt habe. Auch die dort benutzten Quellen sind nahezu ausschließlich amerikanische. Es war die moralische Empörung über den Vietnamkrieg in den Vereinigten Staaten selbst, die die vielen Geheimoperationen der CIA ans Licht zerrte, die Liste der ermordeten Führer der Befreiungsbewegungen, die Liste der verdeckt geförderten Militärputsche in Ländern der Dritten Welt, der Drogenhandel als unerschöpfliche Finanzierungsquelle, die Desinformationskampagne gegenüber den Nachrichtenagenturen, Zeitungsredaktionen, der Kultur- und Hochschulszene. Doch schnell wurde der Vorhang wieder zugezogen. Die Mehrheit der heute lebenden Menschen hat keine Ahnung von der kriminellen Welt hinter den vornehmen Fassaden der Fahnen und Ehrenzeichen. Es war ein Selbstreinigungsakt der Amerikaner, der dies möglich gemacht hatte. Und so kann man hoffen, daß ein ähnlicher Prozeß im Zuge des »Weltkriegs«, den der amerikanische Präsident verkündet hat, noch einmal stattfinden wird, und sei es nur, weil den Menschen Amerikas von einer kleinen Machtclique Lasten auferlegt werden, die zu tragen sie sich vernünftigerweise verweigern.

Die Menschheit braucht das alte ideale Amerika, das Land der Freiheit, der Verheißung für Milliarden von Menschen, das Land, dem Frankreich die Freiheitsstatue zum Dank dafür errichtete, daß es der Welt noch vor der Französischen Revolution zeigte, wie Menschen selbstbewußt und stolz in einer

Einleitung

Demokratie leben, gesichert durch Bürgerrechte wie Meinungsfreiheit und Gewaltenteilung ohne Feudal- und Kolonialordnungen. Wir Europäer sind nach dem Sturz von Nationalsozialismus und Faschismus auch heute noch dankbar für diese Botschaft. Doch könnte heute nicht auch Amerika von Europa lernen, dessen Völker in blutigen Kriegen auf schmaler Basis Weltreiche errichten wollten und letztlich alle, auch Großbritannien, gescheitert sind? Die einzig verbliebene Weltmacht geht stärker als je eine Nation in den Kampf um das amerikanisch zu beherrschende Jahrhundert. Die Ausgangsbedingungen sind günstiger als die der Europäer. Doch auch die USA werden an den Opfern scheitern, die diese Politik dem Volk abverlangt.

Bonn, im Juni 2003   Andreas von Bülow

ERSTES KAPITEL

Der Angriff auf die Nervenzentren der USA

Die vierfache Attacke am Morgen des 11. 9. 2001

American Airlines, Flug Nr. 11:
World Trade Center Nordturm

Das Herz drohte stillzustehen, als auf dem Fernsehschirm wieder und wieder das Bild des sich zielgenau in den Nordturm des World Trade Centers bohrenden Jumbojets zu sehen war. Die Boeing 767 der American Airlines, Flug Nr. 11, war mit 92 Personen an Bord um 8 Uhr Ortszeit in Boston mit Ziel Los Angeles gestartet. Um 8 Uhr 46 schlug sie in leichter Linksneigung zwischen dem 94. und 98. Stockwerk in den Turm.[2] In Windeseile versammelte sich die Weltgemeinde um Fernseher und Radioapparate, die Arbeit ruhte. Fassungslos wurden die Menschen Zeugen eines der größten Verbrechen der Neuzeit. Das Wahrzeichen des amerikanischen Finanzzentrums in Manhattan war getroffen und brannte, die Feuerwehren rasten zum Einsatzort. Menschen sprangen in höchster Not aus den Fenstern in den sicheren Tod.

United Airlines, Flug Nr. 175:
World Trade Center Südturm

Noch im Bann der Bilder des ersten Anschlags, konnten 17 Minuten später inzwischen Milliarden Menschen nahezu live den Anflug eines zweiten Großraumflugzeugs auf das World

Trade Center miterleben. Es handelte sich um eine Boeing 767 der United Airlines, Flug Nr. 175, die gegen 8 Uhr 14 mit 65 Personen ebenfalls von Boston nach Los Angeles gestartet war. Um 9 Uhr 03 raste sie unmittelbar nach einer kurzen Kurskorrektur zwischen dem 78. und 84. Stockwerk in den südlichen Zwillingsturm – diesen allerdings eher streifend.

American Airlines, Flug Nr. 77:
Pentagon-Südwestflügel

Etwa 40 Minuten später donnerte nach Darstellung der Medien ein weiterer Jumbo, eine Boeing 757 der American Airlines, Flug Nr. 77, mit 64 Personen in den äußeren Ring des Pentagons, des fünfeckigen Riesengebäudes des amerikanischen Verteidigungsministeriums. Diese Maschine war um 8 Uhr 20 auf dem Dulles Airport etwa 40 km westlich von Washington D.C. zum Flug nach Los Angeles gestartet. Über Ohio drehte das Flugzeug ab und nahm zunächst Kurs auf das Weiße Haus, den Amtssitz des amerikanischen Präsidenten. Kurz vor dem Ziel wurde das Flugzeug in eine Kehre von 270 Grad gezwungen und in acht Minuten aus einer Höhe von 10 000 Metern auf nahezu Bodenhöhe gedrückt. Im Tiefstflug mähte es Telefon- und Elektrizitätsleitungen nieder und prallte in die gerade erst gegen Terroranschläge verstärkte Fassade des Pentagons. Es war inzwischen 9 Uhr 40, knapp eine Stunde nach dem ersten Anschlag in New York.[3] Auch hier wilde Flammen, Rauch, fassungslose Passanten, Feuerwehr, Polizei, Beamte, Reporter.

United Airlines, Flug Nr. 93:
Absturz bei Shanksville

Kaum war auch diese Nachricht verbreitet, kam der Hinweis auf ein in Pennsylvania abgestürztes Flugzeug. Es war die Boeing 757 der United Airlines, Flug Nr. 93, die von dem Flughafen Newark vor den Toren New Yorks um 8 Uhr 42 nach dem Ausstieg zweier Passagiere mit vierzig Minuten Verspätung gestartet war[4] und je nach Angaben zwischen 10 Uhr 03 und 10 Uhr 10 bei Shanksville, südöstlich von Pittsburg, in einem alten Kohlerevier des Staates Pennsylvania abstürzte.[5] Nach ersten Nachrichten war die Maschine abgeschossen worden oder in der Luft explodiert. Später kamen Hinweise auf einen heroischen Kampf an Bord, den die Passagiere mit den Entführern geführt hätten. Kurz darauf habe sie sich dann in den Boden gebohrt.

Im Laufe des Tages

Die Brände in den beiden Türmen

Der Aufprall der beiden Großraumflugzeuge gegen den Nord- und 20 Minuten später gegen den Südturm entfachte riesige Feuer und dann vor allem Rauch. Um den zuletzt getroffenen Südturm entstand sofort ein gigantischer Feuerball, da das Kerosin aus den zerrissenen Flugzeugtanks in Verbindung mit dem Luftsauerstoff ein hochexplosives Gemisch ergab.

In den Nordturm war das Flugzeug frontal hineingerast und hatte seinen Treibstoffvorrat über große Flächen der vier oder fünf Stockwerke mit deren Großraumbüros verteilt.

Das World Trade Center war in Stahlskelettbauweise errichtet worden. Es war etwa 400 Meter hoch, die Statik ruhte auf massiven Stahlträgern im inneren Kern des Gebäudes, an der Basis 12 cm stark aus einem in Japan gefertigten Spezialstahl, der in Richtung der oberen Stockwerke schlanker wurde. Die Statik wurde ergänzt durch 256 an der Außenfront im Abstand von je 100 cm montierten Stahlträgern, die untereinander wieder mit Quersprossen verschraubt und mit feuerfestem Material ummantelt waren. Zwischen den Trägern befanden sich jeweils die Fensterflächen. Die im Abstand von 3,70 Metern angeordneten Geschoßflächen ruhten auf Stahl- und Betonkonstruktionen, die wiederum sowohl an den Stahlträgern im Kern als auch an den Außenträgern befestigt waren.

Die New Yorker Feuerwehren begaben sich in den größten Einsatz ihrer Geschichte. Polizei und Feuerwehr stürmten in die Etagen, um die Brandherde zu löschen und den Menschen Rettung zu bringen. Sie waren vermutlich zuversichtlich, hatte es bis dahin doch noch nirgendwo auf der Welt den Einsturz eines Stahlskelettbaus gegeben, der auf das Schmelzen, Weich- oder Sprödewerden durch noch so große Feuersbrünste zurückzuführen gewesen wäre.

Doch das Undenkbare geschah, der nur tangential getroffene Südturm stürzte zuerst in sich zusammen. Die Türme waren zwar statisch gegen den Aufprall von Großraumflugzeugen ausgelegt, sie waren gegen die viel gefährlicheren Winterstürme gesichert, doch hier geschah etwas Unfaßbares: Bildaufnahmen zeigen, wie oberhalb der 75. Etage eine Baumasse von 30 Stockwerken, insgesamt 100 Meter hoch, zunächst bis zu 22 Grad zur Seite kippt, um dann zusammen mit den darunterliegenden 72 Etagen im freien Fall in sich zusammenzusacken. Der Vorgang wird von einer riesigen Staubwolke verhüllt, aus der sich allenfalls vereinzelt schwerere vorwegfliegende Teile wie Stahltrossen erkennen lassen.

20 Minuten später folgt der Nordturm, der in den vom Flugzeug getroffenen Etagen wenig Feuer, dafür um so mehr schwarzen Rauch erkennen ließ. Beide Türme stürzen in einer

Kettenreaktion wie Schichttorten in sich zusammen, indem sie Stockwerk für Stockwerk mit sich reißen und Mobiliar wie Menschen unter sich begraben.

Freudestrahlende Palästinenser im TV-Verschnitt

In den ersten Stunden galt die Berichterstattung der Fernseh- und Rundfunkanstalten dem eigentlichen Geschehen vor Ort, der Reaktion der Bevölkerung, den Überlebenden, den Rettungsmannschaften, der Angst und Trauer der Angehörigen, aber natürlich auch dem Echo, das das Geschehen in aller Herren Länder hervorrief. Daß die vier Flugzeuge von Terroristen entführt worden seien, stand von Beginn an in den Regierungsdarstellungen wie in den Medienberichten außer Frage. Die Richtung, in die sich die Phantasien über Hintergründe und Zusammenhänge entwickeln konnten oder auch sollten, wurde vorgegeben durch die TV-Bilder einer angeblich vor Schadenfreude lachenden Palästinenserin inmitten ebenfalls lachender Kinder. Auf den Bildschirmen sieht man dem sicheren Tod geweihte Menschen aus dem Turm springen, kurz darauf die Live-Aufnahmen aus Palästina. Wieder und wieder werden sie in die aktuelle Berichterstattung eingespielt und setzen sich in den Köpfen der Betrachter fest. Erst Tage später stellte sich heraus, daß die Aufnahmen Menschen ohne jede Ahnung von den Ereignissen in New York zeigten, denen großzügig Süßigkeiten spendiert worden waren, worüber sie sich freuten. Die groß ins Bild gebrachte Palästinenserin erkannte sich entsetzt auf dem Bildschirm mit der ihr unterstellten feindseligen Gesinnung wieder. Die Vermutung liegt nahe, daß diese Aufnahmen von interessierter Seite zielgerichtet *just in time* in die Redaktionen der Fernsehgesellschaften und Nachrichtenagenturen lanciert wurden, um die Stimmung und Grundeinstellung der Massen zu beeinflussen.[6] Die Richtigstellung des ersten Eindrucks fand sich erst sehr viel später und wie üblich allenfalls an untergeordneter Stelle in den Medien wieder. Deutsche Medien druckten auf Titelbildern die einstürzenden Türme im Verschnitt mit den jubelnden Palästinensern ab.

Brand und Einsturz der Nachbargebäude

Zumindest in Europa weit weniger beachtet, griffen die Flammen in der Folge von Brand und Einsturz der Türme des World Trade Centers auf weitere Gebäude des Areals über, die zwar nicht ganz so hoch waren, aber doch Hochhauscharakter hatten. So fing das Gebäude Nr. 7 nach dem Einsturz des Nordturms um 10 Uhr 30 Feuer und stürzte am Nachmittag gegen 17 Uhr 25 ein. Die weiteren Gebäude 4, 5 und 6 brannten über Stunden zum Teil lichterloh, hielten jedoch mit ihren Stahlskelettstrukturen dem Feuer und den herabstürzenden Trümmern der benachbarten Türme ganz im Gegensatz zu Gebäude 7 stand.

Der Präsident in der Grundschule

Der amerikanische Präsident George W. Bush war bereits beim Verlassen seines Hotels in Florida, kurz vor dem Besuch einer Schule in Sarasota, Florida, vom Einschlag eines Flugzeugs in den Nordturm des World Trade Centers unterrichtet worden.[7] Dennoch wickelte er mit seinen die Verbindung zur Außenwelt haltenden Mitarbeitern sein Tagesprogramm ab und ließ sich von Zweitkläßlern Geschichten vorlesen. Er fuhr darin sogar weitere 25 Minuten fort, nachdem er von dem zweiten Anschlag auf den Südturm erfahren hatte. Daß ganz offenbar Terroristen der einzig verbliebenen Supermacht einen Krieg erklärt, die USA im eigenen Land angegriffen hatten und dementsprechend gehandelt werden mußte, schien dem Präsidenten kein hinreichender Grund, den geplanten Tagesablauf zu unterbrechen und sofort zu stoppen. Immerhin meldete er sich mit einer ersten Stellungnahme noch aus Florida mit dem Hinweis, das Land sei offensichtlich von einem Terroranschlag überrascht worden.[8] Um 9 Uhr 57 bricht der Präsident mit einer Militärmaschine, nicht mit seiner Air Force One, von Florida auf. Um 13 Uhr 04 meldet er sich von einer Air Force Base in Louisiana mit der Bitte um ein Gebet für die Getöteten und Verwundeten. Zugleich kündigt er Verfolgung und unerbittliche Bestrafung der feigen Attentäter an. Von Louisiana wurde Bush auf eine Air Force Base im Mittleren Westen in Nebraska geflogen, wo er am Nachmittag dann doch seine Air Force One bestieg, um nach Washington zurückzukehren. Das Umherirren des Präsidenten in Militärmaschinen von Luftwaffenstützpunkt zu Luftwaffenstützpunkt kommentierte das Weiße Haus zunächst mit dem Hinweis, es seien beim Secret Service anonyme Anrufe eingegangen, aus denen sich ergeben habe, daß die Terroristen im Besitz »cosmic top secret« eingestufter Geheimcodes des Präsidenten sowie der jeweiligen Koordinaten der Präsidentenmaschine seien. Deshalb habe er nicht mit der eigenen Maschine fliegen können und habe auch einen direkten Flug zurück in die Machtzentrale in Washington meiden müssen. Diese Meldung, intensiv verbreitet, verstärkte die Verunsicherung der Menschen in den USA. Einige Tage später dementierte das Weiße Haus die Nachricht von den Geheimcodes.[9] Die Medien übergingen die Korrektur, allenfalls auf den letzten Seiten fanden sich minimale Hinweise.

Am Abend sprach Bush dann über die Fernseh- und Radiostationen zum amerikanischen Volk mit der entschlossenen Botschaft, die Regierung werde nicht unterscheiden zwischen Terroristen, die die Anschläge verübt hätten, und denen, die ihnen Hilfe und Unterschlupf zuteil werden ließen. Vor dem Kongreß redete er von einer langen Kriegskampagne, die jetzt erforderlich sei. Er forderte die Welt auf, sich an dem anstehenden Kampf zu beteiligen. Wer nicht mit uns ist, ist mit den Terroristen, war die Botschaft an die Welt.

ZWEITES KAPITEL

Ein Blick zurück –
zur Vorgeschichte des 11. 9. 2001

Die Spur des Terrors

1993: Anschlag von der CIA unterstützter Muslime auf das World Trade Center

Nur wenige Jahre nach dem Zusammenbruch der Sowjetunion gelingt es fundamentalistisch-muslimischen Terroristen, meist Veteranen des Kampfes gegen die sowjetischen Truppen in Afghanistan, die Vereinigten Staaten im eigenen Lande fortwährend mit Terrortaten zu überziehen. So waren die amerikanischen Geheimdienste bereits seit dem ersten Bombenanschlag auf das World Trade Center im Jahre 1993 vor weiteren Angriffen muslimischer Terrorgruppen auf herausragende und symbolträchtige Ziele der Vereinigten Staaten gewarnt. Schon damals schreibt die amerikanische Presse einem geheimnisvollen Osama bin Laden immer wieder die Urheberschaft terroristischer Anschläge mit muslimischem Hintergrund zu. So auch bei dem ersten Anschlag auf das World Trade Center. Allerdings fällt es bei näherem Hinsehen schwer, den Geheimdiensten der USA nicht ein Großteil der Verantwortung für das Tatgeschehen zuzuschreiben. Bei diesem ersten Anschlag auf das World Trade Center bastelte eine Gruppe muslimischer Afghanistan-Veteranen, die sich in New Jersey vor den Toren New Yorks niedergelassen hatte und dort unter der geistlichen Betreuung eines blinden Mullahs aus Kairo stand, unter Anleitung eines ehemaligen ägyptischen Geheimdienstoffiziers die damals so gefürchtete

»Agrarbombe«, ein Gemisch aus bestimmten Düngemitteln und Dieselöl. Die muslimischen Täter waren entgegen der Anordnung des State Departments und des FBI durch Vermittlung der CIA ins Land geschleust worden.[10] Der ägyptische Bombenbauer hatte sich sehr frühzeitig dem FBI als Informant zur Verfügung gestellt. Dabei hatte er die Verhandlungen mit dem Führungsoffizier des FBI sorgfältig auf Band festgehalten. Darunter auch die feste Zusage des FBI-Beamten, die gefährliche Sprengladung spätestens 24 Stunden vor dem geplanten Anschlag durch ein harmloses Material auszutauschen. Als die Muslime seinerzeit mit ihrer Bombenladung in einem Pick-up zum World Trade Center aufbrachen, konnte der ägyptische Informant des FBI daher davon ausgehen, daß es zu keiner Explosion kommen würde. Die Täter hätten verhaftet werden können, das FBI hätte sich die erfolgreiche Bekämpfung des muslimischen oder auch internationalen Terrorismus an die Amtsfahne heften können.[11] Doch es kam anders. Über Nacht war der ägyptische Agent als unglaubwürdig angesehen worden. Das Pulvergemisch wurde nicht ausgetauscht. Die Bombe wurde gezündet und verletzte 1000 Menschen, sechs kamen bei der letztlich vom Geheimdienst gesponserten Terroraktion ums Leben. Ein New Yorker Strafgericht verurteilte den von Ägypten ausgelieferten Mullah aus Kairo und einige Nebenfiguren. Im Prozeß verwiesen die Kriminellen zu ihrer Verteidigung auf die Erfahrung, die sie in den Kampfverbänden des afghanischen Freiheitskämpfers, Drogenbosses und CIA-Partners Hekmatyar gewonnen hätten.[12] Hekmatyar ist derzeit erneut Partner der CIA und der amerikanischen Verbände im Kampf um Afghanistan. Das Attentat war entgegen den Behauptungen des FBI ganz offensichtlich Osama bin Laden nicht zuzurechnen. Im FBI kam es zu einer Auseinandersetzung mit dem Leiter eines chemischen Labors, dem von der Behördenleitung nahegelegt worden war, Laborergebnisse zu Lasten der Angeklagten im World-Trade-Center-Strafprozeß zu verfälschen.[13]

Oklahoma Federal Building

Das nächste Großattentat, das sofort nach Bekanntwerden der Tat wiederum muslimischen Fundamentalisten in die Schuhe geschoben wurde, war der Anschlag mit einer Agrarbombe auf das Bundesverwaltungsgebäude in Oklahoma im Jahr 1995. 168 Tote, darunter 60 Kinder eines Kindergartens, sowie unzählige Verletzte waren die Opfer.[14] Bei der Aufarbeitung der Straftat durch das FBI, die örtliche Kriminalpolizei und die Staatsanwaltschaft stellte sich sehr schnell heraus, daß islamische Fundamentalisten als Täter wohl nicht in Betracht kamen. Die Behörden hatten einen gewissen Timothy McVeigh gefaßt, einen ehemaligen Soldaten der US-Army, der einen Pick-up-Truck beladen mit einer Agrarbombe vor dem Bundesgebäude geparkt und zur Explosion gebracht haben mußte. McVeigh hatte den Wagen bei einem Mietwagenunternehmen gemietet, war darüber identifiziert worden und bekannte sich letztlich zu dem Anschlag. Er habe aus Haß gegen die Bundesregierung gehandelt, mit der er sich im Krieg befinde. Die 168 Toten und vielen Verletzten seien Kollateralschäden, ein Begriff, den er vermutlich beim Militär kennengelernt hatte.

McVeigh hatte im Vorfeld intensiven Kontakt mit den Mitgliedern einer »White Aryan Resistance«-Gemeinde gepflegt. Zwanzigmal hatte er die Gemeinde besucht, außerdem u. a. unzählige Telefonate mit einem früheren Zeitsoldaten des Militärischen Abschirmdienstes (MAD) der Bundeswehr geführt, der in der Siedlung des Weißen Arischen Widerstands Elohim für Fragen der Sicherheit zuständig war. Dort wurde ihm für Gruppen der Weißen Überlegenheitsarier (»White Aryan Supremacists«) das amerikaweite Waffentraining anvertraut. Im kleinen Kreis stiftete der Deutsche, ohne daß ein Motiv erkennbar gewesen wäre, wiederholt zum Angriff auf Einrichtungen des Bundes, darunter auch etwa des Federal Building in Oklahoma, an. Der Bürgermeister der 200-Einwohner-Siedlung war ein Agent des FBI. Eine weitere Agentin des Geheimdienstes des Büros für Alkohol, Tabak und Feuerwaffen (BATF) hatte den ehemaligen MAD-Mann mit seinen Kollegen u. a. in 70 Berichten als rechtsradikal und gefährlich bei der Erörterung terroristischer Pläne bezeichnet und gefilmt. Doch kurz vor der Tat wurde die Agentin entlassen. In ihrem Arbeitsgerichtsprozeß kamen die erwähnten Hintergründe zur Sprache. Im Prozeß gegen Timothy McVeigh jedoch wurde die Agentin der BATF nicht als Zeugin zugelassen.

Welchem Geheimdienst der Deutsche zugearbeitet haben könnte, läßt sich nicht leicht ausmachen. Die Vermittlung durch einen CIA-nahen amerikanischen Obristen aus Berlin läßt Eingeweihte auf einen Zusammenhang mit der Drug Enforcement Agency schließen. Die Hintergründe sind von Bedeutung, da das Federal Building mit an Sicherheit grenzender Wahrscheinlichkeit nicht dem Anschlag des ehemaligen Soldaten der US-Army Timothy McVeigh zum Opfer gefallen sein kann. Die Agrarbombe wurde zwar gezündet, und sie verursachte auch Schäden, nur müssen die entscheidenden und alles zerstörenden Sprengladungen gezielt an mindestens sechs der tragenden Stahlsäulen des Gebäudes angebracht und zeitlich abgestimmt mit der Agrarbombe gezündet worden sein. Dies war das Ergebnis eines Gutachtens, das ein pensionierter General der US-Luftwaffe angefertigt hatte, der zehn Jahre lang ein wissenschaftliches Institut für Sprengmittel und Munition geleitet hatte.[15] Die Sprengkraft der aus Dieselöl und Düngemittel zusammengerührten Bombenfüllung könne nicht Ursache für Art und Umfang der am Gebäude zu erkennenden Schäden sowie die Charakteristik des tiefen Kraters gewesen sein. Dazu hätten an den tragenden Stahlsäulen des Gebäudes gezielt Sprengladungen einer viel höheren Brisanz angebracht werden müssen.

Der Bitte des Generals ebenso wie vieler Angehöriger der Opfer, die Gebäudebestandteile einschließlich des Stahlskeletts sorgfältig auf Spuren zu untersuchen und das Material Sachverständigen zur weiteren Begutachtung vorzulegen, wurde nicht gefolgt. Die Trümmer wurden von der Firma Controlled Demolition aus Baltimore, die später auch für die Trümmerbeseitigung beim World Trade Center zuständig war, so schnell als möglich auf eine Deponie gefahren und mit Erdreich bedeckt. Die Deponie wurde umzäunt und mit Wachhunden vor unerwünschten Spurensuchern geschützt.

Statt der anfänglich in allen amerikanischen Medien verdächtigten Muslime waren es nun zwei amerikanische Täter, Timothy McVeigh und Terry Nichols, auf die das Gerichtsverfahren zugeschnitten wurde. Die alternative Spur wurde nicht verfolgt, obgleich Zeugen nicht nur mehrere Explosionen vor Ort gehört hatten, sondern in der Nacht vor der Tat in dem großen Bürogebäude auch ungewöhnliches Servicepersonal gesichtet hatten.

Die sofortige Verengung der kriminalpolizeilichen Ermittlungen auf die Spur der beiden Täter ließ viele Menschen nach überzeugenderen Erklärungen des Geschehens suchen. Doch die überregionale Presse, die zunächst mit wilden Schlagzeilen die Muslimspur verbreitet hatte, übernahm ohne viel Federlesen die staatlich angebotene Verschwörungstheorie der beiden Einzeltäter. Bis heute ist nicht geklärt, wie es dazu hat kommen können, daß die Bundesbehörden über die Beziehungen McVeighs zu den Weißen Überlegenheitsariern bestens informiert waren und wußten, daß dort unter aktiver Beteiligung eines früheren Angehörigen des MAD, Offiziers der Bundeswehr und Sohn eines hochrangigen deutschen Politikers Überlegungen für Bombenanschläge auf Bundeseinrichtungen diskutiert wurden. Wobei es so aussieht, als wäre das schließlich durchgeführte Attentat fast sekundengenau überdeckt worden von einem ganz anderen, raffinierteren, mörderischen Anschlag. Die Täter und Hintermänner der eigentlichen Mordtat konnten durch das Verhalten der Bundesbehörden bei der Aufklärung im Dunkel bleiben.[16]

Nachzutragen bleibt, daß Präsident Clinton das Attentat von Oklahoma als das seine Wiederwahl bestimmende wichtigste Ereignis bezeichnete. Die amerikanische Öffentlichkeit war schon seit Jahren durch Nachrichten über immer wilder auch mit Anschlägen und Schießereien auftrumpfende rechtsradikale und fanatische Milizen beunruhigt worden. Die Republikaner hatten sich im Wahlkampf schützend vor die Milizen und deren Vorstellung von einer übermächtig die Freiheit des einzelnen erdrückenden Zentralgewalt in Washington gestellt. Der in den Medien genau diesen Kreisen zugeschriebene Anschlag in Oklahoma gab dem demokratischen Amtsinhaber den nötigen politischen Rückenwind zu seiner Wiederwahl.

Die Bombenanschläge Osama bin Ladens auf US-Botschaften in Afrika

Im Jahre 1996 verübten zunächst unbekannte Täter Autobombenanschläge auf die amerikanischen Botschaften in Kenia und Tansania. Obgleich überzeugende Beweismittel fehlten, wurde Osama bin Laden von der Clinton-Regierung die Urheberschaft zugeschrieben. Er hielt sich damals im Sudan auf, wo er als Bauunternehmer vornehmlich mit dem Bau einer 1000 km langen Fernstraße beschäftigt war.

US-Präsident Clinton ließ als Anwort auf die Anschläge 74 unbemannte Flugkörper mit schwerer Bombenlast von Schiffen der US-Navy auf Afghanistan abfeuern, die nur unbeteiligte Zivilopfer trafen oder im menschenleeren Wüstengelände einschlugen. Auch der Sudan wurde mit Bomben bedacht, da er Osama bin Laden und seinen Terroristen angeblich Unterschlupf gewährt hatte. Das Angriffsziel war eine Fabrik, die den Sudan mit Arzneimitteln versorgte. Die CIA hatte behauptet, dort würden chemische Kampfmittel hergestellt. Daran war offensichtlich kein wahres Wort. Dem diplomatischen

Corps war kurz zuvor eine Besichtigungstour angeboten worden, an der der örtliche CIA-Resident offensichtlich nicht teilgenommen hatte. Der deutsche Botschafter wies auf die Unhaltbarkeit der amerikanischen Vorwürfe hin. Die amerikanische Regierung blieb jedoch bei ihrer Behauptung und bombte. Merkwürdig ist auch das Zusammenspiel der israelischen und amerikanischen Dienste bei der Aufklärung der Attentate. Der israelische Mossad sandte noch vor den Amerikanern eine »Aufklärungsmannschaft« an die Orte des Geschehens, was als Hilfe aus der Region deklariert wurde, jedoch möglicherweise die Unvoreingenommenheit der Aufklärung vor Ort beeinträchtigte.

Der Sudan bietet die Auslieferung Osama bin Ladens an – vergeblich

Die Vereinigten Staaten hätten ihren Unhold bereits im Jahre 1996 vom Sudan übernehmen und wegen vielfältiger Verbrechen anklagen können. Die Regierung des im südlichen, ölhaltigen Teil des Landes gegen eine Unabhängigkeitsbewegung kämpfenden Sudans wäre Osama bin Laden gern an die USA losgeworden, um aus der jährlich vom amerikanischen Außenministerium veröffentlichten Liste der terrorfördernden und die Menschenrechte verletzenden Staaten gestrichen zu werden. Doch die Amerikaner wollten den Saudi jemenitischer Abstammung nicht, obgleich sie ihn ein Jahr zuvor bereits öffentlich beschuldigt hatten, den ersten Anschlag muslimischer Terroristen auf das World Trade Center im Jahre 1993 gesteuert zu haben.[17] Die US-Regierung war der Meinung, die Beweismittel reichten nicht aus, um eine amerikanische Jury zu einer Verurteilung zu veranlassen.[18]

*Ein FBI-Abteilungsleiter auf der Spur
bin Ladens wird von oben gestoppt*

Inzwischen wurde bekannt, daß die Administration vor dem 11. 9. 2001 Beamten des FBI untersagt hatte, die Terrorverbindungen der Bin-Laden-Familie näher zu untersuchen. Es war der New Yorker Abteilungsleiter des FBI für den Antiterrorkampf, John O'Neill, der im Jemen mit seinen Untersuchungen vor Ort den bin Ladens so nachhaltig auf den Leib rückte, daß er von der amerikanischen Botschafterin gestoppt und seine erneute Einreise unterbunden wurde.

Dabei war O'Neill der große Kenner und Spezialist in Sachen Osama bin Laden.[19] Er war es, der den ersten Anschlag auf das World Trade Center 1993 untersucht hatte. Es folgte die Bearbeitung der Anschläge auf eine US-Kaserne in Saudi-Arabien 1996, auf die US-Botschaften in Nairobi und Daressalam 1998 und schließlich im Jahre 2000 auf den Zerstörer der US Marine »Cole« im Hafen von Aden. Der Zerstörer war trotz Sicherheitsbedenken auf Fürsprache der amerikanischen Botschafterin in den Hafen eingelaufen und dort von einer Basis-Al-Kaida-Selbstmordgruppe attackiert worden. Der Spezialist für muslimischen Fundamentalismus, für Al Kaida und Osama bin Laden sollte die Tat mit seiner Mannschaft aufklären. Die Botschafterin hinderte ihn daran, indem sie beim Justizministerium und der Spitze des FBI in Washington intervenierte und sich über den Arbeitsstil des FBI-Manns beschwerte.

Wenn Osama bin Laden die Anschläge auf das World Trade Center und das Pentagon tatsächlich organisiert haben sollte, dann wäre O'Neill mit Sicherheit der Mann gewesen, der die Tat des 11. 9. aufgrund seiner Kenntnisse hätte verhindern können. Hätte die Botschafterin Barbara Bodine O'Neill mit seiner FBI-Sondertruppe nicht die Wiedereinreise zur Forsetzung seiner Arbeit im Jemen verweigert, hätte Osama bin Laden möglicherweise rechtzeitig gefaßt werden können.

O'Neill selbst meinte verbittert, es seien Ölinteressen, die die Aufklärung der Taten Osama bin Ladens und seiner Basis Al Kaida behinderten.

Barbara Bodine, eine ehemalige Schülerin Henry Kissingers und im Außenamt zuvor mit der Koordinierung des Kampfs gegen den Terror beschäftigt, verließ zwei Wochen vor dem 11. 9. 2001 ihren Posten im Jemen. Zur gleichen Zeit kehrte der jemenitische Botschafter in Washington in den Jemen zurück. Der saudische Geheimdienstchef, mit Osama bin Laden befreundet, wurde seines Amtes enthoben.

Ein böser Zufall wollte es, daß O'Neill in Tampa/Florida wenige Monate vor den Anschlägen bei einer streng geheimen FBI-Tagung im Kollegenkreis eine Aktentasche mit geheimstem Material für kurze Zeit abhanden gekommen war, weshalb gegen ihn sofort disziplinarisch ermittelt und er daraufhin aus der weiteren Untersuchung der Bin-Laden-Struktur herausgelöst wurde. Der normalerweise behördenintern zu haltende Vorgang fand wie zufällig einige Wochen vor dem 11. 9. seinen Weg in die Spalten der *New York Times* und der *Washington Post*.[20] Die Tasche war in 30 Minuten wiedergefunden worden, doch O'Neill quittierte nach drei Jahrzehnten aus Protest den Dienst beim FBI und heuerte als Sicherheitschef des World Trade Centers an, ein Job, den er erst am Tag vor dem Attentat antrat.

Sein Vertrag mit dem Eigentümer des World Trade Centers sah eine Verdreifachung seines bisherigen Gehalts beim FBI vor. Ob diese verlockende Entlohnung auch seinem Vorgänger bereits zuteil geworden war, ist bislang unbekannt.

Nach dem Einschlag des Jumbojets in den Südturm telefonierte O'Neill noch mit seinem Sohn und einem Mitarbeiter. Dann begab er sich in eine der drei Etagen, in denen das FBI seine New Yorker Zentrale mit den Akten über weltweite Wirtschaftskriminalität untergebracht hatte. Dort stieß er noch vor dem Einsturz des Gebäudes auf Zeichen der Verwüstung der dreigeschossigen FBI-Zentrale, die mit dem Aufprall des

Flugzeugs 73 Stockwerke darüber und dem anschließenden Feuer nichts zu tun haben konnten. O'Neill rettete einen in nahezu mannshohen Trümmern verschütteten Mitarbeiter des Gebäudemanagements. Es gelang ihm noch, das Gebäude zu verlassen. Seine Leiche wurde erst eine Woche später inmitten der schwelenden Trümmer gefunden. Die Massen des einstürzenden Südturms sollen ihn erschlagen haben.

Bleibt nur noch nachzutragen, daß die Bush-Administration die für die Behinderung der Bin-Laden-Aufklärung verantwortliche Botschafterin Bodine für einen wichtigen Posten in der Verwaltung des inzwischen durch amerikanische Truppen eroberten Irak vorgesehen hatte. Zeitweilig amtierte sie als eine Art De-facto-Bürgermeisterin von Bagdad, wurde aber schon bald wohl im Streit zwischen Pentagon und State Department wieder abberufen und bezog einen neuen Posten im US-Außenministerium.

Alte Kameraden

Osama bin Laden, Al Kaida, Taliban:
Instrumente der CIA im Kampf gegen die Sowjetunion

Der den weltweiten Terrorismus befehlende, für die Anschläge des 11.9. und deren Vorläufer verantwortlich gemachte Osama bin Laden war bis zum Zusammenbruch der Sowjetunion eine nicht unwichtige Figur im verdeckten Kampf der USA gegen die sowjetischen Interventionstruppen in Afghanistan. Er ist eines von 20 Kindern eines mit mehreren Frauen verheirateten saudiarabischen Scheichs jemenitischer Herkunft, der in Saudi-Arabien selbst, aber auch für die amerikanischen Streitkräfte im arabischen Raum große Bauprojekte verwirklicht und daran kräftig verdient hat. Zum Terroristen in amerikanischen Augen wurde Osama bin Laden erst, als er sich mit der königlichen Familie der Saudis in der

Alte Kameraden

Frage überwarf, im Gefolge des ersten Golfkriegs US-Truppen die Stationierung auf saudischem Boden zu gestatten. Als dann nach Ende der kriegerischen Auseinandersetzungen Tausende von US-Soldaten in Saudi-Arabien zurückblieben, soll sich bin Ladens Ärger in handfeste Opposition verwandelt haben. Er erklärte Saudi-Arabien und andere Regime wie Ägypten zu Marionetten der Vereinigten Staaten, wie das frühere Regime in Afghanistan eine Marionette in den Händen der Sowjetunion gewesen sei. Er rief zum Umsturz dieser Vasallenregime auf und erklärte es zur Pflicht aller Muslime, die Vereinigten Staaten aus den Golfstaaten zu vertreiben. Daraufhin wurde ihm 1994 die saudiarabische Staatsangehörigkeit entzogen, und er wurde des Landes verwiesen. Seine Guthaben wurden beschlagnahmt.[21]

So nachhaltig kann die Trennung zwischen CIA und Osama bin Laden vor dem 11. 9. nicht gewesen sein, wenn zutrifft, was aus französischen Quellen verlautet. Danach hielt die CIA zu ihrem ehemaligen Mitarbeiter noch im Juli vor der Tat Kontakt. Der ließ sich im amerikanischen Krankenhaus in Dubai (Vereinigte Arabische Emirate) wegen eines schweren Nierenleidens mehr als eine Woche lang behandeln. Am 12. Juli 2001 besuchte ihn der dortige CIA-Resident Larry Mitchell, dem Vernehmen nach in Begleitung eines saudischen Prinzen, zugleich Chef des saudischen Geheimdienstes,[22] am Krankenbett. Im Freundes- und Bekanntenkreis soll der CIA-Mann sich mit dem hochrangigen Kontakt gebrüstet haben und zur Berichterstattung in die Zentrale beordert worden sein.

Der Besuch des CIA-Residenten am Krankenbett des Osama bin Laden spricht dafür, daß zumindest Teile der CIA die alten Instrumente weiter nutzen wollten.

Das Drehbuch von Zbigniew Brzezinski gegen die Sowjetunion

Doch die hohe Zeit der Zusammenarbeit zwischen der CIA und den Hilfstruppen des Osama bin Laden, seiner Basis, und später der Taliban war die nach außen nicht als solche erkennbare verdeckte Auseinandersetzung der USA mit der Sowjetunion über Afghanistan. Ihr lag ein Plan zugrunde, den Zbigniew Brezinski, der die Geheimdienste der USA steuernde Sicherheitsberater Präsident Carters ausgeheckt und bereits in den siebziger Jahren des vergangenen Jahrhunderts umzusetzen begonnen hatte. Danach sollte die Sowjetunion mit einem Gürtel muslimisch-fundamentalistischer Staaten umgeben werden, um dann mit Hilfe dieser Bewegung das muslimische Hinterland der Sowjetunion destabilisieren zu können.

Von daher war es nicht verwunderlich, daß der von den amerikanischen Diensten installierte, dann jahrzehntelang geschützte hochkorrupte Schah von Persien nun von seinem bisherigen Beschützer fallengelassen und zum Freiwild einer religiös-fundamentalistischen Bewegung mit Staatspräsident Khomeini an der Spitze hat werden können.[23] Der Schah selbst wiederum war 1951 in einer gemeinsamen Aktion englischer und amerikanischer Geheimdienste im Zusammenspiel mit den einer weltlichen Demokratie feindlich gesonnenen Mullahs an die Stelle des amtierenden Ministerpräsidenten Mossadegh geputscht worden, der es gewagt hatte, eine Erhöhung des Staatsanteils an den Öleinnahmen der internationalen Ölgesellschaften oder gar deren Verstaatlichung zu fordern. Nach jahrzehntelanger Schah-Herrschaft kamen nun die Ajatollahs zum Zuge, Khomeini konnte als neuer klerikaler Führer aus seinem Exil in Paris ins Land geholt werden.

Kaum war dies bewerkstelligt, setzte die amerikanische Administration auf Saddam Hussein, den Diktator des Irak, der 1979 als Staats- und Regierungschef mit Hilfe der CIA die alleinige Macht an sich gerissen hatte. Die CIA gab ihm damals auch gleich noch eine Liste der zu beseitigenden Personen des öffentlichen Lebens an die Hand, rund 5000 an der Zahl, die der neuen, auf die Interessen der Ölgesellschaften mehr Rücksicht nehmenden Politik langfristig hätten gefährlich werden können.[24] Sie wurden samt und sonders liquidiert. Das Vorgehen entsprach dem der amerikanischen Dienste in zahlreichen Ländern der Dritten Welt, wo Politiker der Befreiungsbewegungen als potentielle Kommunisten ermordet oder durch Militärputsche beseitigt worden waren.

Die amerikanische Politik der achtziger Jahre nutzte nun den von ihr installierten Diktator Saddam Hussein, um ihn gegen den vermeintlich durch den Regimewechsel geschwächten Iran militärisch vorgehen zu lassen. Als Begründung hieß es, der Irak müsse im Interesse der Ölversorgung der westlichen Welt die Aufgabe übernehmen, die gemäßigten Regime des Nahen Ostens vor dem Funkenflug des Fundamentalismus aus dem Iran zu schützen. Als Preis winkten die iranischen Ölgebiete im Zweistromland, die dem Irak zufallen sollten.

Die Operation der USA paßte in die Gesamtstrategie, war es doch die Sowjetunion, die fundamentalistisch eingekreist und unterwandert werden sollte, nicht jedoch die dem Westen mehr oder weniger gefügigen Ölstaaten am persischen Golf und auf der arabischen Halbinsel. Die dortigen Regime wurden daher veranlaßt, sich auch finanziell am Kampf der irakischen Streitkräfte gegen den Fundamentalismus iranischer Prägung zu beteiligen.

Man sieht die menschheitsalte Machttechnik des *divide et impera* – teile und herrsche – der amerikanischen Supermacht, die damals noch von der Sowjetunion als Gegenmacht ausbalanciert wurde. In dieser Zeit lasen im übrigen die westlichen Staatsführer, allen voran die der Vereinigten Staaten, aber auch die Europas, Saddam Hussein jeden Herzenswunsch gegen Bezahlung von den Lippen ab. Vor allem aber verkauften sie ihm Waffen. Die amerikanische Politik brachte es sogar fertig, Milliarden Dollar aus einem der Stützung landwirtschaftlicher Erzeugnisse dienenden Exportförderungsprogramm am Kongreß vorbei zur Finanzierung riesiger Waffengeschäfte freizumachen. Der Irak war ein regelrechtes Eldorado des internationalen, geheimdienstdurchsetzten Waffenhandels. Die USA lieferten ohne Rücksicht auf internationale Verträge die Produktionsmittel und Ausgangsmaterialien zur Herstellung chemischer Waffen – und zwar über genau den Mittelsmann Barbouti, der auch in der Bundesrepublik über Honkong eine zivil wie militärisch nutzbare Maschine bestellt hatte, die für die irakische Chemiewaffenproduktion eingesetzt werden sollte. Interessanterweise war es genau dieser deutsch-irakische Deal, der durch gezielte Indiskretion zum weltweiten Skandal aufgebauscht wurde. Die Bundesrepublik stand wieder einmal im Scheinwerferlicht einer hochempörten Öffentlichkeit, nicht zuletzt in den USA, während die britisch-amerikanischen Verbindungen im dunklen blieben. Die internationale wie nationale Presse zog über die Bundesrepublik und deren schamlose, gewinnversessene Unternehmen her und malte die Gefährdung Israels durch Chemiewaffen aus deutscher Hand an die Wand, ohne die später sichtbar werdenden Hintergründe einer von Geheimdiensten begleiteten westlichen Operation überhaupt zu durchschauen. Der Hersteller der Maschine wurde nach mehrmonatiger Prozeßdauer vom Vorwurf des illegalen Waffenhandels freigesprochen. Die amerikanischen und britischen Exporteure blieben unbehelligt. Das so produzierte Giftgas wurde gegen die persischen Truppen eingesetzt. Der heutige Verteidigungsminister der USA, Donald Rumsfeld, besuchte seinerzeit im Auftrag Präsident Reagans Hussein, den heute so verhaßten Diktator. Er wußte schon damals von den Gasangriffen auf die iranischen Truppen. In dieser Zeit gelangten auch die später von den Inspektoren der UNO so verzweifelt gesuchten biologischen Kampfmittel aus amerikanischen Beständen in den Besitz des Irak, darunter auch Anthrax.

Alte Kameraden

Im Krieg gegen den Iran halfen die amerikanischen Geheimdienste der irakischen Militärführung mit Satellitenaufnahmen, die Aufmarsch, Stärke und Aufteilung der gegnerischen Kräfte erkennen ließen. Um jedoch die irakischen Kräfte am entscheidenden Durchbruch zu hindern, bedienten die amerikanischen Geheimdienstexperten, zum Teil auch im Zusammenspiel mit dem israelischen Mossad, die iranische Gegenseite ebenfalls mit Satellitenaufnahmen zur gefälligen Verwendung.

Während die westlichen Waffenexporteure mit staatlicher Billigung die Arsenale des Saddam Hussein zum Krieg gegen den Iran füllten, sorgte Israel dafür, daß auch der Iran nicht ohne amerikanische Waffen und Ersatzteile blieb. Israel, das einen erstarkenden Irak im nahöstlichen Machtspiel verhindern wollte, lieferte aus seinen Beständen Waffen an den Iran und füllte die entstehenden Lücken im Zuge des Militärabkommens mit den USA aus amerikanischen Lieferungen wieder auf. Auf die Israel begünstigenden Bezugspreise schlugen die geheimdienstgestützten Exporteure 300 Prozent auf. Die Füllung der Geheimkassen der großen israelischen Parteien spielte eine nicht unbeachtliche Rolle.[25]

Vor dem Hintergrund dieser Eindämmung und Schwächung des Iran verfolgten die amerikanischen Geheimdienste nun unbeirrt den Plan, die Sowjetunion in die muslimische Falle laufen zu lassen. Brzezinski sprach und spricht heute noch von einem Vietnam, das man der Sowjetunion habe bereiten wollen. In den Bergen und Wüsten Afghanistans sollten ihre Truppen ausgeblutet werden. Die Falle wurde so konstruiert, daß zunächst den gemäßigten Kräften in der damaligen afghanischen Allparteienregierung, an der auch Kommunisten beteiligt waren, der Rückzug aus der Regierungsverantwortung nahegelegt und vermutlich auch honoriert wurde. Die CIA nutzte nun die kleinen und größeren Stammesfürsten des in weiten Teilen unwegsamen Landes, die Mujaheddin, zur Destabilisierung des Landes. Der Zentralregierung in Kabul wurde von den örtlichen Warlords die Herrschaft über das Land streitig gemacht. Die Versorgung der Stammeskrieger wiederum mit Geld und Waffen wurde von der CIA im Zusammenspiel mit dem pakistanischen Geheimdienst ISI so organisiert, daß nur Verschwörungstheoretiker, sogenannte *conspiracy nuts,* auf den Gedanken kommen konnten, die USA stünden hinter den Machenschaften.

Die Warlords, die Krieger, die Waffen und das Rauschgift

Es wurde eine groß angelegte verdeckte Operation, die Spezialität des Geheimdienstes CIA, inszeniert. Dazu gehörte als wichtigstes Element die verdeckte Finanzierung, die weder über Personen noch über Kontenbewegungen zwischen Banken zu verfolgen sein darf. Über diese wird öffentlich weder gesprochen noch in den Medien berichtet. Deshalb ist es auch so schwer, bei scheinbar lokalen Konflikten im Kaukasus, in Afghanistan, auf den Philippinen oder in den französischen Kolonialgebieten Afrikas herauszufinden, wer Freund, wer Feind ist und welche Macht hinter welchen Söldnergruppierungen und Aufständischen steht.

Schon die ehemaligen Kolonialmächte sorgten ebenso wie heute die CIA dafür, daß die von ihnen genutzten Kräfte ihr Entgelt durch die Duldung krimineller Geschäfte selbst verdienen. Aus dem Erlös der für die Täter risikofrei gehaltenen kriminellen Handlungen können Entlohnung und Kauf von Waffen dann aus eigener Kraft beglichen werden, ohne daß sich der steuernde Geheimdienst selbst die Hände schmutzig machen muß. Als Haupteinnahmequelle hat sich die seit Jahrzehnten bewährte Praxis der von den offiziellen Stellen geduldeten Teilhabe am Drogenhandel durchgesetzt.[26]

Die zur Destabilisierung Afghanistans verwendeten Warlords konnten von der Drogenfahndung in den Industriestaaten unbehelligt auf den Anbau von Mohn in den Hochtälern Afghanistans in den dafür geeigneten Gebieten setzen, die in dieser Zeit jede andere Kulturpflanze verdrängte. Lastwagen des mit der CIA zusammenarbeitenden pakistanischen Geheimdiensts (ISI) konnten die Polizeikontrollen ungehindert passieren und brachten in den achtziger Jahren auf der Hinfahrt in den Hindukusch den Nachschub an Waffen, Munition und Verpflegung, um auf dem Rückweg die Drogenrohmasse der Warlords zu den Heroinraffinerien Pakistans zu transportieren, an denen wiederum die regierenden Militärs und Geheimdienstleute des ISI finanziell beteiligt waren. Aus den Raffinerien wanderte das Rauschgift über zunächst militärische, dann kriminelle Kanäle in die Industrieländer zum Verkauf an die Drogenabhängigen.

Nun ist der Vertrieb des Rauschgifts zwar in allen modernen Ländern mit strengen Strafen belegt, doch Geheimdienste und von Geheimdiensten gesteuerte Kriminalpolizeien sorgen dafür, daß die Lieferungen, die die Finanzierung der globalen Hilfstruppen sichern, von Kontrollen ausgenommen werden. Die Technik wird immer einfacher. Die Geheimdienste sind neuerdings in den meisten Ländern der westlichen Welt auch mit dem Kampf gegen Drogenhandel und Organisierte Kriminalität beauftragt. Das macht den Bock zum Gärtner, während Parlamente und Regierungen mit wenigen Ausnahmen im Zustand der Unschuld verharren. Um dem geheimdienstlich privilegierten Drogenhandel die Kriminalpolizei vom Hals zu halten, wird dieser nahegelegt, mit Dealern eine Vereinbarung zu treffen. Danach lassen die Drogenfahnder sogenannte kontrollierte Lieferungen unbehelligt, um im Verlauf des ungestörten Drogenhandels die Verteilung des Rauschgifts bis zur unteren Ebene angeblich aufzuklären. In Wirklichkeit werden so geheimdienstlich genutzten Zielgruppen die Einnahmen aus einem nur scheinbar riskanten, in Wirklichkeit strafverfolgungsfreien und daher risikolosen Drogenschmuggel zugeschanzt.

Die Bedeutung der Duldung des Drogenhandels als Lohnersatz für die weltweit operierenden Hilfstruppen der CIA ergibt sich aus der Aussage Dennis Dayles, des ehemaligen Leiters der strategischen Drogenbekämpfungseinheit der Drug Enforcement Agency, wonach ihm in seiner dreißigjährigen Amtszeit kein größerer Drogenfall untergekommen sei, bei dem er nicht auf die lenkenden und abwehrenden Machenschaften der CIA gestoßen sei, die seine Arbeit zunichte gemacht hätten.[27] Wie zur Bestätigung hat denn auch die Drug Enforcement Agency während des CIA-Einsatzes in Afghanistan, als bis zu 80 Prozent des Heroinangebots in der Welt aus diesem Gebiet kam, ihre Vertretung in Pakistan schlicht geschlossen. Seinerzeit wurde die CIA-Station in Islamabad zur größten der Welt ausgebaut.

Seit ihrer Gründung im Jahre 1946 nutzt die CIA den internationalen Drogenhandel, die damit eng verbundene Organisierte Kriminalität und die Wäsche der entsprechenden Drogengelder über raffinierte Finanz- und Banktransaktionen, um auf allen Kontinenten die Finanzierung ihrer verdeckten Operationen zu sichern.[28] Dieser geheimdienstlich privilegierte Drogenhandel dürfte hinter nahezu allen länger anhaltenden Bürgerkriegen, Unruheherden und Autonomiebewegungen stecken, die die Weltöffentlichkeit im Laufe der letzten Jahrzehnte beschäftigt haben.

Afghanistan im Chaos der Warlords,
Putsch der Kommunisten, das sowjetische Vietnam

Doch zurück zu Afghanistan und der einstmals weltpolitischen Rolle des Osama bin Laden. Das durch die drogenfinanzierten Warlords destabilisierte Afghanistan wurde unregierbar. In Kabul übernahmen die Kommunisten gegen den dringenden Rat des Politbüros in Moskau die Regierungsverantwortung. Sie zeigten sich als unfähig, der von außen gesteuerten Unordnung Herr zu werden, und riefen daher nach Unterstützung durch sowjetische Truppen. Dieser Bitte kam man in Moskau mit einer Stimme Mehrheit im Politbüro nach. Damit hatte der amerikanische Sicherheitsberater sein Ziel erreicht: Die Sowjetunion sollte mit ihren Truppen in eine Falle gelockt werden und dort ihr sowjetisches Vietnam erleben. Sie sollte verbluten, wie Brzezinski formulierte.

Noch heute beruft sich Zbigniew Brzezinski darauf, die Sowjetunion letztlich über diese von ihm früh angelegte Politik in die Knie gezwungen zu haben. Dies mag zwar durchaus als eine Übertreibung erscheinen, doch seine Selbsteinschätzung gibt Einblick in das Kalkül der amerikanischen Geheimdienstpolitik, die heute mit neuen Zielen fortgesetzt wird.

Die sowjetischen Truppen in Afghanistan wurden nun in der zwischen 1980 und 1990 verdeckt ablaufenden gemeinsamen Operation dreier Geheimdienste – der CIA in der führenden Rolle, des saudischen und pakistanischen Geheimdienstes – durch mindestens 30 000 Söldner aufgerieben und letztlich außer Landes gejagt. Bin Ladens Aufgabe war es, Söldner aus der gesamten muslimischen Welt anzuheuern, auszubilden und in den Kampf gegen die Sowjetunion zu vermitteln.

Osama bin Laden wirbt für die CIA
fundamentalistische muslimische Söldner aus 46 Ländern an

Beim Aufbau der muslimischen Söldnertruppe zum Kampf gegen die sowjetischen Truppen in Afghanistan spielt nun Osama bin Laden, unterstützt mit Milliarden Dollar aus saudischen wie amerikanischen Geldtöpfen, seine Rolle als Werber und Vermittler besonders fundamentalistischer und in aller Regel nicht nur antisowjetisch, sondern auch antiwestlich eingestellter Kämpfer. Es waren die von Präsident Reagan und der gesamten westlichen Medienlandschaft als Freiheitskämpfer gefeierten Männer muslimischen Glaubens.[29] Osama bin

Laden war eng befreundet mit dem saudischen Geheimdienstchef, der zwangsläufig daran interessiert war, die Unruhegeister der muslimischen Welt von seinem Land fernzuhalten und sie sich anderweitig abreagieren zu lassen. Tendenziell könnte die Truppe allerdings künftig wieder von Nutzen sein, wenn anstehende Diadochenkämpfe oder Unruhen in Saudi-Arabien mit Hilfe von Söldnertruppen ausgelöst und ausgefochten werden müssen. Einige Geheimdienste dürften schon heute darauf bauen, sich dieser Mannschaften zu versichern.

Bin Laden hat rund 10 000 der insgesamt mindestens 30 000 Geheimdienstkämpfer aus über 40 islamischen Staaten des Mittleren Ostens, aus Nord- und Ostafrika sowie aus Zentralasien und dem Fernen Osten angeworben und zur Ausbildung in Lager des pakistanischen Geheimdienstes, der CIA, aber auch in Militäreinrichtungen der USA vermittelt.[30] Nach Aussage des früheren Stationschefs der CIA in Pakistan gelang es bin Laden in den Jahren 1986 bis 1989, monatlich 20 bis 25 Millionen Dollar aus Saudi-Arabien und den arabischen Golfstaaten zur Finanzierung des Kriegs zu beschaffen. Das waren immerhin zusätzliche Mittel von jährlich 200 bis 300 Millionen Dollar.[31] 1993 sollen die Zahlungen Saudi-Arabiens auf Drängen Washingtons eingestellt worden sein.[32]

Die Ausbildung der Söldner wurde in speziellen Lagern vorgenommen. Kommandozentralen, Lagerräume für Waffen und Munition sowie Rückzugsräume für die Kämpfer in den Bergen waren in unterirdischen Höhlensystemen angelegt, die von Osama bin Ladens Bauunternehmen mit Hilfe der CIA hergerichtet worden waren. Es ist die gleiche Infrastruktur, die jetzt noch von der Basis Al Kaida genutzt wird. Heute werden die Lager in der Propaganda der Bush-Administration als »terrorist universities«, Terroristen-Unis, bezeichnet, damals jedenfalls waren sie in Zusammenarbeit von ISI und CIA errichtet und betrieben worden. Man hätte sie seinerzeit als »freedom fighter universities« kennzeichnen können.

Alte Kameraden 43

Die »Afghanis«, wie die in afghanischen Lagern ausgebildeten muslimischen Söldner genannt wurden, wurden verdeckt von der CIA bewaffnet. Pakistan, die USA sowie Großbritannien lieferten die Ausbildungskräfte. Es waren die USA, die darauf drängten, den »Afghanis« die Technik der Stadtguerilla unter Zuhilfenahme von Autobomben und ähnlichen Waffen für den Hinterhalt beizubringen. Das Fernziel war der Einsatz der Terroristen in größeren russischen Städten. Dementsprechend vereinbarten der britische Auslandsgeheimdienst MI6, der pakistanische Geheimdienst ISI und die CIA im Jahre 1985, Guerillaaktionen in den damals noch sowjetischen Teilstaaten Tadschikistan and Usbekistan zu lancieren. Es war der Drogenlord Gulbuddin Hekmatyar, mit dem diese Operationen koordiniert wurden.[33] Hekmatyar war nach dem 11. 9. 2001 dann wiederum einer der entscheidenden Partner der USA im Kampf gegen die Talibanherrschaft. In seiner Jugend war er als Studentenführer im Kampf um den rechten Glauben bereits dadurch aufgefallen, daß er dazu aufforderte, allen Studentinnen, die nicht bereit seien, sich nach islamischem Brauch zu verhüllen, Säure ins Gesicht zu schütten.

Wenn heute in den Medien die Rede davon ist, ein Al-Kaida-Sympathisant habe sich in Lagern Afghanistans aufgehalten oder sei dort gar ausgebildet worden, so handelt es sich um die ehemaligen Liegenschaften der amerikanischen Geheimdienstoperation.

In der Regel waren es die Taugenichtse der arabisch-muslimischen Welt, die zu den Waffen am Hindukusch liefen oder zum Laufen gedrängt wurden. So mancher Bürgermeister oder Kazike der muslimischen Welt war froh, entsprechende Schwerenöter loszuwerden. Das galt wohl auch für einige Familien. Als jedoch die Eltern der jungen, angeblich muslimisch-fundamentalistisch orientierten Kämpfer monatelang ohne Nachricht von ihren Söhnen blieben, wandten sie sich an den für die Organisation hauptverantwortlichen Führer Osama bin Laden, der nun begann, Listen der Soldaten, ihrer Einheiten und ihrer Einsatzorte anzulegen, mit anderen Worten, die Feldpost zu organisieren.

Zwangsläufig war dann die kämpfende Basis nach dem Rückzug der sowjetischen Interventionstruppen aus Afghanistan und dem Zusammenbruch der Sowjetunion zunächst ohne Arbeit. Doch nun tauchte sie in neuer Verwendung bis zum Jahr 2000 immer wieder an allen Krisenherden des arabisch-asiatisch-muslimischen Raums auf. Wer sie neuerdings besoldet, wissen allenfalls die Geheimdienste. Die »Afghanis« zeigten sich in Algerien, im Kosovo, in Bosnien-Herzegowina, in Albanien, aber auch in Tschetschenien.[34] In jedem dieser Unruheherde haben es die lokalen Behörden mit plötzlich hochschießendem Drogenhandel, massiver international vernetzter Kriminalität und staatliche Instanzen mühelos überspielenden Machenschaften zu tun. Nimmt man die CIA-Praxis der verdeckten Operationen der Jahre seit 1946 zum Muster, dann müßten geradezu Wunder geschehen sein, wenn die »Firma« nicht auch in diesen Fällen die Hände im Spiel hätte.

Die Taliban als Geheimdienstgewächs
zur Schaffung einer neuen Ordnung in Afghanistan

Zur Zeit der Anschläge in den USA herrschten inzwischen die sogenannten Taliban über Afghanistan. Das Wort »Taliban« stammt aus dem Persischen. Taliban ist der Plural des arabischen Wortes »talib« und bedeutet »Schüler«. Es sind afghanische Schüler, die Ende der achtziger Jahre aus den afghanischen Flüchtlingslagern in Pakistans strenggläubige Koranschulen vermittelt worden waren. Dank der gemeinsamen Geheimdienstfinanzierung gelang es, in über 8000 der wie Pilze aus dem Boden schießenden Schulen eine Kadertruppe strenggläubiger, Pakistan dankbar verbundener Moslems zu schaffen. Obgleich stets geleugnet, hat die pakistanische

Regierung unter Benazir Bhutto die Taliban als Organisation geschaffen, ausgebildet und bewaffnet durch den Geheimdienst ISI und Sondereinheiten des pakistanischen Innenministeriums. Die Taliban wurden sicherlich in Absprache mit der CIA im wesentlichen aus saudischen Geldern finanziert.[35]

Die Herrschaft über Afghanistan konnten sich die Taliban wiederum mit Unterstützung des amerikanisch-saudisch-pakistanischen Geheimdienstdreiecks erobern, als die siegreichen, durch die Gelder des Drogengeschäfts allzu unabhängig gewordenen Warlords der Mujaheddin das Land ins Chaos stürzten und sich plündernd und vergewaltigend über die Bevölkerung hermachten. Um Ordnung im Lande zu schaffen, vertrieben die Taliban sogar den größten Warlord Afghanistans, den Liebling von CIA und ISI im Kampf gegen die Sowjets, Hekmatyar, von der Macht. Sie eroberten als erstes Herat, die westlichste Stadt Afghanistans, um dann die Hauptstadt Kabul einzunehmen. Bei der Eroberung wurden die Taliban von der Zivilbevölkerung unterstützt, die vom Krieg, dem Nachkriegschaos, der hochschießenden Korruption und den Plünderungen der Mujaheddintruppen mehr als genug hatte.[36] Die CIA-Mannschaft betrachtete das Geschehen auch insofern mit einem gewissen Wohlgefallen, als die Taliban doch als religiös verfeindete Nachbarn des fundamentalistischen Iran galten. Dem »Teile und herrsche«-Prinzip konnte dies nur nützlich sein. Außerdem sollten die Taliban noch bei der fundamentalistischen Durchdringung der muslimischen Republiken der früheren Sowjetunion, insbesondere in Tadschikistan, Turkmenistan und Usbekistan, eingesetzt werden.[37]

Doch mit der Zeit zeigten sich die Grenzen der Bewegung. Wie in Afghanistan waren auch die Frauen der muslimischen Teilstaaten der früheren Sowjetunion nicht bereit, sich freiwillig dem puritanischen Diktat der Taliban zu unterwerfen.

Nach der Einnahme Kabuls schlossen die Taliban binnen weniger Tage die bis dahin bestehenden Schulen für Mädchen. Die weibliche Ausbildung legten sie in die Hände engstirniger

Mullahs. Frauen, die eine Beschäftigung hatten, wurden angewiesen, zu Hause zu bleiben und beim Ausgang von Kopf bis Fuß verschleiert zu gehen. Zuwiderhandelnde wurden auf den Straßen von Patrouillen geschlagen, angeklagt und vor Gericht gestellt.[38]

Die Taliban verboten Musik, das Fernsehen, ja sogar die Nutzung von Papierprodukten, weil darin recycelte Seiten aus dem Koran hätten enthalten sein können. Kurzum, die Menschenrechts- und Frauenorganisationen der westlichen Welt hatten allen Anlaß, sich protestierend an die eigenen Regierungen zu wenden mit dem Ersuchen, in Afghanistan einzuschreiten, auf jeden Fall aber den Taliban keine Steuergelder mehr zugute kommen zu lassen.[39]

*Es geht um den Verkauf milliardenschwerer
Öl- und Gasvorkommen*

Nach dem Fall von Kabul begrüßte die amerikanische Ölgesellschaft Unocal die Taliban-Machtübernahme als positiv für sich und für Afghanistan. Unocal hatte noch vor dem Fall Kabuls in Verhandlungen mit den Taliban über eine Gasfernleitung gestanden, deren Trasse das westliche Afghanistan queren und Gas aus Turkmenistan nach Pakistan liefern sollte. Chris Taggart, stellvertretender Präsident von Unocal und zuständig für das Pipelineprojekt, hatte bereits vor dem Aufflammen der Kämpfe zu erkennen gegeben, daß er den Taliban Unterstützung zukommen lasse als Gegenleistung für deren Hilfe bei der Verwirklichung des zwei Milliarden Dollar schweren Projekts. Partner des Pipelinebaus war die saudiarabische Delta Oil Company, die ebenfalls Kontakte zu den Taliban hielt.[40]

Die geplante Pipeline soll täglich rund zwei Milliarden Kubikmeter Gas über Pakistan auf den Weltmarkt transportieren. Turkmenistan hofft auf entsprechende Einnahmen und eine geringere Abhängigkeit vom benachbarten Rußland. Ein früher bereits geplantes Pipelineprojekt hätte über den Iran und die Türkei verlaufen sollen, scheiterte jedoch am amerikanischen Embargo gegen den Iran, der nach US-Auffassung zu den Schurkenstaaten zu rechnen ist. Unter Druck mußte Turkmenistan die in Washington aus geopolitischen Gründen gewünschte Trassenführung über Afghanistan akzeptieren, zumal es auf sich allein gestellt nicht in der Lage gewesen wäre, das Iran-Türkei-Projekt zu finanzieren und technisch durchzusetzen.[41]

Die CIA setzte wohl im Gegensatz zum State Department bis wenige Tage vor den Attentaten noch auf die Taliban als die das Pipelineprojekt sichernde Ordnungsmacht in Afghanistan. So konnte eine Delegation der Taliban noch im August 2001 in Florida Verhandlungen mit hochrangigen Vertretern von Unocal führen. Auch mit der Administration in Washington wurden in dieser Zeit noch Gespräche geführt.

Die Vertretung, aber auch die vehemente Verteidigung der Taliban in den USA hatte bis dahin die Nichte des ehemaligen CIA-Direktors Helms übernommen, eine Entscheidung, die noch dem tiefsten Einvernehmen zwischen Taliban und der verdeckten amerikanischen Außenpolitik in der Region entsprochen haben muß.[42]

19 Attentäter bei der geheimen Vorbereitung

Das FBI und die Flugschulen

Vor diesem inzwischen historisch gewordenen Vorgang des Einsatzes muslimischer Söldner im Kampf gegen die Sowjetunion und des anschließenden Auftretens unter der Bezeichnung Al Kaida im Bereich des internationalen Terrorismus entwickelt sich nun die Suche nach den Tätern des 11. 9. 2001. Noch am Tag der Anschläge berichtete der Generalbundesanwalt in Washington von dreimal fünf und einmal vier muslimischen Hijackern, die man inzwischen als Entführer der vier Maschinen habe ausmachen können. Die 19 angeblichen Attentäter, so berichteten alle Medien schon kurze Zeit später, hatten versucht, an amerikanischen Flugschulen fliegen zu lernen.

Doch bei näherem Hinschauen zeigt sich, daß die späteren Selbstmordflieger den Fluglehrern sehr schnell durch ihre Inkompetenz im allgemeinen und ihre mangelnde Beherrschung der zum Fliegen nicht nur in den USA unerläßlichen englischen Sprache im besonderen auffielen. Hani Hanjour, einer der Piloten, der die Maschine AA Flug Nr. 77 in das Pentagon gesteuert haben soll, war nach 600 Flugstunden immer noch nicht in der Lage, seine Pilotenprüfung abzulegen.[43]

Im Fall des Mohammed Atta, der sehr schnell zu einem der führenden Köpfe der Attentäter erklärt wird, gaben die Fluglehrer zu Protokoll, sie hätten ihn nicht einmal zum Starten einer Cessna zugelassen, so wenig Zutrauen hätten sie in die Fertigkeiten ihres Schülers gehabt. Bei einigen reichten die Sprachkenntnisse nicht aus, eine Unterhaltung mit der Bodenstation zu führen.[44]

FBI-Spitze behindert Aufklärung auf Arbeitsebene

Nach Bekanntgabe der Täter kommt heraus, daß die oberen Etagen der Riesenbehörde FBI sehr wohl von ihren Agenten im Feld über das Treiben der späteren Selbstmordattentäter informiert worden waren. Dies ergibt sich zum Beispiel aus dem Fall des zwanzigsten Mannes, der es nach den Vermutungen der Ermittler nicht mehr geschafft hat, sich an der Selbstmordaktion zu beteiligen, weil er bereits am 16. August, also etwa vier Wochen vor der Tat, in Haft genommen worden war. Es war jener Muslim namens Zacarias Moussaoui, der bei seinen Fluglehrern Jumbos nicht starten und landen, sondern angeblich nur durch die Luft fliegen lernen wollte. Spä-

19 Attentäter bei der geheimen Vorbereitung

ter gab der Verkehrsminister bei einer Anhörung des US-Senats zu, daß diese aufsehenerregende Forderung weder von diesem noch von anderen Flugschülern je gestellt worden war.[45] Die Meldung in den Medien beruhte folglich auf Desinformation.

Der Behauptung des FBI, im voraus nichts von den Umtrieben der Selbstmordflieger gewußt zu haben, widersprach öffentlich wie intern vor allem die in einer FBI-Zweigstelle tätige Coleen Rowley, eine altgediente Kriminalbeamtin. In ihrer Gegendarstellung, die wie eine Bombe im offiziellen Washington einschlug, führte sie aus:

»Auf der frühen Suche nach den Hintergründen des 11. September, als ich Kollegen in anderen Abteilungen, auch in der Zentrale, über die Eigentümlichkeiten bei der Aufklärung des Falles Moussaoui berichtete, war die erste Frage fast immer: ›Warum? Warum sollen ein oder mehrere Beamte des FBI wissentlich die Aufklärung eines Falles hintertreiben?‹ (Ich weiß, ich sollte mich zurückhalten, doch es tauchten sofort Witze auf, wonach es sich bei unserem Spitzenpersonal um Spione oder Maulwürfe handeln müsse, die in Wahrheit für Osama bin Laden arbeiteten, um so die Ermittlungen der FBI-Zweigstelle in Minneapolis abwürgen zu können.)«[46]

Das FBI-Büro Minneapolis habe Moussaoui schon sehr früh als »terroristische Gefahr« ausgemacht mit dem Ziel, eine Boeing 747 zu entführen und diese bei einem Selbstmordanschlag einzusetzen. Moussaoui sei am 16. August 2001 wegen eines Paßvergehens verhaftet worden. Der französische Geheimdienst habe bereits nach wenigen Tagen die Verbindung des Verhafteten zu islamischen radikal-fundamentalistischen Gruppen bestätigt. Die FBI-Agenten in Minneapolis seien daher wild entschlossen gewesen, den beschlagnahmten Laptop des verdächtigen Muslims untersuchen zu lassen.

Unmittelbar nach der Festnahme habe sich ein arabischer Student auf ihrer Dienststelle gemeldet, der Moussaoui von Oklahoma zu einer Flugschule in Minnesota gefahren hatte. Während der Fahrt habe Moussaoui erklärt, es sei durchaus in Ordnung, Zivilisten zu töten, die Muslimen Unrecht täten, und es sei nicht zu beanstanden, wenn Muslime als »Märtyrer« bei solchen Anschlägen den Tod fänden.[47]

In dem dreizehnseitigen Memorandum an den FBI-Chef Robert Mueller beklagt sich die Beamtin darüber, daß der in der Zentrale für die Terrorbekämpfung zuständige Abteilungsleiter geradezu »Straßensperren« gegen die anstehenden Ermittlungen errichtet und den verzweifelten Kampf der Dienststelle vor Ort um die Genehmigung eines Durchsuchungsbefehls auch noch nach Eingang der französischen Erkenntnisse durchkreuzt habe, die die Bedeutung des Falls und seine Dringlichkeit unterstrichen hätten.[48]

Die FBI-Agenten in Minneapolis begingen aus Verzweiflung über die Blockadehaltung ihrer Vorgesetzten eine unter Bürokraten als Todsünde geltende Überschreitung ihrer Befugnisse. Sie umgingen den Abteilungsleiter in der Zentrale, wandten sich direkt an das konkurrierende Antiterrorzentrum der CIA und machten Mitteilung von ihrem Fall. Die bürokratische Folge war zu erwarten: Der Abteilungsleiter Terrorbekämpfung des FBI und dessen Vorgesetzte rügten die Agenten in der Provinz, sich ohne Genehmigung der Vorgesetzten mit der CIA kurzgeschlossen zu haben.[49]

Die Agentin wiederum wirft ihren Vorgesetzten und speziell dem Abteilungsleiter vor, die Ausstellung eines richterlichen Durchsuchungsbefehls dadurch vereitelt zu haben, daß er es absprachewidrig unterlassen habe, die Erkenntnisse des ausländischen Dienstes über die terroristischen Verbindungen Moussaouis dem Antrag an das Gericht beizufügen. Auch habe er den Antrag in der Formulierung derart verwässert, daß die Chancen einer Genehmigung durch das Gericht nahezu auf null gesunken seien.

Nach den Anschlägen des 11. 9. sei sie erneut bei der Zentrale vorstellig geworden, ob nicht wenigstens jetzt der Antrag auf Sicherstellung und Durchsuchung des Laptops und der sonstigen Besitztümer Moussaouis durchgesetzt werden müsse. Doch erneut sei sie abschlägig beschieden worden. Die Zentrale belehrte die Agenten, die mitgeteilten Beobachtungen in Minnesota seien vermutlich rein zufälliger Natur. Die Polizeibeamtin wurde angewiesen, nichts zu unternehmen, »weil wir sonst noch ganz andere Dinge im Lande lostreten könnten« (»we might screw up something else going on elsewhere in the country«).[50]

FBI-Beauftragter für muslimischen Fundamentalismus blockt ab

Die Beamtin aus Minnesota hat in ihrem Bericht den Namen des verantwortlichen Abteilungsleiters des FBI nicht preisgegeben. Jedoch haben ein Mitglied der demokratischen Partei aus Vermont, Patrick J. Leahy, der später Ziel eines Anthrax-Anschlags wurde, sowie die Mitglieder der Republikaner aus Iowa, Charles E. Grussley, und aus Pennsylvania, Arlen Specter, den Namen Dave Frasca öffentlich genannt und diesen leitenden Beamten als den entscheidenden Faktor für das Unterlassen jeglicher Aktivitäten gegen die Al-Kaida-Terroristen in der Zeit vor dem 11. September 2001 bezeichnet.[51]

Dave Frasca war und ist in der FBI-Zentrale der Sonderbeauftragte für die Beobachtung und Bekämpfung radikaler muslimischer Fundamentalisten. Ihm unterstand die hierfür geschaffene FBI-Sondereinheit. Frasca war auch der für den Fall Moussaoui zuständige Agent.

Ihm war am 10. Juli 2001 auch der Bericht des FBI-Agenten Kenneth Williams vorgelegt worden, in dem vor den Fußsoldaten des Osama bin Laden gewarnt worden war, die derzeit in amerikanischen Flugschulen eingeschrieben waren. Kenneth

Williams gehörte als dienstältester Kriminalist einer gemeinsamen Ermittlungsgruppe Terrorismus an und war nach dem Urteil von Kollegen ein ungewöhnlich tüchtiger Ermittler. Wer eine Analyse dieses Agenten nicht ernst nehme, sei schlicht ein Narr, so das Urteil. Williams hatte die bundesweite Erfassung arabisch-amerikanischer Flugschüler vorgeschlagen. Doch die Zentrale unterließ weitere Ermittlungen an den Flugschulen, ganz im Gegensatz zu ihrem Verhalten im Jahr 1995, wo ebenfalls schon Indizien zu entsprechenden Umtrieben arabischer Terroristen angefallen waren.

Die FBI-Spitze griff auch nicht die Vorschläge der Arbeitsebene auf, Erkenntnisse und Anregungen der FBI-Agenten vor Ort doch bitte amtsintern weiterzuleiten. Zur Begründung hieß es, der Zentrale stünden im Gegensatz zu 1995 nicht die erforderlichen Ermittlungsbeamten zur Verfügung, um alle Flugschulen zu überprüfen.

So blieb auch die drei Wochen vor den Anschlägen in der FBI-Zweigstelle Phoenix angefallene Warnung liegen, Al-Kaida-Terroristen versuchten derzeit Flugunterricht mit dem Ziel terroristischer Anschläge zu erhalten. Die Beamtin aus Minnesota meinte in ihrem Bericht, es sei schwer vorstellbar, daß Dave Frasca sich als oberster Antiterrorchef des FBI ohne Weisung von oben so habe verhalten können. Doch über dem Abteilungsleiter gab es nur noch einen Hauptabteilungsleiter, darüber den Chef des FBI, Robert Mueller, darüber den Justizminister Ashcroft und als letzte Instanz den Präsidenten.

Frasca habe auch die Geheimdienstberichte aus Frankreich für »wertlos« erachtet mit dem Hinweis, Zacarias Moussaoui sei doch lediglich vom Namen her bekannt, und niemand wisse, wie viele Personen dieses Namens es in Frankreich gebe. Der örtliche Kriminalbeamte in Minneapolis habe auf diesen Einwand hin wiederum unter Umgehung der Zentrale den FBI-Attaché an der US-Botschaft in Frankreich angerufen, um sogleich herauszufinden, daß im Telefonbuch der

19 Attentäter bei der geheimen Vorbereitung

Stadt Paris nur ein einziger Eintrag dieses Namens enthalten war.[52] Selbst am Tag der Anschläge auf World Trade Center und Pentagon sei nochmals der Vorstoß gemacht worden, Moussaoui sofort zu befragen. Doch vergeblich, der Vorschlag sei erneut abgeblockt worden, obwohl wichtige Informationen über die Gruppe der Verschwörer möglicherweise schnell hätten ermittelt werden können.[53]

Einige Monate nach dem 11. September wurde Moussaouis Computer dann doch untersucht. Auf der Festplatte wurden Informationen über das Versprühen von Dünge- und Schädlingsbekämpfungsmitteln aus Flugzeugen gefunden, ebenso Angaben über Großraumflugzeuge sowie die Telefonnummer des Zimmerkameraden des angeblichen Chef-Hijackers Mohammed Atta.[54] Nachdem eine Überprüfung der Festplatte vor den Anschlägen des 11. 9. verhindert wurde, erscheint es jedoch fraglich, ob diese Informationen von einem Gericht noch als beweistauglich akzeptiert werden, da eine nachträgliche Veränderung der Aufzeichnungen nicht auszuschließen ist.

Es bleibt anzumerken, daß die gleiche Abteilung des FBI, die für radikale Fundamentalisten zuständig war, auch für die Al Kaida und deren Führer Osama bin Laden verantwortlich zeichnete.[55] Der die rechtzeitige Aufklärung verhindernde Chef der Antiterrorabteilung des FBI wurde wenige Wochen nach der Tat befördert und sogar mit einer Geldprämie belohnt. Seine unmittelbaren Vorgesetzten wurden mit der Aufarbeitung des 11. 9. in FBI und Bundesverwaltung beauftragt.

Die Äußerungen des FBI-Chefs unmittelbar nach den Selbstmordanschlägen bleiben vor diesem Hintergrund mehr als eigentümlich. Robert S. Mueller, auf die Frage, ob das FBI vor dem 11. September Hinweise auf die Attacken hatte, sagte am 14. 9. 2001:

»Es ist klar, die Tragödien erstaunen und schockieren mich wie das Land. Die Tatsache, daß da eine Anzahl von Individuen Unterricht in Flugschulen hier im Land erhalten konnte, ist ganz offensichtlich neu für mich. Wenn wir das gewußt hätten, hätten wir dies ..., vielleicht hätte man dies dann verhindern können. Doch jenseits dessen bin ich, wie wohl jedermann, erstaunt über das Ausmaß der Tragödie.«

Drei Tage später, am 17. 9. 2001, erklärte Mueller:
»Es gab da keine warnenden Hinweise, von denen ich Kenntnis hatte, die eine derartige Operation in diesem Land hätten erwarten lassen.«[56]

Dies äußert der Chef einer Behörde, die spätestens seit 1993, seit dem ersten Anschlag auf das World Trade Center, mit muslimischen Selbstmordterroranschlägen gerade auch mit entführten Passagiermaschinen auf Symbole der USA rechnete.

Die Flugschulen und ihre Cessna-Hobbyflieger[57]

Am Tag nach den Anschlägen berief sich die *Washington Post* auf Stellungnahmen aus der Luftfahrt und stellte fest, das in das Pentagon gesteuerte Flugzeug müsse mit außerordentlicher Könnerschaft geflogen worden sein. Daher müsse mit hoher Wahrscheinlichkeit ein erfahrener Pilot den Steuerknüppel bedient haben. Der Betreffende müsse sogar gewußt haben, wie der Transponder abzustellen sei, eine Information, die ein Hobbyflieger wohl nicht so ohne weiteres habe.[58] Auch die Flugbewegungen im New Yorker Luftraum, die beiden Jumbojets aus entgegengesetzten Richtungen gegen Nord- und Südturm des World Trade Centers genau ins Ziel zu steuern, erforderten nach dem Urteil von Kampfjetpiloten aus aller Welt eine hohe professionelle Ausbildung und langjährige Übung. Doch die Ausbildung der Selbstmord-Hobbyflieger scheint, wie bereits angedeutet, alles andere als besonders erfolgreich verlaufen zu sein.

Dies gilt zum Beispiel für Hani Hanjour, den angeblichen Entführer des Flugs 77 der American Airlines. Der hatte nach Presseberichten auf dem Flughafen Bowie's Maryland Freeway Airport seit Mitte August dreimal vergeblich versucht, die Erlaubnis zum Fliegen eines der Flugzeuge am Flughafen zu erhalten.[59]

Marcel Bernard, der Chef der Flugschule am dortigen Flughafen, erklärte, Hani Hanjour sei in der zweiten August-Hälfte dreimal mit einer Cessna 172 in Begleitung von Fluglehrern des Flughafens in die Luft gegangen und habe wohl gehofft, ein Flugzeug mieten zu können. Hanjour habe zwar die Pilotenlizenz besessen, meinte Bernard, doch er habe noch ein Abschlußzeugnis des Flughafens benötigt, bevor er ein Flugzeug am Freeway Airport hätte mieten dürfen. Die Fluglehrer hätten ihm, Bernard, nach drei Flügen mit dem Flugschüler mitgeteilt, er sei zum Fliegen ohne Begleitung nicht fähig.

Nach den veröffentlichten Unterlagen habe Hanjour im April 1999 eine Fluglizenz erhalten, die jedoch sechs Monate später verfallen sei, da er die erforderlichen medizinischen Tests nicht abgeschlossen habe. Er habe einige Monate im Jahre 1996 die private Flugschule in Scottsdale, Arizona, besucht, habe den Kurs jedoch nicht beendet, da die Fluglehrer ihn als unfähig eingeschätzt hätten.

In Hanjours Logbuch seien 600 Flugstunden eingetragen gewesen, die Fluglehrer seien überrascht gewesen, daß er mit dieser Erfahrung nicht besser habe fliegen können. Sprecher des FBI und der Spezialagent Pete Goulatta, der hierzu befragt wurde, wiesen in ihrer Stellungnahme auf die laufenden kriminalistischen Ermittlungen hin; man könne deshalb zu den Äußerungen der Flugschule keine Erklärung abgeben.

Die *Washington Post* berichtete eine Woche nach den Anschlägen, Mohammed Atta, der angebliche Entführer des

Flugs AA 11, und Marwan-Al-Shehhi, der angebliche Entführer des Flugs UA 175, hätten bei Huffman Aviation, einer Flugschule in Venice, Florida, Hunderte von Flugstunden absolviert.[60] Beide hätten zudem am Internationalen Flughafen Sarasota Bradenton bei der Flugschule Jones Aviation Flying Service Inc. Stunden genommen. Beide Versuche seien erfolglos verlaufen.

Ein Fluglehrer von Jones, der anonym bleiben wollte, berichtete, Atta und Al-Shehhi seien im September oder Oktober 2000 gekommen, um bei ihm Flugstunden zu buchen. Atta sei besonders schwierig gewesen. Er habe ihm nicht ins Gesicht, geschweige in die Augen sehen können. Seine Aufmerksamkeitsspanne sei sehr begrenzt gewesen.

Keiner der beiden Männer sei fähig gewesen, den Eingangstest »Verfolgung und Abfangen« zu bestehen. Nachdem man mit den beiden Klartext gesprochen habe, hätten sie sich aus dem Staub gemacht. Man habe sie nicht hinausgeworfen, sie seien einfach den Anforderungen der Schule nicht gewachsen gewesen.[61]

Die *Washington Post* berichtet ferner, die angeblichen Entführer des Flugs AA 77, Nawaq Alhamzi, Khalid Al-Midhar und Hani Hanjour, hätten alle einige Zeit in San Diego verbracht. Alhamzi und Al-Midhar hätten zudem kurzfristig eine lokale Flugschule besucht, seien jedoch wegen ihrer geringen Englischkenntnisse und ihrer in der Prüfung gezeigten Unfähigkeit aus dem Kurs geflogen.

Im vergangenen Frühjahr hätten zwei der Männer Montgomery Field, einen kommunalen Flugplatz, besucht, um Flugunterricht zu erhalten. Sie hätten mit den Fluglehrern bei Sorbi's Flying Club gesprochen und zwei Flugstunden erhalten, was den Fluglehrern jedoch gereicht hätte, um den beiden den Abbruch des Flugunterrichts nahezulegen.

»Ihr Englisch war schrecklich, und ihre mechanischen Fähigkeiten waren noch schlimmer«, sagte einer der Fluglehrer. »Sie machten den Eindruck, als hätten sie kaum jemals einen

PKW gesteuert. Sie schienen mir nette Kerle zu sein, doch im Flugzeug waren sie dumm und dümmer.«[62]

Täter in Militäreinrichtungen geschult

Drei Tage nach den Terroranschlägen brachten *Newsweek* und die *Washington Post* eine Meldung über fünf der Entführer, die in den neunziger Jahren auf für die Öffentlichkeit gesperrten amerikanischen Militärbasen ausgebildet worden seien.[63] Nach anfänglichem Leugnen räumte ein Sprecher des Pentagons dies auch ein. Die Berichte sprachen von drei Terroristen, die als Adresse in den USA den Marineflieger-Stützpunkt Pensacola, Florida, angegeben und dort an militärischen Programmen für ausländische Offiziere teilgenommen hätten.

Auf die Frage eines Journalisten, was denn die Stellungnahme des Pentagons vom 16. 9. 2001 zu besagen habe, wenn es dort heiße, die Übereinstimmung von Namen würde »nicht zwangsläufig« bedeuten, daß die Offiziersschüler gleichen Namens auch die verdächtigten Entführer gewesen sein müßten und daß Unstimmigkeiten im Lebenslauf darauf hinwiesen, daß es sich »wahrscheinlich« nicht um die gleichen Personen handle, verschanzte sich der Sprecher des Pentagons hinter der Formel, er sei nicht ermächtigt mitzuteilen, wer welche Schulen besucht habe.

Die früheren Dementis sind durch diese Erklärung gegenstandslos geworden. Es scheint einigermaßen sicher zu sein, daß es eine Liste des Verteidigungsministeriums gibt, auf der Personen gleichen Namens wie die Terroristen des 11. September aufgeführt sind, die in Einrichtungen des US-Militärs Ausbildungen erhalten haben. Das Pentagon sah sich nicht veranlaßt, diese Liste zu veröffentlichen.

Ausländern wird der Zugang zu Ausbildungseinrichtungen der Streitkräfte jedweden Staates auf der Welt in aller Regel nur gewährt, wenn sie aus befreundeten Staaten kommen und von diesen Staaten eigens dazu vorgeschlagen wurden.

Nun soll der Kopf der ganzen Verschwörung, Mohammed Atta, angeblich die Zulassung zum Studium an der International Officer's School auf der Maxwell Air Force Base in Montgomery gehabt haben. Dann müßte er Verbindung gehalten haben zu einer mit den USA befreundeten arabischen Regierung. Der Sprecher des Verteidigungsministerium erklärte gegenüber der Presse, der Mohammed Atta, der die International Officer's School besucht habe, sei nicht der gleiche Mohammed Atta, der das Passagierflugzeug in das WTC gesteuert habe, lehnte jedoch Antworten auf die wiederholten Nachfragen nach biographischen Einzelheiten über den zweiten arabischen Piloten gleichen Namens ab. Um so unklarer müssen jedoch die den verschiedenen Personen zugeschriebenen Eigenschaften und Verhaltensweisen bleiben. Einem Bäumchen-wechsle-dich-Spiel sind damit Tür und Tor geöffnet. Nur eine amtliche Untersuchung könnte die Frage der Identität klären.

Die Einreisevisa für die Attentäter

Die *Washington Post* wiederum berichtet, ein Teil der verdächtigen Araber habe bei amerikanischen Konsulaten im Ausland Visa zur Einreise in die USA beantragt, die jedoch nicht rechtzeitig erteilt und in die Pässe gestempelt worden seien. Dies hätte normalerweise zur Zurückweisung an Flughäfen und Grenzübergangsstellen führen müssen. Doch die Herren konnten unbehelligt einreisen, möglicherweise aufgrund vorläufiger Visa, die die Flugschulen vergeben durften. So wurden die Visa für Mohammed Atta und Marwan Al-Shehhi von der Einwanderungsbehörde noch Monate nach dem 11. 9. an die Adressen der Täter in Florida geschickt, obwohl diese nach Darstellung des FBI längst durch den Selbstmordterrorakt ihr Leben gelassen hatten.[64]

19 Attentäter bei der geheimen Vorbereitung

*Flugschule für Araber wird beobachtet
von Zirkusdirektor und Kunststudenten*

Es gibt in Florida mehr als 200 Flugschulen. Doch alle angeblichen Terroristen waren bei lediglich zwei Schulen eingeschrieben, und die lagen beide in Venice, Florida. Rudi Dekkers' Huffman Aviation war besonders attraktiv, weil gerade sie im Gegensatz zu vielen anderen Flugschulen von der Einreisebehörde ermächtigt war, ausländischen Studenten das heißbegehrte I-20-Formular für die Einreise zum Zwecke beruflicher Ausbildung auszuhändigen. Atta war Nutznießer dieser Sonderregelung. Er erhielt sein vorläufiges Visum von Huffman Aviation. Wenn es sich um den gleichen Atta gehandelt hat, dann muß er allerdings bereits im Frühjahr 2000 ein Visum von der US-Botschaft in Berlin erhalten haben, möglicherweise ein Touristenvisum und nicht das erforderliche Visum zu Ausbildungszwecken.

Die Frage nach den Gründen für die Berechtigung der Flugschule Venice zur Erteilung vorläufiger Visa bleibt bis heute unbeantwortet. Atta war nur einer von neun bis elf weiteren Entführern, die dort zur Ausbildung weilten. Die Unternehmer und niederländischen Staatsbürger Rudi Dekkers und Arne Kruithof hatten die Schule erst zwei Jahre zuvor erworben. Letztlich soll Dekkers im Auftrag eines 70-jährigen Multimillionärs an mehreren Orten der USA Flugschulen aufgekauft haben, die dann von arabischen Flugschülern regelrecht überflutet wurden.[65] Ein weiterer Entführer lernte in der benachbarten Flugschule Florida Flight Training Center, die ebenfalls im zumindest formalen Eigentum eines Holländers stand.

Am Rande des Platzes in Venice, Florida, hatte sich ein Wanderzirkus niedergelassen, der das Geschehen auf dem Flugplatz zwangsläufig beobachten konnte und der immer wieder für wichtigere Recherchen hochrangige ehemalige Angehörige der CIA beschäftigte.[66]

In unmittelbarer Nähe der Unterkünfte der Terror-Flugschüler hatte sich zudem eine Reihe israelischer Kunststudenten eingemietet, die später jedoch aufgrund von Ermittlungen der Drug Enforcement Agency und des lokalen FBI-Büros als Angehörige einer Nachrichteneinheit der israelischen Armee enttarnt wurden.[67] Innerhalb von Stunden nach dem 11. 9. wurden die Unterlagen beider Flugschulen beschlagnahmt und im Regierungsflugzeug des Gouverneurs von Florida, Jeb Bush – des Präsidentenbruders –, weggeschafft, sehr zur Verwunderung des örtlichen Sheriffs. Doch der war merkwürdige Bewegungen auf dem Flugplatz gewohnt, sowohl CIA als auch Drug Enforcement Agency hätten von hier aus Operationen gestartet. Die Venice-Airport-Story wird angereichert durch Flugunfälle der beiden Fluglehrer am 5. Juli 2002 und 24. Januar 2003.[68] Beide Fluglehrer der angeblichen Attentäter verunglückten nach dem 11. 9. 2001 in Florida. Der eine stürzt mit seinem Hubschrauber in einen eiskalten See, wird jedoch gerettet. Der andere liefert eine Bruchlandung auf dem Venice Airport und überlebt ebenfalls.

Es bleibt festzuhalten: Waren die 19 jungen Muslime tatsächlich die Attentäter, dann hatten die Geheimdienste und die Antiterrorabteilung genaue und belastbare Hinweise auf das Treiben auf den Flugplätzen und hätten eingreifen können und müssen. Waren sie nur Anlernpiloten, denen man später die Anschläge des 11. 9. hat in die Schuhe schieben wollen, dann ist das eigentümliche Versagen eher zu verstehen. Die extrem raffinierten Taten des 11. 9. sind aus der Sicht vieler Kampfjetpiloten aus aller Welt von schlecht ausgebildeten Hobbyfliegern nicht zu vollbringen.

Spekulationen vor den Anschlägen

Insider spekulieren in der Woche zuvor auf den 11. 9. 2001, und das FBI findet sie nicht

Ein starker Hinweis darauf, daß Insider von den bevorstehenden Anschlägen gewußt haben müssen, sind die Börsenspekulationen in der Woche vor den Attentaten.[69] So wurde in der Woche vor der Tat auf den Kursverfall der Aktien von Unternehmen spekuliert, die durch den Anschlag des 11. 9. Schaden erleiden mußten. Dazu gehörten Aktien der beiden Fluggesellschaften United Airlines und American Airlines, der Investmentfirmen, die je 20 Stockwerke mit Büros in den Türmen des World Trade Centers belegt hatten wie Merryll Lynch und Goldman Sachs, aber auch der Rückversicherungsgesellschaften, die für den ungeheuren Schaden letztlich aufkommen müssen. Die Anteile wurden vor der Tat »short« verkauft. Der Spekulant verkauft Aktien, die er noch nicht besitzt, auf die er jedoch eine Kaufoption zu einem späteren Zeitpunkt hat. Der Käufer zahlt den Kaufpreis zum derzeit noch hohen Kurswert. Die Vereinbarung sieht die Lieferung der Aktien jedoch erst binnen einer Frist vor, die nach dem erwarteten Schadensereignis liegt. Daher kann der Spekulant unter diesen Bedingungen die Anteile jetzt teuer verkaufen, sie zum vereinbarten späteren Termin billig kaufen und somit seiner Verpflichtung zur Übereignung der zum ersten Termin bereits verkauften Aktien nachkommen.

Insiderbeobachtung aus Israel

Bereits zehn Tage nach den Anschlägen hatte das Israeli Herzliya International Policy Institute for Counterterrorism folgende Insidergeschäfte in bezug auf den 11. September zusammengestellt: United Airlines 4744 Aktien zum Verkauf im

Vergleich zu sonst durchschnittlich üblichen 396; American Airlines 4515 Anteile gegenüber 748. Beide Transaktionen waren folglich elf- bzw. sechsmal größer im Umfang als üblich. Anteile von Morgan Stanley Dean Witter, die 22 Stockwerke im World Trade Center belegt hatten, wurden in der Größenordnung von 2157 in drei Tagen vor dem Anschlag verkauft gegenüber 27 vor dem 6. 9.; von Merrill Lynch, die ebenfalls 22 Stockwerke angemietet hatten, wurden 12 215 Aktien in vier Tagen vor dem Anschlag gegenüber 252 vorher pro Tag verkauft.[70]

Obgleich die Transaktionen im Umfang sofort feststellbar waren, sind bis heute die Namen der Insider nicht bekanntgemacht worden. Auch die Liste der 38 Unternehmen, die mit Aktien und Optionen der durch die Anschläge des 11. 9. zu Schaden gekommenen Gesellschaften gehandelt haben, ist bislang nicht veröffentlicht. Die Bundesbank in Frankfurt/M. geht bei der Überprüfung ihrer Unterlagen ebenfalls von einem massiven Insiderhandel aus.[71] In einigen Berichten findet sich der Hinweis, es seien hohe Mitarbeiter der Bush-Administration gewesen, die entsprechende Aufträge erteilt hätten. Doch bis zur Stunde wartet die Öffentlichkeit auf die Ergebnisse der Recherchen von FBI und FinCEN (Financial Crimes Enforcement Network, ein Sondergeheimdienst der Bundesfinanzverwaltung).

Im Internet wird darüber berichtet, daß eines der Brokerbüros, das Insideraufträge zum Verkauf von United-Airlines-Aktien abgewickelt hatte, zwei Jahre zuvor noch unter der Leitung eines Managers gestanden habe, der später zum Verwaltungsdirektor der CIA ernannt worden war. Es handelt sich um A. B. »Buzzy« Krongard, der zuvor die Alex Brown Investment Division geleitet hatte. Diese Investmentbank hatte sich auf den anonymen An- und Verkauf von Wertpapieren an Privatkunden spezialisiert.[72] A. B. Brown wiederum gehörte dem Investmentunternehmen Banker's Trust, das Krongard als stellvertretender Vorsitzender mit Anteilen im Wert von 70 Millionen Dollar geleitet und zwei Jahre zuvor der Deutschen Bank verkauft hatte. Senator Carl Levin hatte das Krongardsche A.-B.-Brown-Unternehmen als eine von 20 größeren amerikanischen Banken der Geldwäsche verdächtigt. Unter Krongards Leitung war Banker's Trust zuvor der New Yorker Bankenaufsicht wegen undurchsichtiger, die Wäsche von Drogengeldern nahelegender Operationen aufgefallen. Krongard war es auch, der als Geschäftsführer von Banker's Trust die Übertragung an die Deutsche Bank zum Kaufpreis von 2 Mrd. Dollar einfädelte. Mit der Übernahme konnte sich das Unternehmen der Aufsicht der etwas kritischeren New Yorker Behörde entziehen. 1998 wechselte Krongard zur CIA als Berater des Direktors. 2001 wurde er zum Verwaltungschef der CIA ernannt.

Aufsehen erregt allerdings, daß der Versuch, die Hintergründe aufzuklären, unter anderem daran scheitert, daß die Telefonmitschnitte der National Security Agency (NSA), die sich auf die Aktivitäten der Insiderhändler beziehen, gegen lautstarken Protest auf Anweisung der Rechtsabteilung der NSA gelöscht wurden. Die Begründung lautete, es seien nicht nur ausländische Bürger, sondern auch amerikanische Staatsangehörige abgehört worden, und letzteres sei nicht zulässig. Der frühere Chef der Antiterrorabteilung der CIA, Vincent Cannistraro, betont hingegen, sofern amerikanische Staatsbürger in einen ausländischen Terrorakt verwickelt seien, könnten die Bänder sehr wohl aufbewahrt und in Gerichtsverfahren als Beweismittel verwendet werden.[73]

Wie einfühlsam die amerikanische Börsenaufsicht SEC mit dem Thema umgeht, ergibt sich aus ihrem Schreiben an die infrage kommenden Unternehmen, doch bitte einen erfahrenen Mitarbeiter als Ansprechpartner für die anstehenden Insideruntersuchungen zu benennen, der angesichts der sensitiven Natur des Falles auch imstande sein solle, in angemessener Weise von seinem Ermessen Gebrauch zu machen.[74]

Nachzutragen bleibt, daß genau in der Woche vor den Attentaten für viele Milliarden Dollar Staatsanleihen gekauft wurden, eine Operation, bei der Spekulanten davon ausgehen, daß Krisenstimmung aufkommt und die Aktien abstürzen.

Gerissene Spekulanten mit Insiderwissen aus der kriminellen oder Geheimdienstszene werden ihre Put-Optionen kaum je im eigenen Namen in Auftrag geben, sondern sich vielmehr eines Strohmanns bedienen. Gleichwohl müßte es möglich sein, die Aufträge an die Brokerbüros über die Strohmänner bis zu den eigentlichen Verantwortlichen zurückverfolgen. Zumal FinCEN[75] schon vor Jahren ein eigenes Indizienwarnsystem gegen Terroranschläge aufgebaut hatte, exakt auf der Grundlage dessen, was in der Woche vor dem 11. 9. 2001 geschehen ist, daß nämlich Spekulanten aus ihrer Nähe zu den Akteuren der Terrortat heraus auf das Ereignis spekulieren. Geht der Umsatz bestimmter Aktien an einem oder mehreren Börsentagen hintereinander steil in die Höhe, beginnen die Terrorampeln der amerikanischen Spekulationsüberwachung zu blinken. Diese Ampeln scheinen am 11. 9. außer Betrieb gewesen zu sein.

Es ist nicht auszuschließen, daß die Offenlegung dieser Zusammenhänge zugleich eine verdeckte Botschaft an die Bush-Administration enthält. Der Informant zeigt ein Wissen über Zusammenhänge an, das zur Erpressung genutzt werden könnte. Üblicherweise sollte man davon ausgehen, daß Personen, die von derart umstürzenden Ereignissen, wie es die Terrorakte des 11. 9. sind, im voraus wissen – und zwar sowohl die, die die Taten geplant haben, als auch die, deren Aufgabe es gewesen wäre, geplante Terrorakte zu verhindern –, sich hüten werden, durch Insidergeschäfte auf sich aufmerksam zu machen und damit letztlich den Vorwurf des Mordes und Landesverrats auf sich zu ziehen. Möglicherweise wurden daher Insider aus dem amerikanischen Apparat gezielt in eine Falle gelockt, um das Interesse der Öffentlichkeit wie der Strafverfolgungsbehörden etwa auf die Verantwortlichen an der Spitze der CIA zu lenken und dadurch die eigentliche Spur hin zur Täterschaft zu verdecken.

*Die finanziellen Interessen der
Bush- und der Bin-Laden-Familie*

Die Bin-Laden-Familie in Saudi Arabien und die Bush-Familie in den USA waren sich so fremd nicht. Die bin Ladens waren noch zur Zeit der Terroranschläge auf New York und Washington eng mit den Finanzinteressen der Bush-Familie verbunden. Der frühere Präsident und Vater des derzeitigen Präsidenten George W. Bush trat international nach seiner Zeit als US-Präsident für die sogenannte Carlyle-Gruppe auf, die weltweite Geldanlagen vornehmlich im Öl-, Gas- und Waffengeschäft vermittelt. Hieran hatte sich die Bin-Laden-Familie mit einigen Millionen Dollar beteiligt. Die Carlyle-Gruppe baut ihre Geldanlagen ganz offensichtlich auf einem umsichtig ausgebauten Insider-Know-how auf. Um die Trends der politischen, wirtschaftlichen und militärischen Veränderungen rechtzeitig ermitteln zu können, nimmt die Investmentgesellschaft ehemalige Geheimdienstchefs, Verteidigungsminister, Außenminister, Sicherheitsberater des Präsidenten, Vorsitzende der Börsenaufsicht oder Stabschefs der Streitkräfte in ihre Reihen auf, die sich nach einer in den USA üblicherweise kurzen Verweildauer in höchsten Staatsämtern erneut ihren privaten Geschäften widmen und sich nun zur Förderung ihrer Interessen des alten Beziehungsgeflechts der bekannten Geheimnis- und Entscheidungsträger bedienen können.[76]

Die Bin-Laden-Beteiligung am Carlyle-Geschäft wurde nach dem 11. 9. 2001 diskret ausgezahlt, obgleich nur der Sproß Osama das schwarze Schaf zu sein scheint. Sieben seiner in Boston zur Ausbildung befindlichen Geschwister wurden nach dem 11. 9. heimlich außer Landes gebracht.

DRITTES KAPITEL

Das Kaninchen aus dem Zylinder – Osama bin Laden und die muslimische Spur

Wer sucht, der findet

Bereits am Nachmittag des 11. 9. 2001 um 16 Uhr berichtete CNN unter Berufung auf offizielle Quellen, daß nach den Anschlägen am Vormittag neue und genaue Informationen eingegangen seien, die verläßliche Hinweise auf die Verwicklung des militanten Saudis Osama bin Laden ergäben, der ja auch für die Koordination der Anschläge auf die amerikanischen Botschaften in Kenia und Tansania im Jahr 1998 sowie das Schlachtschiff »MSS Cole« im Jahr 2000 verantwortlich gemacht werde.[77] Die Medienberichte des nächsten Tages greifen das Thema bin Laden auf, verweisen nicht nur auf ihn, sondern auch auf dessen Al Kaida, was auf arabisch nichts anderes als »Basis« bedeutet, als ein Netzwerk internationaler muslimischer Terroristen. Die Berichte erinnern daran, daß auch der erste Anschlag auf das World Trade Center im Jahre 1993 bereits bin Laden zur Last gelegt worden war.

Die Bush-Regierung im »Dritten Weltkrieg«
gegen bis zu 60 Staaten

Das Justizministerium veröffentlicht am dritten Tag nach dem Anschlag die Liste der 19 Entführer mit Namen, Alibinamen und Lebensläufen, alle 19 samt und sonders arabischer Herkunft.[78] Mit dem Präsidenten der Vereinigten Staaten beteten vier ehemalige Präsidenten in der National Cathedral in

Washington. Am nächsten Tag bekräftigt Bush erneut die Notwendigkeit eines langanhaltenden, unerbittlichen Kriegs, der den Terroristen das Handwerk legen werde. Das State Department droht allen Staaten und Regierungen, die Terroristen beherbergen oder unterstützen, die internationale Isolierung an. Zwei Tage nach dem Attentat erklärt Präsident Bush, es handele sich um den ersten Krieg des neuen Jahrhunderts, in dem er die USA zum Sieg führen werde. Vizepräsident Cheney und Verteidigungsminister Rumsfeld sprechen wiederholt von mindestens 60 Staaten, die Zellen des Terrors beherbergten und gegen die nun in einem langen Kampf vorgegangen werden müsse. Außenminister Colin Powell hält Osama bin Laden für den Hauptverdächtigen. Schließlich hatte der noch am Tag vor der Tat unvorsichtigerweise über Handy aus Afghanistan nicht mit seiner Mutter, wie zunächst angenommen, sondern mit einer seiner Stiefmütter telefoniert, was wiederum, wie zu erwarten, abgehört worden war.[79] An Afghanistan als Aufenthaltsort des Terrorführers schien daher kein Zweifel zu bestehen. Der stellvertretende Verteidigungsminister Wolfowitz spricht von einer nachhaltigen militärischen Kampagne, die nun erforderlich sei.

Die Taliban in Afghanistan wiederum drohen den USA mit Rache, falls das Land mit Krieg überzogen werde. Die pakistanische Regierung akzeptiert vier Tage nach der Tat die Forderungen der USA nach Unterstützung für den Fall eines Krieges gegen das benachbarte Afghanistan. In Kabul übergeben pakistanische Unterhändler die Forderung der USA nach Auslieferung bin Ladens, verbunden mit der Drohung, daß das Land anderenfalls angegriffen werde. Die Talibanführung verweist auf den Rat der religiösen Weisen, der über die Forderung der USA befinden werde. Der Rat bittet am Ende seiner Tagung Osama bin Laden, das Land freiwillig zu verlassen.

Das Dementi Osama bin Ladens, er trage für die Anschläge keine Verantwortung, wird von Präsident Bush brüsk zurückgewiesen.[80] Nahezu alle Staaten der Welt erklären sich solidarisch im Kampf gegen den Terrorismus. Am 19. September werden zusätzliche amerikanische Flugzeuge auf Stützpunkte am persischen Golf verlegt. Die Zahl der Kampfschiffe in der Region wird erhöht.

Am 21. September melden deutsche Behörden, daß sich von den 19 von FBI und Justizministerium genannten mutmaßlichen Entführern etliche längere Zeit in Deutschland aufgehalten hätten. Die CIA wiederum hatte Mohammed Atta und andere Muslime monatelang in Deutschland überwacht, den deutschen Dienststellen davon jedoch keine Mitteilung gemacht.[81] Trotz der Überwachung hatte die US-Botschaft in Berlin offenbar keinen Anlaß gesehen, Atta im Frühjahr 2000 ein Visum für die Einreise in die USA zu verweigern.

Der Außenminister der Vereinigten Staaten verspricht, die Beweise für die Täterschaft Osama bin Ladens und seiner 19 mutmaßlichen Täter öffentlich vorzulegen. Diese Zusage zieht er später mit dem Hinweis zurück, durch die Offenlegung würden Staatsinteressen berührt, die der Geheimhaltung bedürften. Die vorzulegenden Beweise seien für ein amerikanisches Strafgericht mit Sicherheit auch nicht ausreichend.

Die Taliban erklären, sie seien in Kontakt mit bin Laden und hätten ihm die Aufforderung des geistlichen Rates übermittelt. Tony Blair, der sich sofort nach der Tat für eine umfassende Bekämpfung des internationalen Terrorismus ausspricht, fliegt nach Washington, erhält dort Einblick in die Unterlagen, die die Täterschaft Osama bin Ladens und der 19 Entführer beweisen sollen, und erklärt vor der Öffentlichkeit, es gebe keinen Zweifel an den von der amerikanischen Regierung geäußerten Verdachtsmomenten und den Beweismitteln. Auch Bundeskanzler Schröder darf eine halbe Stunde lang Einblick in die Unterlagen nehmen, sich jedoch keine Notizen machen. Er erklärt die uneingeschränkte Solidarität Deutschlands mit den USA in Sachen Terrorbekämpfung. Die NATO erklärt auf Antrag der Vereinigten Staaten den Bündnisfall.

Der israelische Ministerpräsident erklärt die Palästinenser im allgemeinen und deren Präsidenten Arafat im besonderen zu Spießgesellen Osama bin Ladens und zum Terrorfeind Nummer 1 des Nahen Ostens. Beweise hierfür bleibt er schuldig. Unter den Tisch gekehrt blieb die Politik Scharons, die allein in den drei Monaten vor dem 11. September fanatischen Siedlern erlaubt hatte, weitere zehn neue Siedlungen in den von Israel besetzten, den Palästinensern zustehenden Gebieten zu gründen. Das brutale Vorgehen der Siedler gegen die dort lebenden Palästinenser wurde nicht unterbunden, vielmehr wurde die Armee zum Schutz der gewaltsamen Landnahme eingesetzt. Eine kleine Zahl israelischer Offiziere und Mannschaften, vor allem Reservisten, verweigerte deshalb den Dienst an der Waffe und wanderte in die Haftanstalten.

Scheuklappen engen Ermittlungen ein

Wenige Tage nach den Anschlägen häuften sich also auf der einen Seite die Nachrichten über die Hintergründe der Attentäter und deren Verbindung zu Osama bin Laden, den geheimnisvollen Drahtzieher in den Bergen und Höhlen Afghanistans. Auf der anderen Seite liefen jedoch Meldungen auf, die erhebliche Zweifel an der amtlich verkündeten Verschwörungstheorie der amerikanischen Regierung aufwarfen. Allerdings sah sich weder die amerikanische noch die europäische Presse in der Lage, gleichermaßen über beide Vermutungen zu berichten. So kamen lediglich die immer stärker und systematischer werdenden Verdachtsmomente gegen die arabischen Täter zur Sprache, jedoch kaum die Zweifel. Immerhin mußte der Chef des State Departments verkünden, daß die Administration im Gegensatz zu früheren Ankündigungen nun doch nicht über Beweise verfüge, die sie der Öffentlichkeit oder einem Gericht mit dem Ziel einer Verurteilung vorlegen könne.

*Osama bin Laden auf einem Videoband:
Bekenntnis oder Dementi?*

Dennoch wurde die Täterschaft der 19 Entführer nach Auffassung der amerikanischen Regierung anhand der FBI-Liste und der zahlreichen Spuren, die die Täter auf ihrem Weg zum Anschlag in den USA und vielen Ländern der Welt hinterlassen hatten, als bewiesen hingestellt. Daß Osama bin Laden als Drahtzieher aus Afghanistan hinter den Taten stand, wurde zwar sehr schnell von den amerikanischen Geheimdienst- und Terrorismusexperten angenommen, konnte jedoch zunächst nicht überzeugend bewiesen werden. Seit Anfang der neunziger Jahre war Osama bin Laden hinter jedem größeren Terroranschlag gegen amerikanische Ziele in der Welt vermutet worden. So – wie schon erwähnt – bei den Bombenanschlägen auf die amerikanischen Botschaften in Afrika oder die auf das amerikanische Kriegsschiff »MSS Cole« in den Gewässern des Jemen, aber auch bei der auf einen Lieferwagen in Riad gepackten Autobombe, die ein Gebäude der saudischen Nationalgarde zerstörte und sechs Personen tötete sowie 60 verletzte, darunter die Mehrzahl Amerikaner.

Ganz im Gegensatz zu der späteren Darstellung in den meisten Medien hatte der in Afghanistan lebende Osama bin Laden in einem Interview mit einer pakistanischen Zeitung[82] die Terrortat allerdings verurteilt und jede eigene Beteiligung geleugnet. Er habe keinerlei Kenntnis von den Anschlägen gehabt und habe noch nie das Töten unschuldiger Frauen, Kinder und anderer Menschen gebilligt. Der Islam verbiete sogar im Zuge einer kriegerischen Auseinandersetzung strikt ein derartiges Handeln. Vielmehr seien es doch die Vereinigten Staaten selbst, die in vielen Ländern menschenverachtend mit den Anhängern des Islams umgingen. Bin Laden verwies in dem Interview auf das Vorgehen gegen die unschuldigen Völker des Irak, Tschetscheniens und Bosniens. Amerika dulde keine gleichberechtigten Staaten neben sich. Es gebe unter den Staaten nur Vasallen oder Untergebene. Wer auch immer die Taten des 11. September zu verantworten habe, sei kein Freund des amerikanischen Volkes. Er selbst habe etwas gegen das System, jedoch nichts gegen das amerikanische Volk.[83] Die Anschläge hätten einfache Amerikaner getötet. Bin Laden forderte die Vereinigten Staaten auf, die Täter in den eigenen Reihen zu suchen, es handele sich um Leute, die Teil des amerikanischen Systems seien, das im neuen Jahrhundert nun auf einen Konflikt zwischen Islam und Christentum dränge mit dem Ziel, die eigene Zivilisation, das eigene Land, die eigene Nation oder Ideologie zum Sieg zu führen.

Dieses Dementi der Urheberschaft für die Anschläge des 11. 9. wurde in zahlreichen deutschen Provinzzeitungen wiedergegeben, während die überregionale Presse im Gleichklang mit den europäischen und amerikanischen Massenmedien eine Version verbreitete, die besagte, daß Osama bin Laden stolz auf die Anschläge in New York und Washington sei, sie billige und haßerfüllt weitere Akte des Terrors der Welt im allgemeinen und den Amerikanern und deren Helfern in der westlichen Welt im besonderen androhe.

Forscht man nach der Quelle der letzteren Version, so stößt man auf einen in Afghanistan lebenden Palästinenser, der per Telefon einer Nachrichtenagentur mitgeteilt hatte, er habe einen Bekannten in der nächsten Umgebung von Osama bin Laden, der dessen haßerfüllte Äußerungen selbst gehört und ihm davon Mitteilung gemacht habe. Eine wenig überzeugende Quelle von Hörensagen.

Doch dann kamen die ersten Videos auf den Markt, die den bärtigen Führer mit Äußerungen voller Haß gegenüber Amerika in Bild und Ton zeigten. Eine besondere Rolle spielt dabei der aus einer lokalen BBC-Station in Quatar entstandene arabische Sender Al-Dschasira, der den Videos eine gewisse arabisch-muslimische Echtheit zu verleihen scheint.

Dort heißt es nun:

»Gott der Allmächtige hat die Vereinigten Staaten an ihrer verwundbarsten Stelle getroffen. Er zerstörte ihre größten Gebäude. Dank sei Gott. Hier sind die Vereinigten Staaten. Sie waren von Nord nach Süd und Ost nach West voller Terror. Gepriesen sei Gott ...
Doch wenn nun das Schwert nach 80 Jahren auf die Vereinigten Staaten fällt, kommt Heuchelei auf, den Tod dieser Mörder zu bedauern, die das Blut, die Ehre und die heiligen Stätten der Muslime befleckten ...
Als der Allmächtige Gott den Auftrag einer Gruppe von Muslimen, den Rächern des Islam, gelingen ließ, erlaubte er ihnen, die Vereinigten Staaten zu zerstören. Ich bitte Gott, den Allmächtigen, sie zu erhöhen und sie des Paradieses teilhaftig werden zu lassen.«[84]

Inzwischen sind mehr als 50 Videobotschaften des angeblichen Terrorpaten in Kabul und Umgebung gefunden und dem Pentagon und den amerikanischen Geheimdiensten übergeben worden. Es scheint, daß die aus den Koranschulen hervorgegangenen Taliban ebenso wie die Al-Kaida-Kämpfer nichts für vertraulich halten, vielmehr per Video nahezu täglich zu ihren Anhängern zu sprechen und sie zum Terrorkampf gegen Amerika anzufeuern pflegen. Und in Kabul werden diese Videos nahezu wöchentlich in verlassenen Häusern aufgefunden und bieten den Fernsehgesellschaften des Westens die Möglichkeit, damit scheinbar hinter die Al-Kaida-Fassade zu schauen. Wieder und wieder sieht und hört man Osama bin Laden zum Kampf gegen den verhaßten Westen aufrufen. Die Bänder sind meist schwer verständlich und bringen nach Meinung von Arabisten in Arabisch oft nicht das zum Ausdruck, was in westlicher, meist englischer Übersetzung dem Publikum dargeboten wird.

Sachverständige haben längst geäußert, daß die Videos mit hoher Wahrscheinlichkeit gefälscht sind und keinerlei Beweiswert besitzen.[85] In Hollywood mehren sich die Stimmen, daß es in der kommerziellen Filmsynchronisation Stand der Technik sei, Mundstellungen in einem Film mit entsprechend angepaßten Worten und Satzfolgen so in Übereinstimmung zu bringen, daß ein Laie dies nicht als Fälschung wahrnehme.[86] Die CIA hat insgesamt mehr als zehn Menschen ausfindig gemacht, die bin Laden zum Verwechseln ähnlich sehen. In den Propagandasendungen der USA in Richtung Irak trat ein Stimmenimitator auf, der imstande ist, die Stimme des Diktators Saddam Hussein mit höchster Perfektion nachzuahmen. Die neu und enger geknüpfte Verbindung des Pentagons zur Filmtechnik Hollywoods macht es zweifellos möglich, gewünschte Videos, die dann aufgefunden und in die USA reimportiert werden, zu den jeweils geeigneten Zeitpunkten fertigzustellen.

Ähnliches gilt zum Beispiel auch für das Video, das nachweisen sollte, Al Kaida experimentiere mit chemischen Kampfmitteln an Hunden. Dummerweise treten in dem Video Golden Retriever auf, eine Rasse, die in den Bergen und den heruntergekommenen Straßen des total verarmten Afghanistans kaum verbreitet sein dürfte.[87]

Der gebrauchte Laptop und die Festplatte
mit den Terrorplänen

Ein weiterer angeblicher Beweis für die Täterschaft des Osama bin Laden und seiner Basistruppe ist dem Kauf eines gebrauchten Laptops durch einen Journalisten des *Wall Street Journal* in einem Elektroladen in Kabul zu verdanken. Der Händler verkaufte dem Journalisten eine neue Festplatte, da dessen alte unbrauchbar geworden war. Darüber hinaus vermittelte er den Verkauf eines gebrauchten Laptops, der angeblich aus einem Haus mit Verbindung zur Basis (Al Kaida) stammte. Die Festplatte des Laptops war vor dem Verkauf gelöscht worden.[88]

Doch die Redaktion des *Wall Street Journal* schöpfte Verdacht, ließ den Inhalt der Festplatte rekonstruieren – und siehe da, das Speichermedium spuckte unendliche Details über geplante und bereits ausgeführte Terroranschläge sowie Finanzverbindungen des globalen Al-Kaida-Netzwerks mit Namen und Telefonnummern aus.[89] Die Redaktion überließ dem Pentagon und der CIA den Vortritt bei der Auswertung des Festplatteninhalts. Erst danach veröffentlichte das Blatt in zwei Beiträgen unter anderem die aufsehenerregende Nachricht, wonach der pakistanische Geheimdienstchef über einen Mittelsmann aus dem Terrormilieu, Ahmad Umar Sheik, einem engen Freund Osama bin Ladens, Mohammed Atta wenige Tage vor dem 11. 9. 100 000 Dollar nach Florida überwiesen habe.

Der indische Geheimdienst wiederum hatte Handy-Telefonate gerade dieses Mittelsmanns mitgeschnitten, aus denen sich die enge, freundschaftliche Verbindung zu bin Laden ableiten läßt. Das bislang fehlende Glied in der Beweiskette für die Verbindung Osama bin Ladens mit den Attentätern von New York und Washington lag somit vor.[90] Weshalb allerdings Osama bin Laden als angeblicher Planer der Terrortaten von New York und Washington am Vorabend des Selbstmordattentats noch eine derart hohe Summe an jemanden geschickt haben soll, der kurz darauf tot sein wird, bleibt einigermaßen unerfindlich.

Daniel Pearl, ein ebenfalls beim *Wall Street Journal* beschäftigter Journalist, versuchte einige Wochen darauf in Pakistan die Hintergründe der Transaktion zu ergründen, wurde jedoch bei einem Treff mit einem Gewährsmann grausam ermordet.[91] Die Tortur wurde per Video aufgenommen. Erst hinterher stellte sich heraus, daß Daniel Pearl israelischer Staatsbürger war und sich bemühte, eine Verbindung zwischen Osama bin Laden über den terroristischen Mittelsmann zu den Attentätern um Mohammed Atta bestätigt zu finden, also den »rauchenden Colt« des 11. 9. zu entdecken. Die Darstellungen in der Presse, die sich auf mehr oder weniger gezielte Indiskretionen der Ermittler, Geheimdienstoperateure und Vertreter des Pentagons beziehen, haben bis zur Stunde die dunkle und tragische Geschichte wenig erhellen können. Die Angelegenheit schmeckt nach Desinformation, Fabrikation, Manipulation und dem Spiel mit dem Tod eines Journalisten und dessen Familie.[92]

Eine ähnlich dramatische Laptop-Erkenntnis, wie sie dem *Wall Street Journal* in Kabul widerfahren war, ergab sich bereits 1995. Bei den Tätern des ersten Anschlags auf das World Trade Center war ein Laptop gefunden worden mit Aufzeichnungen auf der Festplatte, die schon damals die Entführung amerikanischer Linienflugzeuge zum Gegenstand hatten und wichtige Ziele wie das Hauptgebäude der CIA in Langley, Virginia, mit Linienflugzeugen als Bombenersatz attackieren sollten. Die Erkenntnisse spielten in dem Prozeß in New York eine wichtige Rolle. Schon damals sprach man von der Ausbildung zu Selbstmordmissionen. Der Laptop-Besitzer wurde zusammen mit dem angeblichen Haupttäter des Attentats wegen Beihilfe verurteilt.[93]

Festzuhalten bleibt, daß die angebliche Terrorgruppe des Osama bin Laden und seiner Al Kaida in auffälliger Dichte an allen denkbaren Lokalitäten der Welt elektronische Spuren hinterläßt, die von Geheimdiensten aufgelesen und als Beweis für Existenz und Arbeitsweise der Terrornetze gewertet werden. Die Inhalte sind in sich zuweilen nicht stimmig und legen den Verdacht auf Verfälschung nahe. Die Fähigkeit hierzu, ob Video, Festplatte oder Tonband, ist bei Geheimdiensten in Perfektion gegeben. Der kritischen Überprüfung halten derartige Beweise sehr häufig nicht stand.

VIERTES KAPITEL

Die offizielle Darstellung des 11. 9. 2001 – und ihre Lücken

Wer war in den Flugzeugen?

Die FBI-Liste der 19 arabischen Selbstmordattentäter

Die zwei Tage nach dem 11. 9. 2001 veröffentlichte Liste des FBI beschreibt die mutmaßlichen Täter je Flugzeug wie folgt (hier die Originalfassung):

American Airlines #77 Boeing 757
8:10 am departed Washington Dulles for Los Angeles 9:39 am crashed into the Pentagon

1) **Khalid Al-Midhar** – Possible residence (s): San Diego, California and New York, New York; Visa Status: B-1 Visa, but B-2 Visa had expired.
2) **Majed Moqed** – No information available.
3) **Nawaq Alhamzi** – Possible residence (s): Fort Lee, New Jersey and Wayne, New Jersey and San Diego, California.
4) **Salem Alhamzi** – Possible residence (s): Fort Lee, New Jersey, and Wayne, New Jersey.
5) **Hani Hanjour** – Possible residence (s): Phoenix, Arizona and San Diego, California. Believed to be a pilot.

American Airlines #11 Boeing 767
7:45 am departed Boston for Los Angeles 8:45 am crashed into North Tower of the World Trade Center

1) **Satam Al Suqami** – Date of birth used: June 28, 1976; Last known address: United Arab Emirates.
2) **Waleed M. Alshehri** – Dates of birth used: September 13, 1974/January 1, 1976/ March 3, 1976/ July 8, 1977/December

Wer war in den Flugzeugen? 77

20, 1978/ May 11, 1979/ November 5, 1979; Possible residence (s): Hollywood, Florida/ Orlando, Florida/ Daytona Beach, Florida; Believed to be a pilot.

3) **Wail Alshehri** – Date of birth used: July 31, 1973; Possible residence (s): Hollywood, Florida, and Newton, Massachusetts; Believed to be a pilot.
4) **Mohamed Atta** – Date of birth used: September 1, 1968; Possible residence (s): Hollywood, Florida/ Coral Springs, Florida/ Hamburg, Germany; Believed to be a pilot.
5) **Abdulaziz Alomari** – Date of birth used: December 24, 1972 and May 28, 1979; Possible residence: Hollywood, Florida; Believed to be a pilot.

United Airlines #175 Boeing 767
7:58 am departed Boston for Los Angeles 9:05 am crashed into South Tower of the World Trade Center

1) **Marwan Al-Shehhi** – Date of birth used: May 9, 1978; Possible residence: Hollywood, Florida; Visa Status: B-2 Visa; Believed to be a pilot.
2) **Fayez Ahmed** – Possible residence: Delray Beach, Florida.
3) **Ahmed Alghamdi** – Possible residence: Delray Beach, Florida.
4) **Hamza Alghamdi** – Possible residence: Delray Beach, Florida.
5) **Mohald Alshehri** – Possible residence: Delray Beach, Florida.

United Airlines #93 Boeing 757
8:01 am departed Newark, New Jersey, for San Francisco 10:10 am crashed in Stony Creek Township, Pennsylvania

1) **Saeed Alghamdi** – Possible residence: Delray Beach, Florida.
2) **Ahmed Alhaznawi** – Date of birth used: October 11, 1980; Possible residence: Delray Beach, Florida.
3) **Ahmed Alnami** – Possible residence: Delray Beach, Florida.
4) **Ziad Jarrahi** – Believed to be a pilot.

Diese Liste, wenige Tage darauf ergänzt mit den Lichtbildern der 19 Muslime, wird von den Medien in der ganzen Welt verbreitet.[94] Alle deutschen Zeitungen druckten sie ab. Die Liste ist auch heute noch unverändert im Internet abzurufen.

Die Passagierlisten der vier Maschinen

Bereits am Tag der Anschläge hatte CNN die Listen der Passagiere und Flugzeugbesatzungen der vier zur Bombenwaffe umfunktionierten Flugzeuge veröffentlicht und im Internet zugänglich gemacht. Die Namenslisten sind von Bedeutung, weil sich nirgendwo auch nur ein einziger arabischer oder arabisch anmutender Name findet. Hier die Listen in der Originalfassung:

AMERICAN AIRLINES FLIGHT 11
American Airlines Flight 11, from Boston, Massachusetts, to Los Angeles, California, crashed into the north tower of the World Trade Center with 92 people on board.[95]

CREW
John Ogonowski, 52, of Dracut, Massachusetts, was the pilot of Flight 11. He lived on a 150-acre farm north of Boston. He is survived by his wife, Margaret, and three daughters, Laura, 16; Caroline, 14; and Mary, 11. A lifelong aviation buff, he joined the Air Force after graduating from college and flew planes at the close of the Vietnam War. He joined American Airlines in 1979.
First Officer Thomas McGuinness, 42, of Portsmouth, New Hampshire, was Flight 11's co-pilot. He is survived by his wife, Cheryl, and a 14-year-old son and 16-year-old daughter. He was active in Bethany Church in Greenland, New Hampshire, friends and neighbors told The Boston Globe. Rick DeKoven, a church administrator, described him as »a devoted family man.«
Barbara Arestegui, 38, was a flight attendant from Marstons Mills, Massachusetts.
Jeffrey Collman was a flight attendant.
Sara Low, 28, was a flight attendant from Batesville, Arkansas.
Karen Martin was a flight attendant.
Kathleen Nicosia was a flight attendant.
Betty Ong, 45, was a flight attendant from Andover, Massachusetts.
Jean Roger, 24, was a flight attendant from Longmeadow, Massachusetts.
Dianne Snyder, 42, was a flight attendant from Westport, Massachusetts.
Madeline Sweeney, 35, was a flight attendant from Acton, Massachusetts.

PASSENGERS

Anna Williams Allison, 48, of Stoneham, Massachusetts, was the founder of A2 Software Solutions, a firm that assists companies in software development. Allison had more than 19 years' experience in the software development industry and was a frequent speaker and trainer at national and local conferences.

David Angell, 54, of Pasadena, California, was the creator and executive producer of the hit NBC sitcom »Frasier.« A native of West Barrington, Rhode Island, Angell entered the Army after graduating from college and served at the Pentagon until 1972. He worked in insurance and engineering before selling a script for a TV series in 1977. In 1983, he joined the TV series »Cheers« as a staff writer and began working with co-supervising producers Peter Casey and David Lee. This team formed a production company, creating and producing »Wings« in 1990 and »Frasier« in 1993. The trio won 24 Emmys.

Lynn Angell, 45, of Pasadena, California, was the wife of »Frasier« creator and executive producer David Angell. The Angells were returning from a wedding on the East Coast to attend the Emmy Awards.

Seima Aoyama

Myra Aronson, 52, of Charlestown, Massachusetts, was a press and analyst relations manager for Compuware Corp.

Christine Barbuto, 32, of Brookline, Massachusetts, was a buyer for TJX Cos., the off-price retailer of apparel and home fashions. She was on her way to California on a buying trip. Barbuto is survived her father and two sisters. She had worked for TJX for five years.

Berry Berenson, 53, of Los Angeles, California, was an actress and photographer. She was the widow of actor Anthony Perkins, who died in 1992, and sister of actress and model Marisa Berenson. She is survived by two sons, Osgood, an actor, and Elvis. Born into an aristocratic family, Berenson appeared in the movies »Cat People« (1982), »Winter Kills« (1979) and »Remember My Name« (1978).

Carolyn Beug, 48, of Los Angeles, California, was traveling with her mother, Mary Wahlstrom. They had gone to Boston to drop off relatives at a nearby college and were returning home.

Carol Bouchard, 43, of Warwick, Rhode Island, was a Kent County Hospital emergency room secretary.

Robin Caplin was from Natick, Massachusetts.

Neilie Casey, 32, of Wellesley, Massachusetts, was a merchandise planning manager for TJX Cos., the off-price retailer of apparel and home fashions. She worked for TJX for eight years. Casey is survived by her husband and a 7-month-old daughter.

Jeffrey Coombs, 42, of Abington, Massachusetts, was a security analyst for Compaq Computer. He is survived by his wife, Christie, and three children, Meagan, 10; Julia, 7; and Matt, 12.

Tara Creamer, 30, of Worcester, Massachusetts, was a merchandise planning manager for TJX Cos., the off-price retailer of apparel and home fashions. She had worked for TJX for eight years. Creamer is survived by her husband, John, and two children, Colin, 4, and Nora, 1.

Thelma Cuccinello, 71, was a Wilmot, New Hampshire, resident with 10 grandchildren. She was on her way to visit a sister in California. Daughter Cheryl O'Brien gave her mom a ride to catch a bus to Logan International Airport in Boston. »I was the last one to see her,« O'Brien said. »I got to kiss her and say ›I love you‹ and ›Have a nice trip.‹«

Patrick Currivan

Andrew Curry Green was from Chelmsford, Massachusetts.

Brian Dale, 43, of Warren, New Jersey, was an accountant and attorney with Blue Capital Management. He was married and the father of three.

David DiMeglio was from Wakefield, Massachusetts.

Donald Ditullio, 49, was from Peabody, Massachusetts.

Albert Dominguez, 66, was a baggage handler for Qantas Airways in Sydney, Australia. He was traveling on holiday at the time of his death. He was married with four children.

Alex Filipov, 70, was an electrical engineer from Concord, Massachusetts.

Carol Flyzik, 40, was from Plaistow, New Hampshire.

Paul Friedman, 45, from Belmont, Massachusetts, was a consultant for Emergence Consulting.

Karleton D. B. Fyfe, 31, of Brookline, Massachusetts, was a senior investment analyst for John Hancock.

Peter Gay, 54, of Tewksbury, Massachusetts, was a Raytheon Co. vice president of operations for electronic systems based in Andover, Massachusetts. He had worked for Raytheon for more than 28 years.

Linda George, 27, of Westboro, Massachusetts, was a buyer for TJX Cos. , the off-price retailer of apparel and home fashions. She was on her way to California on a buying trip. George is survived by her father, mother, sister and brother. She was engaged to be married.

Edmund Glazer, 41, of Los Angeles, California, was the chief financial officer and vice president of finance and administration of MRV Communications, a Chatsworth, California, firm that focuses on optical components and network infrastructure systems. Glazer was survived by his wife, Candy, and son, Nathan.

Wer war in den Flugzeugen?

Lisa Fenn Gordenstein, 41, of Needham, Massachusetts, was an assistant vice president, merchandise manager, for TJX Cos., the off-price retailer of apparel and home fashions. She was on her way to California on a buying trip. Gordenstein is survived by her husband and two children.
Paige Farley Hackel, 46, was a spiritual adviser from Newton, Massachusetts.
Peter Hashem, 40, was an engineer from Tewksbury, Massachusetts.
Robert Hayes, 37, from Amesbury, Massachusetts was a sales engineer with Netstal.
Ted Hennessy, 35, was a consultant for Emergence Consulting in Belmont, Massachusetts.
John Hofer
Cora Holland, 52, of Sudbury, Massachusetts, was with Sudbury Food Pantry, an interdenominational program that assisted needy families, at Our Lady of Fatima Church.
Nicholas Humber, 60, of Newton, Massachusetts, was the owner of Brae Burn Management.
John Jenkins
Charles Jones, 48, was a computer programmer from Bedford, Massachusetts.
Robin Kaplan, 33, of Westboro, Massachusetts, was a senior store equipment specialist for TJX Cos. , the off-price retailer of apparel and home fashions. She was on her way to California to help prepare for a new T. J. Maxx store opening. Kaplan had returned to work this year after battling Crohn's disease, a life-threatening inflammatory illness of the gastrointestinal tract. She is survived by her father, Edward Kaplan, and mother, Francine.
Barbara Keating, 72, was from Palm Springs, California.
David Kovalcin, 42, of Hudson, New Hampshire, was a Raytheon Co. senior mechanical engineer for electronic systems in Tewksbury, Massachusetts. He had worked for Raytheon for 15 years.
Judy Larocque, 50, of Framingham, Massachusetts, was the founder and CEO of Market Perspectives, a research firm that offers online and on-site surveys. Before founding the company in 1993, she was the principal of Emergent Marketing, an executive marketing consulting firm.
Jude Larson, 31, was from Los Angeles, California.
Natalie Larson was from Los Angeles, California.
N. Janis Lasden, 46, of General Electric was from Peabody, Massachusetts.
Daniel John Lee, 34, was from Los Angeles, California.

Daniel C. Lewin, 31, was the co-founder and chief technology officer at Akamai Technologies Inc., a Cambridge, Massachusetts, company that produces technology equipment to facilitate online content delivery. He is survived by his wife and two sons. He founded Akamai in 1998 with scientist Tom Leighton and a group of Massachusetts Institute of Technology scientists and business professionals. Lewin was responsible for the company's research and development strategy.

Susan MacKay, 44, of Westford, Massachusetts, was an employee of TJX Cos., the off-price retailer of apparel and home fashions.

Chris Mello, 25, was a financial analyst with Alta Communications from Boston. He graduated from Princeton University with a degree in psychology. He is survived by his parents, Douglas and Ellen Mello of Rye, New York; a brother, John Douglas Mello of New York City; and his paternal grandmother, Alice Mello, of Barefoot Bay, Florida.

Jeff Mladenik, 43, of Hinsdale, Illinois, was the interim president at E-Logic.

Antonio Montoya

Carlos Montoya

Laura Lee Morabito, 34, was the Qantas Airways area sales manager in Boston. She lived in Framingham, Massachusetts, with her husband. She was traveling on company business at the time of her death.

Mildred Naiman was from Andover, Massachusetts.

Laurie Neira

Renee Newell, 37, of Cranston, Rhode Island, was a customer service agent with American Airlines.

Jacqueline Norton, 60, was a retiree from Lubec, Maine. She was traveling with her husband, Robert Norton.

Robert Norton, 82, was a retiree from Lubec, Maine. He was traveling with his wife, Jacqueline Norton.

Jane Orth, 49, of Haverhill, Massachusetts, was retired from Lucent Technology.

Thomas Pecorelli, 31, of Los Angeles, California, was a cameraman for Fox Sports and E! Entertainment Television.

Sonia Morales Puopolo, 58, of Dover, Massachusetts, was a retired ballet dancer.

David Retik was from Needham, Massachusetts. He was a general partner and founding member of Alta Communications, a Boston-based investment firm specializing in communication industries. Retik graduated from Colgate University and received a master's in accounting from New York University. He is survived by his wife, Susan and their two children, Ben and Molly.

Wer war in den Flugzeugen?

Philip Rosenzweig of Acton, Massachusetts, was an executive with Sun Microsystems.
Richard Ross, 58, of Newton, Massachusetts, headed his own management consulting company, the Ross Group.
Jessica Sachs, 22, of Billerica, Massachusetts, was an accountant with PricewaterhouseCoopers.
Rahma Salie, 28, was from Boston.
Heather Smith, 30, of Beacon Capital Partners was from Boston.
Douglas Stone, 54, was from Dover, New Hampshire.
Xavier Suarez
Michael Theodoridis, 32, was a consultant from Boston.
James Trentini, 65, was a retired teacher and assistant principal from Everett, Massachusetts.
Mary Trentini, 67, was a retired secretary from Everett, Massachusetts.
Mary Wahlstrom, 75, of Kaysville, Utah, was traveling with her daughter, Carolyn Beug. They had gone to Boston to drop off relatives at a nearby college and were returning home.
Kenneth Waldie, 46, of Methuen, Massachusetts, was a Raytheon Co. senior quality control engineer for electronic systems in Tewksbury, Massachusetts. He had worked for Raytheon for 17 years.
John Wenckus, 46, was a tax consultant from Torrance, California.
Candace Lee Williams, 20, was a student from Danbury, Connecticut.
Christopher Zarba, 47, of Hopkinton, Massachusetts, was a software engineer at Concord Communications. He leaves behind a wife and family. He would have been 48 on September 15.
The Associated Press contributed to this report.

AMERICAN AIRLINES FLIGHT 77
American Airlines Flight 77, from Washington to Los Angeles, crashed into the Pentagon with 64 people aboard.[96]

CREW
Charles Burlingame of Herndon, Virginia, was the plane's captain. He is survived by a wife, a daughter and a grandson. He had more than 20 years of experience flying with American Airlines and was a former U. S. Navy pilot.
David Charlebois, who lived in Washington's Dupont Circle neighborhood, was the first officer on the flight. »He was handsome and happy and very centered,« his neighbor Travis White, told The Washington Post. »His life was the kind of life I wanted to have some day.«

Michele Heidenberger of Chevy Chase, Maryland, was a flight attendant for 30 years. She left behind a husband, a pilot, and a daughter and son.
Flight attendant **Jennifer Lewis**, 38, of Culpeper, Virginia, was the wife of flight attendant Kenneth Lewis.
Flight attendant **Kenneth Lewis**, 49, of Culpeper, Virginia, was the husband of flight attendant Jennifer Lewis.
Renee May, 39, of Baltimore, Maryland, was a flight attendant.

PASSENGERS
Paul Ambrose, 32, of Washington, was a physician who worked with the U. S. Department of Health and Human Services and the surgeon general to address racial and ethnic disparities in health. A 1995 graduate of Marshall University School of Medicine, Ambrose last year was named the Luther Terry Fellow of the Association of Teachers of Preventative Medicine.
Yeneneh Betru, 35, was from Burbank, California.
M. J. Booth
Bernard Brown, 11, was a student at Leckie Elementary School in Washington. He was embarking on an educational trip to the Channel Islands National Marine Sanctuary near Santa Barbara, California, as part of a program funded by the National Geographic Society.
Suzanne Calley, 42, of San Martin, California, was an employee of Cisco Systems Inc.
William Caswell
Sarah Clark, 65, of Columbia, Maryland, was a sixth-grade teacher at Backus Middle School in Washington. She was accompanying a student on an educational trip to the Channel Islands National Marine Sanctuary near Santa Barbara, California, as part of a program funded by the National Geographic Society.
Asia Cottom, 11, was a student at Backus Middle School in Washington. Asia was embarking on an educational trip to the Channel Islands National Marine Sanctuary near Santa Barbara, California, as part of a program funded by the National Geographic Society.
James Debeuneure, 58, of Upper Marlboro, Maryland, was a fifth-grade teacher at Ketcham Elementary School in Washington. He was accompanying a student on an educational trip to the Channel Islands National Marine Sanctuary near Santa Barbara, California, as part of a program funded by the National Geographic Society.
Rodney Dickens, 11, was a student at Leckie Elementary School in Washington. He was embarking on an educational trip to the

Wer war in den Flugzeugen?

Channel Islands National Marine Sanctuary near Santa Barbara, California, as part of a program funded by the National Geographic Society.
Eddie Dillard
Charles Droz
Barbara Edwards, 58, of Las Vegas, Nevada, was a teacher at Palo Verde High School in Las Vegas.
Charles S. Falkenberg, 45, of University Park, Maryland, was the director of research at ECOlogic Corp., a software engineering firm. He worked on data systems for NASA and also developed data systems for the study of global and regional environmental issues. Falkenburg was traveling with his wife, Leslie Whittingham, and their two daughters, Zoe, 8, and Dana, 3.
Zoe Falkenberg, 8, of University Park, Maryland, was the daughter of Charles Falkenberg and Leslie Whittingham.
Dana Falkenberg, 3, of University Park, Maryland, was the daughter of Charles Falkenberg and Leslie Whittingham.
Joe Ferguson was the director of the National Geographic Society's geography education outreach program in Washington. He was accompanying a group of students and teachers on an educational trip to the Channel Islands in California. A Mississippi native, he joined the society in 1987. »Joe Feguson's final hours at the Geographic reveal the depth of his commitment to one of the things he really loved,« said John Fahey Jr., the society's president. »Joe was here at the office until late Monday evening preparing for this trip. It was his goal to make this trip perfect in every way.«
Wilson »Bud« Flagg of Millwood, Virginia, was a retired Navy admiral and retired American Airlines pilot.
Dee Flagg
Richard Gabriel
Ian Gray, 55, of Washington was the president of a health-care consulting firm.
Stanley Hall, 68, was from Rancho Palos Verdes, California.
Bryan Jack, 48, of Alexandria, Virginia, was a senior executive at the Defense Department.
Steven D. »Jake« Jacoby, 43, of Alexandria, Virginia, was the chief operating officer of Metrocall Inc., a wireless data and messaging company.
Ann Judge, 49, of Virginia was the travel office manager for the National Geographic Society. She was accompanying a group of students and teachers on an educational trip to the Channel Islands in California. Society President John Fahey Jr. said one of his fondest

memories of Judge is a voice mail she and a colleague once left him while they were rafting the Monkey River in Belize. »This was quintessential Ann – living life to the fullest and wanting to share it with others,« he said.

Chandler Keller, 29, was a Boeing propulsion engineer from El Segundo, California.

Yvonne Kennedy

Norma Khan, 45, from Reston, Virginia was a nonprofit organization manager.

Karen A. Kincaid, 40, was a lawyer with the Washington firm of Wiley Rein & Fielding. She joined the firm in 1993 and was part of the its telecommunications practice. She was married to Peter Batacan.

Norma Langsteuerle

Dong Lee

Dora Menchaca, 45, of Santa Monica, California, was the associate director of clinical research for a biotech firm.

Christopher Newton, 38, of Anaheim, California, was president and chief executive officer of Work-Life Benefits, a consultation and referral service. He was married and had two children. Newton was on his way back to Orange County to retrieve his family's yellow Labrador, who had been left behind until they could settle into their new home in Arlington, Virginia.

Barbara Olson, 45, was a conservative commentator who often appeared on CNN and was married to U. S. Solicitor General Theodore Olson. She twice called her husband as the plane was being hijacked and described some details, including that the attackers were armed with knives. She had planned to take a different flight, but she changed it at the last minute so that she could be with her husband on his birthday. She worked as an investigator for the House Government Reform Committee in the mid-1990s and later worked on the staff of Senate Minority Whip Don Nickles.

Ruben Ornedo, 39, of Los Angeles, California, was a Boeing propulsion engineer.

Robert Penniger, 63, of Poway, California, was an electrical engineer with BAE Systems.

Lisa Raines, 42, was senior vice president for government relations at the Washington office of Genzyme, a biotechnology firm. She was from Great Falls, Virginia, and was married to Stephen Push. She worked with the U. S. Food and Drug Administration on developing a new policy governing cellular therapies, announced in 1997. She also worked on other major health-care legislation.

Wer war in den Flugzeugen?

Todd Reuben, 40, of Potomac, Maryland, was a tax and business lawyer.
John Sammartino
Diane Simmons
George Simmons
Mari-Rae Sopper of Santa Barbara, California, was a women's gymnastics coach at the University of California at Santa Barbara. She had just gotten the post August 31 and was making the trip to California to start work.
Bob Speisman, 47, was from Irvington, New York.
Hilda Taylor was a sixth-grade teacher at Leckie Elementary School in Washington. She was accompanying a student on an educational trip to the Channel Islands National Marine Sanctuary near Santa Barbara, California, as part of a program funded by the National Geographic Society.
Leonard Taylor was from Reston, Virginia.
Leslie A. Whittington, 45, was from University Park, Maryland. The professor of public policy at Georgetown University in Washington was traveling with her husband, Charles Falkenberg, 45, and their two daughters, Zoe, 8, and Dana, 3. They were traveling to Los Angeles to catch a connection to Australia. Whittington had been named a visiting fellow at Australian National University in Canberra.
John Yamnicky, 71, was from Waldorf, Maryland.
Vicki Yancey
Shuyin Yang
Yuguag Zheng
The Associated Press contributed to this report.

UNITED AIRLINES FLIGHT 175
United Airlines Flight 175, from Boston, Massachusetts, to Los Angeles, California, was the second hijacked plane to strike the World Trade Center, plowing into the south tower. Two pilots, seven flight attendants and 56 passengers were on board.[97]

CREW
Capt. Victor Saracini, 51, of Lower Makefield Township, Pennsylvania, was a Navy veteran. He is survived by his wife and two children.
Michael Horrocks was first officer.
Robert J. Fangman was a flight attendant.

Amy N. Jarret, 28, of North Smithfield, Rhode Island, was a flight attendant.
Amy R. King was a flight attendant.
Kathryn L. Laborie was a flight attendant.
Alfred G. Marchand of Alamogordo, New Mexico, was a flight attendant.
Michael C. Tarrou was a flight attendant.
Alicia N. Titus was a flight atteandant.

PASSENGERS
Alona Avraham, 30, was from Ashdot, Israel.
Garnet »Ace« Bailey, 53, of Lynnfield, Massachusetts, was director of pro scouting for the Los Angeles Kings hockey team. Bailey was entering his 33rd season as a player or scout in the National Hockey League and his eighth with the Kings. Before joining the Kings, he spent 13 years as a scout for the Edmonton Oilers, a team that won five Stanley Cups during that time. As a player, Bailey spent five years with the Boston Bruins and was a member of Stanley Cup championship teams in 1969-70 and 1971-72. Bailey also spent parts of two seasons each with the Detroit Red Wings and St. Louis Blues, and three years with the Washington Capitals. He is survived by his wife, Katherine, and son, Todd.
Mark Bavis, 31, of West Newton, Massachusetts, was entering his second season as an amateur scout for the Los Angeles Kings. A Boston native, he played four years on Boston University's hockey team, where his twin brother, Michael, is an assistant coach. In addition to his twin brother, Bavis is survived by his mother, Mary; two other brothers, Pat and Johnny; and three sisters, Kelly, Mary Ellen and Kathy. The Bavis family lost a brother 15 years ago, and Bavis' father died 10 years ago.
Graham Berkeley, 37, of Xerox Corp. was from Wellesley, Massachusetts.
Touri Bolourchi, 69, was from Beverly Hills, California.
Klaus Bothe, 31, of Germany was on a business trip with BCT Technology AG's chief executive officer and another executive. Bothe joined the company in 1994 and was its director of development. He is survived by his wife and one child.
Daniel Brandhorst, of Los Angeles, California, was a lawyer for PriceWaterhouse.
David Brandhorst, 3, was from Los Angeles.
John Cahill was from Wellesley, Massachusetts.
Christoffer Carstanjen, 33, of Turner Falls, Massachusetts, was staff

Wer war in den Flugzeugen?

assistant in the office of information technology at the University of Massachusetts-Amherst.
John Corcoran »Jay« Corcoran, 44, of Norwell, Massachusetts, was a merchant marine.
Dorothy Dearaujo, 82, was from Long Beach, California.
Gloria Debarrera
Lisa Frost, 22, of Rancho Santa Margarita, California, graduated from Boston University this year, with degrees in communications and business hospitality. She is survived by her father, mother and brother.
Ronald Gamboa, 33, of Los Angeles, California, was a Gap store manager.
Lynn Goodchild, 25, was from Attleboro, Massachusetts.
The Rev. Francis E. Grogan, 76, of Easton, Massachusetts, was a priest at Holy Cross Church in Easton. A veteran of World War II, Grogan served as a parish priest, a chaplain and teacher at Holy Cross schools.
Carl Hammond, 37, was from Boston, Massachusetts.
Peter Hanson, 32, of Groton, Massachusetts, was a software salesman.
Susan Hanson, 35, of Groton, Massachusetts, was a student.
Christine Hanson, 3, was from Groton, Massachusetts.
Gerald Hardacre
Eric Hartono
James E. Hayden, 47, of Westford, Massachusetts, was the chief financial officer of Netegrity Inc. Hayden is survived by his wife, Gail, and their two children.
Herbert Homer, 48, of Milford, Massachusetts, worked for Raytheon Co.
Robert Jalbert, 61, of Swampscott, Massachusetts, was a salesman.
Ralph Kershaw, 52, of Manchester-by-the-Sea, Massachusetts, was a marine surveyor.
Heinrich Kimmig, 43, chairman and chief executive officer of BCT Technology Ag, of Germany was on a business trip involving contract negotiations with U. S. partners along with two other BCT execs, the company said in a statement. Kimmig studied mechanical engineering in college. After an internship, he became the design manager at Badische Stahl Engineering, and shortly after, he founded BSE Computer-Technologie GmbH, originally a locally operating software company. In 1999, this company became BCT Technology AG. Kimmig is survived by his wife and two children.
Brian Kinney, 29, of Lowell, Massachusetts, was an auditor for Price-Waterhouse Cooper.

Robert LeBlanc, 70, of Lee, New Hampshire, was a professor emeritus of geography at the University of New Hampshire. After earning his doctorate at the University of Minnesota, LeBlanc joined the University of New Hampshire's faculty in 1963 as a cultural geographer. With a specialty in Canadian studies, he looked at the Franco-American communities in New England's mill towns. He was acting chair and chair of the geography department for nearly 10 years, retiring in 1999.
Maclovio »Joe« Lopez Jr. , 41, was from Norwalk, California.
Marianne MacFarlane
Louis Neil Mariani, 59, was from Derry, New Hampshire.
Juliana Valentine McCourt, 4, was from New London, Connecticut.
Ruth McCourt, 24, was from Westford, Massachusetts.
Wolfgang Menzel, 60, of Germany joined BCT Technology AG in 2000 as director of human resources. He is survived by his wife and one child. Menzel had planned to retire in six months.
Shawn Nassaney, 25, was from Pawtucket, Rhode Island.
Patrick Quigley, 40, of Wellesley, Massachusetts, was a partner at PriceWaterhouse Cooper.
Frederick Rimmele was a physician from Marblehead, Massachusetts.
James M. Roux, 42, was from Portland, Maine.
Jesus Sanchez, 45, was an off-duty flight attendant from Hudson, Massachusetts.
Kathleen Shearer was from Dover, New Hampshire.
Robert Shearer was from Dover, New Hampshire.
Jane Simpkin, 35, was from Wayland, Massachusetts.
Brian D. Sweeney, 38, was from Barnstable, Massachusetts.
Timothy Ward, 38, of San Diego, California, worked at the Carlsbad, California-based Rubio's Restaurants Inc. A 14-year veteran of the company, he opened its second restaurant in San Diego and most recently worked in the information technology department.
William Weems of Marblehead, Massachusetts, was a commercial producer.
The Associated Press contributed to this report.

Wer war in den Flugzeugen?

UNITED AIRLINES FLIGHT 93
United Airlines Flight 93, from Newark, New Jersey, to San Francisco, California, crashed in rural southwest Pennsylvania, with 45 people on board.[98]

CREW
Jason Dahl, 43, from Denver, Colorado, was the plane's captain. He had a wife and son. Dahl had a lifelong interest in flying, said his aunt, Maxine Atkinson, of Waterloo, Iowa.
Leroy Homer, 36, from Marlton, New Jersey, was the first officer on board. He was married and had a daughter.
Lorraine Bay was a flight attendant.
Sandra Bradshaw, 38, of Greensboro, North Carolina, was a flight attendant.
Wanda Green was a flight attendant.
CeeCee Lyles of Fort Myers, Florida, was a flight attendant. She reached her husband, Lorne, by cell phone to tell him that she loved him and their children before the plane went down. The couple between them had four children.
Deborah Welsh was a flight attendant.

PASSENGERS
Christian Adams
Todd Beamer, 32, was from Cranbury, New Jersey.
Alan Beaven, 48, of Oakland, California, was an environmental lawyer.
Mark Bingham, 31, of San Francisco owned a public relations firm, the Bingham Group. He called his mother, Alice Hoglan, 15 minutes before the plane crashed and told her that the plane had been taken over by three men who claimed to have a bomb. Hoglan said her son told her that some passengers planned to try to regain control of the plane. »He said, ›I love you very, very much,‹« Hoglan said.
Deora Bodley, 20, of Santa Clara, California, was a university student.
Marion Britton
Thomas E. Burnett Jr., 38, of San Ramon, California, was a senior vice president and chief operating officer of Thoratec Corp. , a medical research and development company, and the father of three. He made four calls to his wife, Deena, from the plane. Deena Burnett said that her husband told her that one passenger had been stabbed and that »a group of us are going to do something.« He also told her that the people on board knew about the attack on the World Trade Center, apparently through other phone calls.

William Cashman
Georgine Corrigan
Joseph Deluca
Patrick Driscoll
Edward Felt, 41, was from Matawan, New Jersey.
Colleen Fraser
Andrew Garcia
Jeremy Glick, 31, from West Milford, New Jersey, called his wife, Liz, and in-laws in New York on a cell phone to tell them the plane had been hijacked, Joanne Makely, Glick's mother-in-law, told CNN. Glick said that one of the hijackers »had a red box he said was a bomb, and one had a knife of some nature,« Makely said. Glick asked Makely if the reports about the attacks on the World Trade Center were true, and she told him they were. He left the phone for a while, returning to say, »The men voted to attack the terrorists,« Makely said.
Lauren Grandcolas of San Rafael, California, was a sales worker at Good Housekeeping magazine.
Donald F. Green, 52, was from Greenwich, Connecticut.
Linda Gronlund
Richard Guadagno, 38, of Eureka, California, was the manager of the U. S. Fish and Wildlife Service's Humboldt Bay National Wildlife Refuge.
Toshiya Kuge
Waleska Martinez
Nicole Miller
Mark Rothenberg
Christine Snyder, 32, was from Kailua, Hawaii. She was an arborist for the Outdoor Circle and was returning from a conference in Washington. She had been married less than a year.
John Talignani
Honor Wainio
The Associated Press contributed to this report.

Die Listen sind, wie man sieht, detailliert, enthalten Namen und Anschrift der Opfer, ihre berufliche Tätigkeit und häufig einen Hinweis auf die engsten Angehörigen. Doch die vom FBI steckbrieflich gesuchten 19 angeblichen Hijacker findet man ebensowenig wie auch nur einen einzigen arabischen

Namen. Bis heute gibt es keine Erklärung dafür. Natürlich könnten sich Attentäter auch unter falschen, etwa schwedisch, britisch, deutsch, spanisch oder japanisch klingenden Namen mit entsprechend gefälschten Ausweisen an Bord geschmuggelt haben. Doch dann wären die Personen, deren Namen die Attentäter benutzt hätten, noch am Leben und hätten sich in aller Regel umgehend bei der Polizei gemeldet, um auf die Verwechslung aufmerksam zu machen. Oder aber es hätte sich um Phantasienamen gehandelt, was die Ermittlungsbehörden aber hätten herausfinden müssen. Und vor allem wäre dann sicher die Information gekommen, daß der Attentäter X unter dem Alibinamen Y eingecheckt hätte.

Mindestens sieben der vom FBI genannten Entführer melden sich als lebend!

Nachdem bereits in den ersten Stunden nach der Tat feststand, daß zumindest die Fluggesellschaften bei ihren Fluglisten blieben, wonach keiner der 19 Flugzeugentführer ein Check-In-Verfahren durchlaufen haben konnte, stellte sich aufgrund von Nachforschungen zahlreicher, meist englischer Journalisten heraus, daß sieben der genannten 19 Selbstmordmuslime sich auch nach der Tat noch ihres Lebens erfreuten.[99] Es waren die BBC, der englische *Independent*, der *Daily Mirror*, oft in Zusammenarbeit mit arabischen Zeitungen, die vor Ort die Betroffenen aufsuchen und interviewen konnten. Die Bilder stehen im Internet. Doch weder das FBI noch die ihm folgenden amerikanischen und europäischen Medien sahen und sehen sich veranlaßt, sich mit der Frage nach der Glaubwürdigkeit der binnen Stunden aus dem Hut gezauberten Täterliste auseinanderzusetzen.[100] Immerhin läge, wenn es tatsächlich die sieben überlebenden Araber gibt, die Fehlerquote mit rund 37 Prozent zu hoch, um den Rest als gesicherte Erkenntnis werten zu können. Die Diskussion müßte sich zwangsläufig auch auf

die Frage erstrecken, aus welcher Quelle die Namensliste geschöpft wurde, wer die im Verlauf der Attentate abgehörten Gespräche aufgezeichnet, wer sie übersetzt hat und ob durch Einvernahme von Verwandten, Freunden und Bekannten die Identität der Stimmen festgestellt werden konnte.
Der saudische Innenminister Prinz Saud al Faisal machte kurz nach der Veröffentlichung der Liste einen Besuch bei Präsident Bush und erklärte danach in einer Pressekonferenz, die Personalienüberprüfung habe ergeben, daß fünf der in der FBI-Liste aufgeführten saudischen Personen nichts mit den Terrorereignissen zu tun gehabt hätten. Im weiteren Verlauf beschwerten sich die saudischen Behörden über die mangelnde Bereitschaft der amerikanischen Justiz- und Polizeibehörden, Unterlagen zur Überprüfung der Personalien zu liefern. Dem mag man nun Glauben schenken oder auch nicht. Wichtig ist, daß verschiedene Journalisten des englischsprachigen Raums über Personen auf der FBI-Liste berichten, die sich an die Behörden gewandt hätten, um dagegen zu protestieren, daß ihre Namen auf der Liste der mutmaßlichen Attentäter erschienen. Hierbei handelt es sich um die folgenden angeblich bei den Anschlägen zerfetzten Täter[101]:

Saeed Alghamdi,
Mohand Alshehri,
Abdul Aziz Alomari,
Salem Alhamzi

The Orlando Sentinel, eine Zeitung aus Florida, berichtet nach einem Gespräch mit der saudischen Botschaft in Washington, daß diese vier Personen weder tot seien noch mit den Angriffen in New York und Washington etwas zu tun hätten.

Khalid Al-Mihdhar (AA Flug Nr. 77). Den fünften verdächtigten Entführer saudischer Nationalität Khalid Al-Mihdhar, haben die saudischen Behörden nicht ausfindig machen können.[102] BBC London berichtet über Hinweise, wonach der Betreffende schon vor dem 11. 9. nicht mehr am Leben gewesen sein könne.[103] Arabische Zeitungen hingegen berichten, er sei noch am Leben.

Waleed Alshehri (AA Flug Nr. 11, Pilot). Der tatverdächtige Saudi Waleed Alshehri lebt nach Auskunft der Fluggesellschaft Royal Air Moroc in Casablanca und wird als Pilot eingesetzt. Auch die Agentur Associated Press (AP) berichtet am 22. September 2001, daß Alshehri in der amerikanischen Botschaft in Marokko vorgesprochen habe. Der Verdächtigte hatte Monate vor dem Anschlag in Florida an einem Flugkurs der Embry-Riddle Aeronautical University teilgenommen und ist danach nach Marokko zurückgekehrt. Berichte hierüber finden sich im englischen *Daily Trust*, dem *Daily Telegraph* und bei der BBC.

Abdul Aziz Alomari. Es folgen zwei Personen, die auf den Namen Abdul Aziz Al-Omari hören könnten. Der eine Al-Omari, ein Pilot der Saudi Air, protestierte in der amerikanischen Botschaft in Jeddah und bat um eine Erklärung, warum er auf die Liste des FBI gesetzt wurde. Der Bericht hierüber findet sich im *Independent* vom 17. 9. 2002. Ein zweiter Omari stellte sich den Behörden als der richtige Abdulaziz Alomari vor, dessen Paß 1995 in Denver gestohlen worden sei, als er sich an der dortigen Universität als Elektroingenieur habe ausbilden lassen. Er habe seinerzeit die Polizei von dem Diebstahl benachrichtigt. Er habe keine Ahnung, wie man ein Flugzeug fliege, und habe mit der Angelegenheit nichts zu tun. Die *New York Times* berichtet, Al-Omari sei in Saudi-Arabien aufgefunden worden und der Tat nicht mehr verdächtig. Gleichlautende Berichte finden sich am 23. 9. 2001 bei der BBC.

Saeed Alghamdi (UA Flug Nr. 93) ist ein ausgebildeter Pilot und findet sich auf der Liste des FBI. Nach Angaben des *Tele-*

graph zeigte sich der Verdächtigte schockiert über die Vorwürfe. In den zehn Monaten vor dem Anschlag war er in Tunis stationiert, zusammen mit 22 anderen Piloten, die auf das Fliegen eines Airbus 320 vorbereitet wurden. Das FBI konnte keinerlei Beweise für seine Mittäterschaft vorlegen.

Salem Alhamzi (AA Flug Nr. 77) kam nach einem Bericht des *Telegraph* vom 23. 9. 2001 gerade aus dem Urlaub zur Arbeit an einer petrochemischen Anlage zurück, als die Attentate in den USA die Welt erschütterten. Auch er ist nach den Selbstmordattentaten noch am Leben. Er habe seine Papiere weder verloren, noch seien sie ihm gestohlen worden. Um so verwunderter sei er, sich auf der Liste des FBI ohne jede Überprüfung wiederzufinden.

Das Telefonat des Selbstmörders Atta nach dem 11. 9.

Als achter möglicherweise Überlebender käme noch der angebliche Anführer und Selbstmordflieger in den Nordturm des World Trade Centers hinzu, wenn zuträfe, was der Vater von Mohammed Atta berichtet.[104] Vater Atta ist Rechtsanwalt in Kairo. Er verurteilte den Anschlag in den Vereinigten Staaten auf das schärfste und erklärte, sein Sohn sei ein Massenmörder, wenn er für die Tat Verantwortung trage. Doch dies könne nicht sein, sein Sohn habe ihn noch drei Tage nach der Tat von Hamburg aus angerufen. Der Sohn studiere in Deutschland und sei überhaupt nicht in die Vereinigten Staaten gereist. Das in den amerikanischen Zeitungen veröffentlichte Foto seines Sohnes zusammen mit dem angeblichen Selbstmordattentäter Abdel-Aziz El-Emari, auf dem Flughafen Portland von einer Überwachungskamera aufgenommen, sei eine Fälschung. Von dort soll Atta nach Boston geflogen sein, wobei seine beiden Koffer stehenblieben. Die Einlassung des Vaters findet eine gewisse Bestätigung in der Tatsache, daß es sich bei der mit Atta aufgenommenen Person nach Angaben des FBI um jemanden handelte, der sich mit dem Paß des oben in der Schreibweise Al-Omari abgehandelten ehemaligen Studenten der Universität Denver auswies, der in Riad als lebend identifiziert wurde und daher für den Anschlag nicht infrage kommen kann.

Allerdings gibt es Hinweise auf das Leben Attas in Florida und seinen Besuch einer amerikanischen militärischen Ausbildungseinrichtung. Auch die Einwanderungsbehörde führt verschiedene Mohammed Attas unter diversen Aktenzeichen. Es besteht ein beachtlicher Aufklärungsbedarf über die Identitäten und Hintergründe mehrerer Attas, was eine vordringliche Aufgabe des FBI wäre.

Merkwürdige Spuren

Viermal Schlamperei beim Einchecken?

Sämtliche Passagiere der vier Linienflugzeuge mußten das Check-In-Verfahren der beiden Fluggesellschaften durchlaufen. Die Passagiere melden sich beim Abfertigungsschalter ihres Flugs, zeigen den auf ihren Namen lautenden Flugschein vor, weisen sich durch Ausweis mit Lichtbild aus, in den USA in der Regel der Führerschein, erhalten eine Bordkarte mit Platznummer, zeigen der Stewardeß an der Eingangstür des Flugzeugs die Bordkarte und setzen sich dann auf den für sie gebuchten Platz. Wenn keiner dieser 19 angeblichen Attentäter namentlich in den Listen aufgeführt wurde, dann kann er normalerweise auch keines der Check-In-Verfahren durchlaufen haben.

Die Fluggesellschaften lassen hier auch nicht mit sich spaßen. Denn hätten sie einen der Täter unter einer falschen Identität und trotz mehr oder weniger auffälligem Verhalten in eine der Maschinen gelassen, so wären sie Gefahr gelaufen, von den Angehörigen der bei den Attentaten ums Leben gekommenen Opfer, auch der in den Türmen umgekommenen, auf Schadensersatz und Schmerzensgeld in Höhe von Milliarden Dollar verklagt zu werden. Die einzige Konzession, die die Airlines dem FBI möglicherweise gemacht haben könnten, besteht darin, daß sie schon bei der allerersten Veröffentlichung – also noch am 11. oder 12. 9. 2001 – der Namenslisten alle arabischen Namen daraus gestrichen hätten. Doch selbst bei dieser Annahme bleiben heftige Zweifel. Warum hätten sie die Namen nicht veröffentlichen sollen, wo doch CIA, FBI und US-Regierung ein großes Interesse daran hatten zu beweisen, daß diese Männer tatsächlich in den Flugzeugen waren? Und müßte nicht zwischen der von den Fluggesellschaften selbst als auch von CNN am 12. 9. 2001 genannten jeweiligen Gesamtzahl der Personen an Bord und der Gesamtzahl auf den Namenslisten bei den Flügen American Airlines 11 und 77 sowie United Airlines 175 eine Differenz von jeweils fünf bestehen und beim Flug United Airlines 93 eine Differenz von vier, da in den ersten drei Flugzeugen angeblich je fünf Attentäter saßen und im letztgenannten vier?

Diese Rechnung geht aber nur bei American Airlines Flug Nr. 11 auf. Hier waren 92 Personen an Bord gemeldet, die Namensliste weist 87 Personen auf – also genau die richtige Differenz von fünf. Bei United Airlines Flug Nr. 175 wurden 65 Personen an Bord gemeldet, die Namensliste enthält 56 Namen. Plus fünf mutmaßliche Attentäter ergibt 61: Wer sind die restlichen vier? Bei American Airlines Flug Nr. 77 wurden 64 Personen an Bord gemeldet, die Namensliste enthält 56 Namen. Plus fünf mutmaßliche Attentäter ergibt 61: Wer sind die restlichen drei? Bei United Airlines Flug Nr. 93 wurden 45 Personen an Bord gemeldet, die Namensliste weist 33 Namen aus. Plus vier mutmaßliche Attentäter ergibt 37: Wer sind die restlichen acht?

Auch wenn man sich die später überarbeiteten und heute noch als »memorial sites« im Internet abrufbaren Namenslisten anschaut, wird das Rätsel nicht gelöst. American Airlines Flug Nr. 77 weist jetzt in der Namensliste 58 Personen auf; bleibt eine Differenz von einer Person. United Airlines Flug Nr. 175 hat jetzt 57 Personen; bleibt eine Differenz von drei. Und United Airlines Flug Nr. 93 nennt jetzt 38 Personen; bleibt ebenfalls eine Differenz von drei. Irgend etwas kann an dem gesamten Vorgang nicht stimmen und bleibt erklärungsbedürftig. Doch keine Zeitung, keine Fernsehanstalt berichtet über die Unstimmigkeit. Und das FBI ebenso wie die Regierung in Washington schweigen sich hierüber aus. Die Fluggesellschaften verweisen auf das FBI.

Alles wird zu Staub, nur der Paß nicht

Noch vor der Veröffentlichung der FBI-Liste aller der Selbstmordattentate Verdächtigten wird etwa acht Straßenblocks vom Wolkenkratzerensemble des World Trade Centers entfernt der unversehrte Paß des Mohammed Atta gefunden – ein Beleg dafür, daß dieser Muslim in der Maschine American Airlines Flug Nr. 11 gewesen sein muß. Merkwürdig ist allerdings, daß der Einsturz der beiden Türme den gesamten Beton in Pulver und Staub verwandelte, nahezu kein Möbelstück oder Computerteil aus den beiden Türmen wiederzufinden war, dann aber gerade ein so wichtiges Beweismittel wie der Paß aus dem Flugzeug herauskatapultiert werden und unversehrt in die Hände der Ermittler hat fallen können. Die Ermittlungsrichtung war damit vorgegeben. Über den Finder ist nichts bekannt.[105]

*Briefe, Videoaufnahmen, Testamente,
Leihwagen, Jumbo-Fluganleitung*

Einige der Attentäter, darunter angeblich auch Atta, waren mit dem Leihwagen zum Flughafen Boston-Logan gefahren. Sie hatten den Wagen in einer Parkverbotszone abgestellt und mit einem Passanten hierüber zu streiten begonnen. Der Passant meldete sich nach dem WTC-Anschlag als Zeuge, woraufhin der Leihwagen schnell aufgefunden und durchsucht werden konnte. Auf dem Rücksitz befanden sich Fluganleitungen in arabischer Sprache zum Fliegen der entführten Jumbos. Es fand sich ferner einer der Briefe, die Atta an seine Mitverschwörer geschrieben hatte und in denen er für die Nacht vor der Flugzeugentführung und den Morgen des Tattages detaillierte Hinweise gibt, was zu tun und zu lassen sei.[106] Er stellt darin fest, daß die Zeit der Freude und Verschwendung nun vorbei sei, und fordert seine Kameraden auf:

»Sei optimistisch! Überprüfe Deine Ausrüstung, Dein Reisegepäck, Deine Kleider, Deine Messer, Dein Testament, Deine Ausweise, Deinen Paß. Versuche in der Frühe das Morgengebet mit offenem Herzen zu sprechen.«

Unter der Überschrift »Die letzte Nacht«, womit offensichtlich die Nacht vom 10. zum 11. September gemeint ist, fordert Atta seine Mittäter auf, sich darauf vorzubereiten, daß

»Du in dieser Nacht zahlreichen Anfechtungen begegnen wirst. Doch Du mußt ihnen ins Auge sehen und sie zu hundert Prozent verstehen. Gehorche Gott, seinem Propheten. Falls Ihr schwach werden solltet, streitet nicht untereinander, Jedermann verabscheut und fürchtet den Tod ...«

Das vierseitige Dokument beginnt mit den Worten: »Im Namen Gottes, des barmherzigen, des mitleidenden ...« und enthält einen Aufruf »Im Namen Gottes, in meinem eigenen Namen und dem meiner Familie ...«

Robert Fisk wies im britischen *Independent* darauf hin, daß ein noch so mangelhaft gebildeter Moslem nie seine Familie in ein derartiges Gebet einbeziehen würde. Er würde den Propheten unmittelbar nach dem zuoberst angesprochenen Gott erwähnen. Niemals hätten libanesische oder palästinensische Selbstmordattentäter sich auf eine Zeit der Freude und des Zeitvertreibs bezogen. Ein Muslim-Selbstmordbomber würde sich die Zeit nicht »vertreiben«, sondern an die Wohltaten eines Lebens nach dem Tod als Belohnung für die Tat denken. Auch Begriffe wie »hundert Prozent« und »optimistisch« paßten kaum in einen muslimisch-religiös angelegten Text höchster Ernsthaftigkeit. Allerdings weigere sich das FBI, den Originaltext in arabischer Sprache der Öffentlichkeit zu übergeben.[107] Eine weitere Kopie dieses Briefes wurde nach Aussagen des FBI an der Absturzstelle des Flugzeugs in Pennsylvania gefunden. Doch auch dieser Text wurde im Original nicht für die Öffentlichkeit freigegeben.[108]

Der Zubringerflug des Mohammed Atta

Neben der Fassung, wonach Mohammed Atta den Weg zum Flughafen Boston mit einem auf seinen Namen gemieteten Leihwagen zurückgelegt habe, wurde auch noch eine zweite Version lanciert. Danach habe Atta, der angebliche Anführer der 19 Hijacker, die zu entführende Maschine in Boston-Logan über einen Zubringerflug aus Portland in Vermont erreicht. Er sei dort in eine kleinere Passagiermaschine eingestiegen und beim Laufen über eines der Transportbänder von einer Videokamera erfaßt worden. Obgleich sein Vater, ein Rechtsanwalt in Kairo, die Aufnahme für eine Fälschung hält, die nicht seinen Sohn zeige, gilt dieses Video als wichtigster Beweis für die These von Attas Täterschaft. Der Vater verwies auf die Berichte des FBI, wonach im Mietwagen Attas am Flughafen Boston eine Fluganleitung für Boeing-Flugzeuge in arabischer Sprache und ein Paß auf den Namen seines Sohnes gefunden worden seien. Die Spuren in Portland und in Boston könne sein Sohn schlecht gleichzeitig hinterlassen haben, zumal sein Paß doch auch noch in New York gefunden wurde.

Es erscheint im übrigen merkwürdig, daß ein Selbstmordattentäter auf dem Weg zur Tat einen zeitlich so knapp bemessenen Zubringerflug von dem an der Ostküste gelegenen Portland nimmt, um in das in Boston zu entführende Großraumflugzeug umzusteigen. Ein Profi würde sich auf einen derart waghalsigen Zeitplan wohl kaum eingelassen haben. Zu diesen Ungereimtheiten gibt es keinerlei Stellungnahme aus den USA.

Da die Eltern Atta, wenn nicht schon vor, dann doch mit Sicherheit spätestens nach dem Attentat telefonisch überwacht worden sind, müßte der Wahrheitsgehalt der Aussage des Rechtsanwalts in Kairo an Hand der Telefonaufzeichnungen nachprüfbar sein. Hatte er doch, wie er behauptete, drei Tage nach dem 11. 9. noch mit seinem Sohn Mohammed telefoniert. Ob die Telefongespäche des Vaters nach dem 11. 9. lückenlos abgehört wurden, ist nicht zu erfahren. Doch selbst wenn dies der Fall sein sollte, würden sich die Behörden hinter dem Gebot der Geheimhaltung verschanzen, wonach die Preisgabe des Originalbandes Einblick in Methoden und Arbeitsmittel der Geheimdienste geben könne. Vater Atta geht inzwischen davon aus, daß sein Sohn entführt und ermordet worden ist.[109]

Merkwürdige Spuren

*Selbstmord mit zwei Koffern
und Testament als Reisegepäck*

Atta reiste zur Entführung des Flugzeugs in Boston-Logan mit zwei Koffern an, die, aus welchen Gründen auch immer, in Portland stehenblieben. Daß Selbstmörder auf dem Weg zur Selbstentleibung größeres Reisegepäck mit sich führen, ist verwunderlich. Doch durch dieses merkwürdige Verhalten Attas wurde das FBI in die Lage versetzt, nach der Tat den Inhalt der Koffer zu inspizieren. Und in den Koffern fanden sich dann auch weitere Beweise für die Täterschaft Attas und seiner Gruppe. So hatte Atta in einen der Koffer sein 1996 verfaßtes Testament gepackt, in dem im Namen Gottes, des Allmächtigen, genau festgelegt wird, wie der Attentäter bestattet zu werden wünscht. Die Leiche solle nur von guten Muslimen zur Bestattung hergerichtet werden, die Augen sollten geschlossen werden, niemand solle weinen oder sich die Kleider vom Leib reißen oder sich ins Gesicht schlagen, keine schwangere Frau und kein unsauberer Mensch dürfe ihm die letzte Ehre erweisen, keine Frauen sollten in sein Haus kommen und sich für seinen Tod entschuldigen wollen, beim Reinigen der Genitalien seien Handschuhe zu benutzen, die Totenkleidung solle aus drei Teilen bestehen und nicht aus Seide oder wertvollem Material gefertigt sein, keine Frau solle sein Grab besuchen oder bei der Beerdigung anwesend sein, die Trauerfeier müsse still verlaufen, er möge mit dem Gesicht nach Osten in Richtung Mekka bestattet werden und auf der rechten Seite liegen, jeder Trauergast solle sich auf Gottes Namen berufen und dann bestätigen, daß er als Muslim gestorben sei. Außerdem solle der Trauernde um Vergebung bitten für das, was Atta in der Vergangenheit getan habe, mit Ausnahme »dieser Aktion«. Eine Stunde solle die Trauerversammlung am Grab verharren, die Sitte des Vierzig-Tage- oder des Einjahresgedächtnisses solle nicht eingehalten werden, weil dies nicht islamischer Brauch sei.

Warum ein Selbstmörder sein aus dem Jahre 1996 stammendes Testament nicht an einem sicheren Ort in Hamburg oder Kairo verwahrt, es vielmehr in das Gepäckabteil eines Flugzeugs meint mitnehmen zu müssen, das er in wenigen Stunden gegen einen Wolkenkratzer in New York zu steuern beabsichtigt, bleibt unverständlich. Das gilt auch für das Video »Wie man Flugzeuge fliegt« und die Durchschrift des Briefes an die Kameraden zur Vorbereitung auf die Tat, die ebenfalls im Koffer aufgefunden wurden.[110]

Der falsch adressierte Abschiedsbrief an die Freundin

Schließlich hatte das FBI bei der Aufklärung auch insofern erstaunliches Glück, als der Abschiedsbrief des Mitattentäters Ziad Jarrahi an dessen langjährige türkische Lebensgefährtin, eine Medizinstudentin in Bochum, falsch adressiert war, daher als unzustellbar in die USA zurückging und so den Ermittlern direkt in die Hände fiel. Der Brief ist datiert auf den 10. September, den Vorabend der Tat. Der Lebensgefährte führt darin aus, er habe getan, was er habe tun müssen. »Du solltest sehr stolz sein, da dies eine Ehre ist, die am Ende Glück für jedermann mit sich bringen wird.« Die gleiche Zeugin sagte aus, ihr Freund habe sie kurz vor der Tat angerufen. Er habe nur kurz gesprochen und sie seiner Liebe versichert. Sie habe gefragt, was denn los sei, doch er habe kurz darauf aufgelegt.

Fundamentalismus und verwestlichte Lebensart

Atta hatte mit vier weiteren angeblichen Entführern seinen Studienwohnsitz in Hamburg, wo sie in Hamburg-Harburg die Technische Universität besuchten. Die Briefe Attas an seine Kameraden in allen drei Flugzeugen gaben zu der Vermutung Anlaß, daß alle Empfänger nicht nur mit der Flugzeugentführung, sondern auch mit dem damit verbundenen Ausscheiden aus dem Leben vertraut waren, sich darauf vorbereiten und damit fertigwerden mußten. Dies wiederum ist ein Umstand, der zu der Professionalität des Vorgehens in Widerspruch steht. Konnten tatsächlich Osama bin Laden oder dessen Mitarbeiter, die den Anschlag geplant und umgesetzt haben sollen, davon ausgehen, daß 19, in Wirklichkeit 20 junge Studenten unangefochten ihrem Tod in wenigen Stunden entgegensehen und dabei auch nicht einer sich im letzten Augenblick anders entscheiden oder gar die Wahnsinnstat zu verhindern suchen würde? So verläßlich muslimisch-fundamentalistisch scheinen die Herren kaum gewesen zu sein. Sie waren bei all den frommen Sprüchen in Briefen und Testamenten alles andere als Kostverächter.[111] Atta war nach Aussagen seiner Wirtin in Florida dem Alkohol kräftig zugeneigt. Ein Teil der Truppe vergnügte sich am Vorabend der Tat in einem Stripteaselokal.[112]

Zweifel bei Freunden, Lehrern, Verwandten

Die akademischen Lehrer in Hamburg, die Büros, in denen die Entführer beschäftigt waren, und auch die Vermieter sagen übereinstimmend bei den Vernehmungen und in öffentlichen Erklärungen aus, daß sie von radikalen Gedanken bei den Betroffenen nichts hätten ausmachen können; im Gegenteil, sie trauten sie ihnen von ihrem ganzen Wesen und ihrer Persönlichkeit her letztlich nicht zu. Aus dem Chor der geheimdienstnahen Vernehmer schallt den Leumundszeugen zurück, das könne ein Laie nicht beurteilen, schließlich gebe es die geheimdienstliche Figur des »Schläfers«, der oft Jahre, wenn nicht Jahrzehnte ein durchschnittliches und möglichst unauffälliges Leben führe, um für den Fall des Einsatzes gerufen zu werden und entsprechend vorbereitet zu sein. Das Argument versucht jede noch so geschulte Menschenkenntnis sprachlos zu machen. Doch die engeren Freunde und Verwandten bemerken zu den eingegangenen Abschiedsbriefen, sie stimmten in Ausdrucksweise und Stil nicht mit dem überein, was sie bislang hätten beobachten können.

Ein in Wentorf im Landkreis Lauenburg an der früheren innerdeutschen Grenze angesiedeltes Unternehmen für Computerservice hatte zwischen 1997 und 1999 durch Vermittlung der Hochschule drei der Hauptmitglieder der angeblichen Terrorgruppe, nämlich Mohammed Atta, Marwan Al-Shehhi und Ramzi Binalshibh, beschäftigt. Dazu noch weitere vier ihrer Bekannten und angeblichen Unterstützer. Der Arbeitsplatz der Studenten für 15 DM die Stunde liegt weit vom Studienort Hamburg-Harburg entfernt. Es soll anonyme Hinweise aus Geheimdienstkreisen geben, wonach es sich bei dem Unternehmen um eine Briefkastenfirma gehandelt haben könnte.[113]

Spuren wie von einer trampelnden Elefantenherde

Nach und nach werden die Spuren der angeblichen Attentäter sowohl in den Vereinigten Staaten als auch in Europa und in ihren Heimatländern aufgeklärt. Dabei fällt auf, daß die Täter sich offensichtlich nicht die geringste Mühe gaben, ihre Tatvorbereitungen abzuschirmen und geheimzuhalten. Sie telefonierten offen miteinander, sie verbreiteten ihre Vorstellungen im Internet unter ihren Klarnamen, sie zahlten allenthalben mit Kreditkarten unter ihrem Namen.[114] Ihr alltäglicher Lebenswandel läßt sich über die zentralen Rechner der Kreditkartenorganisationen mühelos nachrecherchieren. Die Herren gingen aus, erfreuten sich ihres Lebens, wurden bei Geschwindigkeitskontrollen auf den amerikanischen Highways aufgenommen oder aus Anlaß von Flügen innerhalb und außerhalb der USA. Dicker kann eine Spur auf eine Verdächtigungsgruppe nicht gelegt werden wie im Falle der 19 Entführer. Und daß man bei einer derartigen Tat auch noch die Beweisstücke in Koffern mitschleppt und den Zubringerflug so knapp wählt, daß die Koffer im Unterschied zum Besitzer den Anschluß verpassen, ist insgesamt mehr als erstaunlich.[115]

Atta, so die Erkenntnisse, habe zusammen mit Marwan Al-Shehhi und Ziad Jarrahi in den neunziger Jahren in Hamburg studiert und nach Angaben der deutschen Behörden mit diesen Partnern Anfang 2001 einer Zelle angehört, die sich den Angriff auf Ziele in den Vereinigten Staaten vorgenommen habe. Zwei weitere Mitglieder der Zelle würden von den deutschen Behörden gesucht. Der Selbstmordattentäter, der die Maschine in den Südturm steuerte, Marwan Al-Shehhi, soll ein Vetter oder Neffe von Atta sein.

Zeugen wollen Atta in einem Motel in der Umgebung von Washington gesehen haben, wo fünf Männer von Ende August bis zum 10. September Quartier genommen hätten. Das Motel wiederum sei weniger als eine Meile von einem anderen Motel entfernt, wo sich Ziad Jarrahi und Nawaq Alhamzi zu verschiedenen Nächten Ende August und Anfang September einquartiert gehabt hätten. Nawaq Alhamzi soll in dem Flugzeug gesessen haben, das in das Pentagon geflogen worden sei.

Im Unterschied zu einigen anderen verdächtigen Hijackern, die zur Täuschung der Behörden gestohlene Papiere benutzt hätten, sei Atta zumeist unter seinem Klarnamen aufgetreten und habe deutliche Spuren beim Bereisen des Landes und bei seinen Ausflügen in die Welt hinterlassen.[116]

Als Atta bei einer Verkehrskontrolle am 26. April 2001 beim Fahren ohne Führerschein ertappt worden sei, habe er den Beamten Namen und Geburtsdatum angegeben, wie sie auch in der Liste des FBI über die Tatverdächtigen enthalten seien. Vor Gericht sei Atta nicht erschienen, weshalb am 4. 6. 2001 ein Haftbefehl gegen ihn ergangen sei. Im gleichen Monat reiste Atta nach Las Vegas, um dort zwei Nächte in einem Motel in unmittelbarer Nachbarschaft der FBI-Filiale zu verbringen. Die Hotelregistrierung zeigte die Vorlage eines

Führerscheins des Staates Florida, ein Geburtsdatum aus dem Jahr 1968 und eine Anschrift in Coral Springs, Florida.

Sowohl Atta als auch Al-Shehhi hätten in Florida Flugunterricht in Venice, Tampa und Miami genommen, nachdem sie bereits eine Flugschule in Norman, Oklahoma, besucht gehabt hätten. Die Flugschule in Oklahoma unterrichtete auch Zacarias Moussaoui in den Anfangsgründen des Fliegens. Moussaoui wurde schon seit Mitte August in Minnesota festgehalten, wo er durch seinen Wunsch aufgefallen war, auf dem Flugsimulator nur das Fliegen, jedoch nicht das Landen von Passagiermaschinen lernen zu wollen. Später erklärte das FBI, daß dieser Wunsch weder von Moussaoui noch von einem der anderen angeblichen Terroristen geäußert worden sei. Das Dementi erreichte allerdings kaum die Öffentlichkeit.

Im Juli versuchte Atta mit einer ungültigen Kreditkarte in der Bundesdruckerei in Washington ein Heft des regierungsamtlichen *Air Force Magazine* zu kaufen. Dabei nannte er eine Adresse in Ägypten.[117] Im gleichen Monat traf er sich nach Angaben spanischer Zeitungen mit islamischen Extremisten in einem Strandhotel in der Nähe von Barcelona.

US-Beamte gaben nach den Anschlägen zu erkennen, der tschechische Geheimdienst habe Hinweise auf ein Treffen Attas im Frühjahr 2001 in Prag mit einem Residenten des irakischen Geheimdiensts gegeben. Der Beobachtung kam und kommt erhebliche Bedeutung zu, ergäbe sie doch einen der wenigen Hinweise auf Verbindungen des Irak zu den angeblichen Terroristen des 11. 9. und damit eine Rechtfertigung für den amerikanischen Krieg gegen den Irak des Saddam Hussein.[118] Sprecher der Regierung bestätigten noch im Sommer 2002 die Darstellung. Ein hoher Justizbeamter versicherte gegenüber *Time*, das FBI habe die Unterlagen Attas nochmals minutiös überprüft. Doch höhere Ränge der amerikanischen Geheimdienste stellten später das Treffen in Abrede. Die Unterlagen hätten ergeben, daß Atta sich im fraglichen Zeitraum in Virginia Beach in den USA aufgehalten habe.[119]

In der Stadt Belle Glade im südlichen Florida wurde ermittelt, daß in den Wochen vor den Anschlägen eine Gruppe von Männern aus dem Nahen Osten, darunter Atta, mehrfach eine Düngemittelfabrik aufgesucht habe, um Möglichkeiten des Einsatzes von Flugzeugen zur Schädlingsbekämpfung zu erfahren.

Mohammed Atta war vor dem 11. September 2001 folglich ein äußerst umtriebiger Mann. Er verabschiedete sich von Flugschulen in Oklahoma und Florida, traf sich mit islamischen Extremisten in Spanien, erkundigte sich in Florida nach dem Einsatz von Spezialflugzeugen zur Schädlingsbekämpfung und verpaßte einen Termin vor einem Verkehrsstrafgericht. Die Spur, die er unter seinem Namen hinterließ, war in Verbindung mit den schriftlichen Anweisungen an seine Mittäter so übermächtig, daß die Strafverfolgungsbehörden nicht umhinkonnten, ihn als den Hauptverdächtigen und Chefplaner der Anschläge zu sehen. Aber warum gehen sie dann den Ungereimtheiten dieser Spuren nicht nach?

Kein Ende der Ungereimtheiten

Piloten geben nicht die vorgeschriebenen Signale

Die Summe der Merkwürdigkeiten nach dem 11. 9. wächst noch bei einem genaueren Überprüfen der Fakten. So stellte sich sehr früh die Frage, ob es denn sein könne, daß die Piloten aller vier Flugzeuge ebenso wie die Besatzungen das eingeübte Verfahren bei Flugzeugentführungen außer acht lassen konnten. Die Tatsache einer gewaltsamen Entführung eines Flugzeugs hat der Pilot der Flugsicherung am Boden sofort über die Eingabe eines vierstelligen Zahlencodes in den Transponder, den automatischen Datenübermittler zu den Bodenstationen der Luftraumkontrolle, zu signalisieren. Daß es in allen vier Maschinen den Hijackern gelungen sein soll,

Pilot, Kopilot und Besatzung mit Hilfe von Plastik- oder Kartonschneidemessern so schnell zu überwältigen und kampfunfähig zu machen, daß nicht eine einzige Person der vier Bordmannschaften sich in der Lage sah, die vier Zahlen einzugeben, ist nicht zu fassen. Der Vorgang erscheint kaum glaubhaft.

Daß dann schlecht ausgebildete Freizeitflieger die riesigen Passagiermaschinen mit rund 800 Stundenkilometer eigenhändig in die Türme des World Trade Centers oder in das Pentagon steuern könnten, ist nach dem Urteil vieler Piloten von Kampfflugzeugen ein Ding der Unmöglichkeit. Andererseits ist es letztlich auch nicht vorstellbar, daß die Piloten der beiden Fluggesellschaften unter der Todesdrohung der Entführer die ihnen anvertrauten Maschinen selbst mit den Passagieren auf Befehl direkt in Hochhäuser hineinfliegen. In einer derartigen Situation steht der Pilot vor dem sicheren Tod, er hat nichts zu verlieren und wird daher versuchen, doch noch auszuweichen und die Maschine in unbebautes Gelände oder über Wasser zu fliegen. Einige der überwältigten Piloten flogen früher Kampfjets der US-Air Force.

*Flugschreiber und Stimmaufzeichnunggeräte
sind unauffindbar, ohne Aufzeichnung oder geheim*

Die Flugschreiber der beiden in die WTC-Türme in New York gerasten Maschinen sind angeblich nicht gefunden worden. Die Geräte der bei Shanksville abgestürzten und der in das Pentagon gesteuerten Maschine sind zwar gefunden worden, enthalten jedoch lediglich Teilaufzeichnungen, die geheimgehalten werden. Die Geräte sind ausgelegt gegen Absturz aus großer Höhe und gegen Brände mit Temperaturen von über 1500 Grad Celsius. Einzig die Geräte der bei Shanksville abgestürzten Maschine UA 93 sollen Aufzeichnungen enthalten, die jedoch von seiten des FBI weder den Angehörigen noch der Öffentlichkeit zur Verfügung gestellt werden. Dies ist um so verwunderlicher, als die Passagiere, nachdem sie über Handy von den Attentaten auf das World Trade Center und das Pentagon informiert worden waren, angeblich einen heroischen Kampf mit den Entführern aufgenommen haben. Die Veröffentlichung würde das Leid der Angehörigen wenigstens lindern, könnten sie doch als Erinnerung behalten, daß sich die Verstorbenen nicht kampflos ergeben, sondern mit ihrem Aufbäumen gegen den feigen und tödlichen Überfall eine weitere Katastrophe verhindert haben.

Flugleitung und Flugabwehr außer Funktion

Bei allen vier Maschinen konnten die Bodenstationen der Federal Aviation Administration (FAA) die vorgesehenen Flugrouten der Jumbojets verfolgen. So erkannte der Fluglotse für die Boeing AA 11 um 8 Uhr 14 das Abschalten der automatischen Flugkennung (Transponder), konnte dann noch mithören, wie die Entführer um 8 Uhr 23 mitteilten, sie hätten einige Flugzeuge in ihrer Gewalt und seien im Begriff, zum Flughafen Boston-Logan zurückzukehren.[120] Nach dem Ausschalten der automatischen Flugkennung blieben der Luft-Boden-Kontrolle noch 31 Minuten, nach dem Mithören des Gesprächs an Bord noch 22 Minuten, um bis zum Einschlag in den Nordturm das Heft des Handelns in die Hand zu nehmen. Sie konnte den Kurs des Flugzeugs verfolgen, hatte die Pflicht, sofort die militärische Flugsicherung zu informieren, die dann wie in allen bisherigen Fällen gehalten war, auf Flughäfen der Air Force und der Marine startbereit stehende Kampfflugzeuge zum Abfangen der entführten Maschinen aufsteigen zu lassen. Spätestens ab diesem Zeitpunkt hätte die Vielzahl der an der Ostküste zur Überwachung des Luftraums gegen feindliche Luftangriffe installierten Beobachtungs- und Kontrollstationen der NORAD die entführten Maschinen auf ihren Radarschirmen verfolgen und den anfliegenden Kampfjets die Zielkoordinaten durchgeben können.

Das Abfangen ist international geregelt. Die Militärmaschine setzt sich vor die entführte Verkehrsmaschine, fordert den Piloten durch ein kurzes Schwenken der Maschine auf, Folge zu leisten, und geleitet so das Verkehrsflugzeug zur Landung. Warum geschah dies alles hier nicht?

In einer ersten Stellungnahme vor dem Streitkräfteausschuß des Senats am 13. September 2001 erklärte General Richard B. Myers, der amtierende Vorsitzende der Vereinigten Stabschefs, Kampfflugzeuge seien erst nach dem Einschlag in das Pentagon, eine knappe Stunde nach der Attacke auf den Nordturm, aufgestiegen.[121] Diese Darstellung eines der obersten Militärs, von Mitarbeitern üblicherweise genauestens über die zu erörternden Sachverhalte unterrichtet, erstaunte die Senatoren wie die Abgeordneten. Die für die amtliche Seite gefährliche Aussage wurde kurz darauf durch eine NORAD-Version ersetzt, wonach sehr wohl Kampfflugzeuge aufgestiegen seien, diese jedoch jeweils zu spät am Einsatzort angelangt seien.

Bei der über Shanksville abgestürzten Maschine steht bis heute nicht fest, ob sie nicht doch von zwei F-16-Jets der Air Force abgeschossen wurde.[122] Die Geschichte vom Kampf an Bord mit Passagieren und Mannschaften, die das Flugzeug in den Boden gesteuert hätten, kann so nicht richtig sein. Es wurden wesentliche Teile der Maschine bis zu 13 km vom Absturzort entfernt aufgefunden, was bedeutet, daß die Maschine bereits in großer Flughöhe auseinandergebrochen oder explodiert sein muß. Die Behörden verschweigen bis heute das Ergebnis der Untersuchungen, wie sie auch die Veröffentlichung der Daten aus den Bordaufzeichnungsgeräten verweigern.[123]

Unmittelbar nach Flugunfällen wird in aller Regel die Aufzeichnung der Gespräche zwischen Piloten und den Flugkontrollzentren am Boden zumindest in Auszügen veröffentlicht. Dies ist nach dem 11. 9. nicht der Fall gewesen. Den Kontrolleuren, die den Flug UA 93 am Boden begleiteten, wurde untersagt, mit Dritten über ihre Beobachtungen zu sprechen.[124]

Die Beseitigung der Beweismittel

Nach dem 11. 9. schwoll der Strom nationaler und internationaler Ermittlungsergebnisse über die angeblichen Täter, ihre Nationalität, ihre Lebensläufe und Aufenthaltsorte samt Steuerung aus den Höhlen Afghanistans durch Osama bin Laden und dessen weltweit ihr Terrorunwesen treibende Basis (Al Kaida) ins nahezu Unermeßliche an. Umgekehrt verhielt es sich mit der Sicherung und Sichtung der Beweismittel an den Tatorten selbst. So wurden nach dem dramatischen Einsturz der beiden Türme des World Trade Centers sehr schnell Stimmen laut, die den Aufprall einer großen Passagiermaschine gegen die Stahlskelettkonstruktionen nicht für ursächlich für den Einsturz der Gebäude halten mochten. Die Statik sei selbst für derartige Belastungen ausgelegt gewesen, sie habe im übrigen seit Jahrzehnten den sehr viel gewaltigeren, gegen eine Fläche von 64 300 Quadratmeter anbrausenden Winterstürmen standgehalten.

So erklärte ein Professor der Baustatik, der Einsturz beider Türme könne unter keinen Umständen auf die angegebenen Einflußgrößen Druck und Hitze zurückzuführen sein.[125] Die in einer Zeitung und im Internet veröffentlichte Analyse zog er später wieder zurück. Böswillige stellen einen Zusammenhang her mit seinem Besuch im Pentagon, um Aufträge einzuwerben.[126]

Des weiteren meldeten sich Stimmen, die bezweifelten, daß das in Brand geratene und über einige Stockwerkflächen schießende Kerosin der vollgetankten Maschinen die ungeheuren Stahlmassen der Stahlskelettbauten an allen entscheidenden Verbindungen gleichzeitig hätte schmelzen, weich oder spröde machen können. Falls überhaupt, hätte dies nur an den Stellen des unmittelbaren Aufpralls und der umliegenden zwei bis drei Stockwerke der Fall gewesen sein können, nicht jedoch im gesamten Gebäude. Die Maximaltemperatur für verbrennendes Kerosin liegt bei 375 Grad Celsius. Stahl schmilzt bei einer Temperatur von über 1300 Grad und verliert seine Stabilität bei rund 800 Grad, Temperaturen, die von dem brennenden Kerosin nie erreicht werden. Die Frage ist an anderer Stelle weiter zu vertiefen.

Es folgte sehr schnell die auch heute noch offiziell vertretene »Pfannkuchentheorie«, wonach einige wenige Stockwerke aufeinandergefallen seien, die mit ihrem gesamten Gewicht dann nach und nach insgesamt 90 Stockwerke über und unter ihnen aus der jeweiligen Verankerung gerissen und zum Einsturz gebracht haben könnten.

Vor dem Wissenschaftsausschuß des Repräsentantenhauses in Washington D.C. berichtete der als Sachverständiger gehörte Professor Astaneh-Asl von der Universität Berkeley, es wäre wohl sachdienlicher gewesen, wenn entscheidende Stahlstrukturteile rechtzeitig zu Untersuchungszwecken sichergestellt worden wären, bevor der Stahl der beiden Türme eingeschmolzen und in neue Produkte verwandelt worden wäre.[127]

Der Ausschußbericht bemängelte, die Untersuchungen vor Ort seien behindert worden. Einige kritische Stahlteile seien entfernt worden, noch bevor der erste Sachverständige zur Stelle gewesen sei. Den Ermittlern sei nicht erlaubt worden, Stahlproben vor dem Einschmelzen sicherzustellen, was zum Verlust wichtigen Beweismaterials geführt habe.

Die *New York Times* bat zur Frage der voreiligen Beseitigung des Bauschutts die Vertreter der Stadt New York um Stellungnahme und Mitteilung, wer denn den Auftrag zum Einschmelzen des Stahls gegeben habe – vergeblich.

Der Sachverständige für Kriminalistik, Prof. Corbett vom John Jay College of Criminal Justice, kritisierte, die Untersuchungskommission sei mit einem lächerlich knappen Budget ausgestattet worden und den Gutachtern, die den Einsturz hätten untersuchen sollen, sei nachdrücklich der Zugriff auf die

Konstruktionspläne der Gebäude verwehrt worden. Auf die näheren Einzelheiten wird im Verlauf der Darstellung noch einzugehen sein.

Hier ist allein festzuhalten, daß am Tatort selbst, wo nicht zu manipulierende Beweismittel hätten festgehalten und der sachverständigen Begutachtung zugeführt werden müssen, die Spurensicherung der Strafverfolgungsbehörden sich in auffälliger Weise hat behindern und abdrängen lassen. Jede Tattheorie, die amtlich verkündete wie die sie bezweifelnden »Verschwörungstheorien«, müssen sich an den harten Beweisen abarbeiten. Werden diese nicht, nicht rechtzeitig oder nicht umfassend genug erhoben, sind der Manipulation die Tore geöffnet.

An der Einschlagstelle im Pentagon fehlen die Flugzeugteile

Auch an der Einschlagstelle im Pentagon ergeben sich Auffälligkeiten. Der amtlichen Darstellung wie den Medienberichten zufolge war es eine Boeing 757 der American Airlines, die von Terroristen in den Südwestflügel des Pentagons in Washington gesteuert wurde. Die Maschine muß nahezu auf der Grasnabe rutschend in das Gebäude eingedrungen sein.

Das Einschlagprofil im Gebäude zeigte sich bei näherer Betrachtung als wesentlich kleiner in Höhe und Breite, als dies dem Profil des aufschlagenden Flugzeugs entsprochen hätte.

Auch konnte man zwar Blechteile eines Fluggegenstands finden, jedoch nicht die Teile einer Boeing des Typs 757 mit dem charakteristischen Farbdesign von American Airlines. Der Boden, auf dem das Flugzeug nahezu ins Ziel gerutscht sein mußte, wurde noch am Tage des Unglücks mit einer 20 cm dicken Sandschicht bedeckt. Filmaufnahmen eines anfliegenden Flugzeugs, die von einer Überwachungskamera an einer Tankstelle aufgezeichnet worden waren, wurden beschlagnahmt und seither der Öffentlichkeit vorenthalten. Die angeblich gefundenen Flugschreiber waren, wie bereits erwähnt, ohne Aufzeichnungen.

Erste Muslimspur:
Telefonat aus der Maschine AA 77

Die Administration Bush/Rumsfeld fühlt sich trotz aller Ungereimtheiten auf sicherem Boden mit der Behauptung von dem Einschlag einer Passagiermaschine in das Pentagon. Die scheinbar unwiderlegbaren Beweise sind die vom Flugzeug aus geführten Telefonate. Sollte der 11.9 eine verdeckte Operation von Geheimdiensten gewesen sein, so wäre es denkbar, daß diese Gespräche gefälscht wurden. Sind sie echt und über jeden Zweifel erhaben, dann spräche dies für die amtliche These von den arabischen Selbstmordfliegern. Stimmt diese These nicht oder finden sich starke Zweifel, so spricht wieder einiges für die geheimdienstlich gelegte Fehlspur, die die Öffentlichkeit über die eigentliche, verdeckt ausgeführte Tat in die Irre führen soll. Bei der Frage nach der Glaubwürdigkeit der einen wie der anderen Variante gilt es, die Auffälligkeiten festzuhalten.

Ein einziges Telefonat aus dem in das Pentagon gesteuerten Flugzeug bildet den Grundstein, auf dem bereits in der Nacht vom 11. zum 12. September 2001 das Theoriegebäude von der Verschwörung der 19 arabischen Entführer mit dem im Hintergrund die Fäden spinnenden Osama bin Laden hat aufgebaut werden können.[128] Barbara Olson, konservative Fernsehkommentatorin für den Nachrichtensender CNN und Frau des Generalbundesanwalts der Vereinigten Staaten Ted Olson, war an Bord der Maschine AA 77. Sie soll nach der Entführung der Maschine zweimal hintereinander über das an Bord der Boeing 757 eingebaute Telefon das Justizministerium angerufen haben, in dem ihr Ehemann eine der wichtigsten

Funktionen innehatte. Die Nachricht verbreitete CNN bereits kurz nach Mitternacht des Tattages, um 2 Uhr 06 Ortszeit in der Frühe des 12. September 2001. Diese Nachricht allein setzte die amerikanischen Medien und die gesamte Weltöffentlichkeit auf die Spur der arabischen Entführer und brachte damit die Terrorzentrale des Osama bin Laden und seiner »Basis« Al Kaida ins Spiel. Erst vier Tage später, am 16. September, erschienen in den Medien Angaben über weitere Telefonate aus den entführten Flugzeugen. Doch bis dahin waren bereits Osama bin Laden als Organisator des Horrors und Afghanistan als Hort der Terrororganisation ausgemacht, mit den entsprechenden Weiterungen für Palästina, Arafat und den Krieg gegen den Terror in Israel. Man sollte sich daher den Bericht über das Telefonat sehr genau anschauen, um feststellen zu können, ob es sich um Manipulation oder eine echte, aussagekräftige Behauptung handelt.

Die am 12. September 2001 vor Morgengrauen verbreitete Meldung lautete wie folgt:

»Barbara Olson, eine konservative Kommentatorin und Rechtsanwältin, alarmierte ihren Ehemann, Generalbundesanwalt Ted Olson, daß das von ihr benutzte Flugzeug am Dienstagmorgen im Begriffe sei, entführt zu werden, teilte Ted Olson CNN mit. Kurz darauf schlug Flug 77 in das Pentagon ein ... Ted Olson teilte CNN mit, seine Frau habe gesagt, alle Passagiere und Mannschaftsmitglieder einschließlich der Piloten seien von bewaffneten Entführern in den hinteren Flugzeugteil getrieben worden. Als Waffen habe sie nur Messer und Papierschneidemesser erwähnt. Sie habe den Eindruck, daß an Bord niemand die Verantwortung habe, und bat ihren Ehemann, dem Piloten doch mitzuteilen, was er tun solle.«

Der Bericht ist in mancherlei Hinsicht merkwürdig. Wer sich den obersten Chefankläger eines modernen Staates vorstellt, dem durch ein ungeheuerliches Verbrechen die Ehefrau von der Seite gerissen wurde und der über den Anruf kurz vor dem Tod der Frau über entscheidende Hinweise zur Feststellung der Täter verfügt, wird wohl vermuten, daß dieser mit finsterer Entschlossenheit und aller nur denkbaren Kraft an die umgehende Aufklärung des Verbrechens geht, um die Täter bzw. deren Hintermänner so schnell als möglich zu ermitteln und hinter Schloß und Riegel zu bringen. Die Benachrichtigung der wichtigsten über- wie untergeordneten Amtspersonen, eine Kontaktaufnahme mit den Geheimdiensten, pausenlose Besprechungen, Konferenzen, nationale und internationale Telefonate würden die Aufgaben der ersten Stunden und Tage sein. Eine derart heiße Nachricht, die Frau Olson mit ihren Telefonaten lieferte, hätte nach dem üblichen Vorgehen zunächst der Geheimhaltung bedurft. Daß sie binnen weniger Stunden zunächst der Vertretung eines internationalen Nachrichtensenders in Atlanta angedient wurde, obgleich zu gegebener Zeit ein Auftritt vor einer nationalen wie internationalen Pressekonferenz geboten gewesen wäre, wirkt an sich schon merkwürdig. Immerhin handelte es sich nach den Vorstellungen der amerikanischen Regierung in Washington um den Eröffnungsschlag des weltweiten internationalen Terrorismus, der das gesamte amerikanische Volk und mit ihm die zivilisierte Welt in einen Weltkrieg zwingen sollte. Der Generalbundesanwalt, so sollte man meinen, würde erst an dritter und vierter Stelle darüber nachdenken, was wann und in welcher Form der Presse mitgeteilt werden kann.

Auch der Duktus der Erklärung erstaunt. An keiner Stelle wird Ted Olson in direkter Rede zitiert. Ein Amtsinhaber, der einem Vertreter der Medien mitgeteilt hätte, seine Frau, die Opfer einer terroristischen Flugzeugentführung wurde, habe kurz vor ihrem Tod noch mit ihm telefonieren können, würde normalerweise nicht so zitiert: »Ted Olson teilte CNN mit, daß seine Frau ...« Es würde vielmehr heißen: »Herr Olson zu CNN: ›Meine Frau sagte, alle Passagiere und Mannschaftsmitglieder ...‹« Die Meldung vermittelt den Eindruck, als habe der Journalist sie sogar ohne vorherige unmittelbare Verbindung mit dem Generalbundesanwalt verfaßt.

Weitere Interviews zum Thema hat Theodore Olson nicht gegeben. In einem Bericht über eine Trauerfeier im Weißen Haus am 12. Dezember 2001, drei Monate nach dem Geschehen, wies der Reporter auf die Äußerung des Generalbundesanwalts Theodore Olson im Justizministerium hin, der von den Leiden gesprochen habe, »die wir alle erlitten haben«. Dabei habe er den Tod seiner Frau, die sich als Passagier an Bord der in das Pentagon gesteuerten Maschine AA 77 befand, nicht erwähnt.

In der Folge berichtete *Fox News*, der stellvertretende Generalbundesanwalt Larry Thompson habe den Anruf Barbara Olsons inmitten der schrecklichsten Gefahr und Aufregung als ein »Trompetensignal« bezeichnet, das die »Führer unserer Nation über die wahre Natur der Ereignisse des 11. September aufgeweckt« habe.

Zum sechsten Monatstag der Anschläge erschien im Londoner *Telegraph* ein Interview mit Ted Olson unter dem Titel »Sie fragte mich, wie das Flugzeug gestoppt werden könne«.[129] Das Interview fand in den USA keine Verbreitung. Der Generalbundesanwalt wurde dort wie folgt zitiert:

»Sie [Barbara] konnte nur schwer durchkommen, weil sie nicht ihr Handy benutzte – sie benutzte das in die Passagiersitze eingebaute Telefon. Ich nehme an, daß sie ihr Portemonnaie nicht bei sich hatte, weshalb sie *collect*, auf Kosten des angerufenen Teilnehmers, anrief, und sie versuchte zum Department of Justice durchzukommen, was nie ganz einfach ist ... Sie wollte wissen: ›Was soll ich dem Piloten sagen? Was kann ich tun? Wie kann ich all dem ein Ende bereiten?‹«

Doch in dem ersten CNN-Bericht hatte es geheißen, Barbara Olson habe mitgeteilt, Passagiere und Mannschaften einschließlich des Piloten seien bereits in den rückwärtigen Teil des Flugzeugs getrieben worden. Was hätten dann noch Anweisungen an den Piloten geholfen, der sich bereits außerhalb seines Cockpits befand. Und den Entführer zu beraten wird sie sich wohl kaum überlegt haben.

Technische Zweifel

Doch die Merkwürdigkeiten sind vor allem technischer Natur. Die Boeing 757 der American Airlines ist zwar mit Einzeltelefonen an den Sitzen ausgestattet. Allerdings kann man dort nicht einfach den Hörer abheben und den Operator um Vermittlung bitten. Bei American Airlines wird die gewünschte Telefonverbindung erst nach Einlesen der Kreditkarte und Belastung des Bankkontos in Höhe von 2,50 Dollar freigeschaltet. Danach kann nach Belieben zum Tarif von 2,50 Dollar, in einigen Fällen 5,00 Dollar pro Minute telefoniert werden. Die anfallenden Gebühren werden automatisch vom Bankkonto abgebucht. Eine Möglichkeit, zu Lasten des gewünschten Gesprächsteilnehmers zu telefonieren, ist nicht gegeben.

Nun führte Frau Olson nach Aussage ihres Mannes keine Kreditkarte mit sich. Sollte sie sich der Kreditkarte eines ihrer Sitznachbarn bedient haben, dann hätte sie nach dem erfolgreichen Einlesen der Karte in das Telefongerät zeitlich ohne Einschränkung telefonieren können. Dann wiederum kann die Behauptung, sie habe *collect*, d. h. auf Kosten des angerufenen Department of Justice, telefoniert, nicht zutreffend sein. Die Behauptung über das Telefonat der Frau Olson ist mit einiger Wahrscheinlichkeit eine nicht unwichtige Manipulation. Die Wahrheit ließe sich erfahren, sofern das Justizministerium ebenso wie die Telefongesellschaft ihre Unterlagen offenlegten. Es dürfte sich in den Abrechnungen keine Belastung des Justizministeriums bzw. der Generalbundesanwaltschaft durch einen *collect*-Anruf der Barbara Olson aus dem Flug American Airlines 77 nachweisen lassen.

Die Frage nach der Glaubwürdigkeit der Telefonate ist insofern von großer Bedeutung, als die angeblich mitgeteilten Beobachtungen der Gattin des Generalbundesanwalts Grundlage und Ausgangspunkt bilden für die von der Bush-Administration bis heute hochgehaltene Verschwörungstheorie von den 19 jungen Muslimen. Im amerikanischen Fernsehen wurde der Generalbundesanwalt in Großaufnahme vor dem Hintergrund der in Leder gefaßten Entscheidungsbände des amerikanischen Höchsten Gerichts und im Vordergrund der Abbildung seiner verstorbenen Frau eindrucksvoll präsentiert. Diesem Mann nicht zu glauben ist schier ein Ding der Unmöglichkeit. Und doch wird der gleiche Mann am 21. März 2002 in der *Washington Post* in einem Artikel von Jim Hoagland mit der Überschrift »The Limits of Lying« (»Die Grenzen des Lügens«) mit dem pervers ehrlichen Satz vor dem Obersten Gericht der Vereinigten Staaten zitiert, wonach man sich »leicht eine unendliche Zahl von Situationen vorstellen könne ... in denen Vertreter der Regierung ganz legitimerweise Grund dazu haben, falsche Informationen zu verbreiten«.

Der um Wahrheit bemühte Beobachter bleibt einigermaßen verwirrt zurück. Der am Pentagon verursachte Schaden stimmt nicht mit dem Querschnitt des als Tatwerkzeug benannten Flugzeugs überein. Die Frage nach den Überresten der Maschine, der Passagiere und deren Gepäck bleibt unaufgeklärt. Die erst geleugneten, dann in Ausschnitten nachgereichten Videoaufnahmen schüren mehr das Mißtrauen gegen die amtliche Darstellung, zeigen sie doch eher die Flammen einer Explosion als die eines Kerosinbrands. Der intakte Rasen, über den das Flugzeug nahezu gerutscht sein muß, bei gleichzeitig brennenden Autos vor dem Pentagon und den aus den Fenstern des Pentagons schlagenden Flammen machen mißtrauisch. Schließlich sind die Blechteile eher einem Marschflugkörper als einem Jumbojet zuzuordnen. Sie führen zu der Erkenntnis, daß an der offiziellen Darstellung entscheidende Teile falsch sein müssen. Offen bleibt dann die Frage nach den Passagieren. Sie sind zweifelsohne nicht mehr am Leben. Doch wo und wie sie ums Leben kamen, bleibt aufzuklären, einschließlich der Frage nach den sterblichen Überresten. Daß es diese Toten gibt, ist wiederum kein Beweis dafür, daß American Airlines Flug Nr. 77 tatsächlich in das Pentagon gesteuert wurde.

Handyanrufe aus der über Pennsylvania abgestürzten Maschine UA 93

Es bleibt die Maschine, die 60 Meilen östlich von Pittsburgh abstürzte.[130] Dort wurden Flugschreiber und Stimmaufzeichnungsgerät gefunden, sie enthalten auch Daten, wurden jedoch von den Behörden lange nicht zur Veröffentlichung freigegeben. Rücksichtnahme auf die Gefühle der Angehörigen sei der Grund, ließ das FBI verlautbaren. Das ist insofern merkwürdig, als in diesem Flugzeug Passagiere angeblich von Bord aus mit ihren Handys Kontakt zur Außenwelt aufgenommen hatten. In den Gesprächen mit Bekannten, Verwandten und Freunden sollen sie über die Terrorangriffe gegen das World Trade Center und das Pentagon informiert worden sein und hätten dann durch ihr mutiges Vorgehen gegen die Entführer dafür gesorgt, daß nicht auch noch diese Maschine zu ähnlich kriminellen Handlungen hat mißbraucht werden können.

Es bestehen allerdings Zweifel, ob diese Telefonate überhaupt so geführt worden sein können. Im übrigen weisen Sachverständige darauf hin, daß in den USA allenfalls in der Startphase innerhalb von Ballungsgebieten mit dem Handy telefoniert werden könne. Sei man wie in Pennsylvania vor dem Absturz über ländlichem Gebiet, dann sei die Geschwindigkeit des Flugzeugs mit rund 800 km/h so hoch, daß das Handy mit seinen drei bis fünf Watt Leistungsstärke überhaupt nicht in der Lage sei, die Verbindung herzustellen und zu halten. Der Vorgang des Wählens, der Verbindungsaufbau zwischen der eigenen und der Telefongesellschaft des Gesprächpartners sowie des Netzes am Boden benötige mindestens 45 Sekunden. In dieser Zeit sei das Flugzeug jedoch längst wieder aus dem alten in ein neues Telefonrastergebiet gewechselt. Das Hand-Shake genannte Verfahren sei demgegenüber nicht schnell genug. Inzwischen ist wohl nachgewiesen, daß Handys nahezu aller Marken ab Flughöhen von 700 Metern keine Verbindungen mehr aufbauen, über 2000 Meter fallen handelsüblichen Handys ausnahmslos aus.[131] Die Frage im einzelnen zu klären muß wiederum Sachverständigen überlassen bleiben.

Drei Tage nach dem Absturz wurde die Witwe des Passagiers Todd Beamer von der Telefongesellschaft davon in Kenntnis gesetzt, daß sich ihr Ehemann nach der Entführung in der Toilette der Maschine habe einschließen und mittels Handy den Operator der Telefongesellschaft anrufen können.[132] Mehr als 15 Minuten habe er mit der Telefonistin der Telefongesellschaft über die Entführung der Maschine gesprochen. Diese wiederum habe ihn von den Anschlägen in New York in Kenntnis gesetzt. Daraufhin habe der Anrufer sich entschlossen, zusammen mit anderen Passagieren den Entführern mit Gewalt das Handwerk zu legen. Nur so habe verhindert werden können, daß auch diese entführte Maschine in ein wichtiges Ziel etwa in Washington habe gelenkt werden können, wie dies mit den drei anderen Maschinen bereits geschehen sei. Beamer habe erklärt, siebenundzwanzig Passagiere seien im Heck der Maschine festgehalten, darunter die zwei verletzten Piloten, von denen er nicht wisse, ob sie noch lebten oder bereits tot seien. Der geschlossene Vorhang zwischen erster und zweiter Klasse trenne weitere zehn Passagiere von den übrigen ab. Die Stimme des Anrufers sei, so die Mitteilung der Telefongesellschaft, vor dem Hintergrund des Chaos und der Schreie vollkommen ruhig gewesen. Während des Gesprächs habe die Maschine plötzlich stark zu schwanken begonnen. Zuerst habe Beamer angenommen, sie stürze ab, doch dann sei das Flugzeug wieder ins Gleichgewicht gekommen und habe nach seiner Aussage einen

Schwenk nach Norden gemacht. Daraufhin und möglicherweise aufgrund weiterer Informationen durch andere Passagiere, die mit ihren Handys telefonierten, sei er sich des Ernstes der Lage und seines bevorstehenden Endes bewußt geworden. Er habe die Telefonistin gebeten, seiner Frau und den Kindern zu sagen, wie sehr er sie liebe. Dann hätten der Passagier und die Telefonistin miteinander gebetet. Kurz darauf habe Beamer ihr mitgeteilt, so der Bericht der von der Telefongesellschaft benachrichtigten Ehefrau, daß er zusammen mit einigen anderen Passagieren beabsichtige, den Entführer mit der Bombe anzugreifen und zu überwältigen. »Seid ihr bereit?« und »Laßt uns losschlagen«, seien die letzten Worte gewesen, die die Telefonistin habe mithören können und die offensichtlich an jemanden im Hintergrund gerichtet gewesen seien Danach sei die Verbindung aufrechterhalten geblieben, so daß sie den allgemeinen Tumult habe mithören können.

Ein anderer Passagier soll seine Mutter angerufen haben. Dabei habe er sich mit Vor- und Nachnamen gemeldet, eine Besonderheit, die die Mutter seiner Aufgeregtheit zugeschrieben habe. Er soll ihr über das Handy gesagt haben:

»Mutter, dies ist Mark Bingham. Ich möchte dich wissen lassen, daß ich dich liebe. Ich bin auf dem Flug von Newark nach San Francisco. Und hier sind drei Kerle an Bord, die die Maschine übernommen haben und die behaupten, im Besitz einer Bombe zu sein.«[133]

Auch diese Mitteilungen bedürfen der minutiösen Untersuchung und Aufklärung. Schließlich ist nicht von der Hand zu weisen, daß Geheimdienste derartige Telefonate jederzeit vortäuschen können. Stimmen können imitiert werden, Störungen eingebaut, Hintergrundgeräusche hinzugefügt werden. Und es können, wie hier, Dritte angerufen und um Weitergabe von Nachrichten gebeten worden sein, die dann in den Medien als echt erscheinen. Mit der Einschaltung einer dritten Person entfällt die Identifizierung des Sprechers durch den vertrauten

Adressaten. In unserem Fall konnte die Ehefrau von Todd Beamer die Stimme ihres Mannes nicht erkennen, denn der hatte den Operator einer Telefongesellschaft angerufen. Normalerweise würde ein von Sorge und Angst geplagter Passagier, wenn es denn möglich wäre im ländlichen Raum von Pennsylvania, einen Operator anrufen mit der Absicht, ihn über die Tatsache der Entführung zu informieren, und ihn bitten, Hilfe zu mobilisieren. Doch daß die beiden ganze 15 Minuten verbunden bleiben, gar miteinander beten, bevor der entführte Passagier sich zusammen mit seinen Schicksalsgenossen in den Kampf gegen die Entführer begibt, erscheint merkwürdig.

Daß eine der Stewardessen die Zentrale der Fluglinie anruft, führt ebenfalls nicht zu einer einwandfreien Identifikation von Stimme und Person. Die Gesprächspartner kennen sich vermutlich nicht persönlich, ganz abgesehen davon, daß Hintergrundgeräusche die Tonspur massiv verfälschen können. Daß jemand seine Mutter anruft und sich bei ihr mit Nachnamen meldet, ist ein Schönheitsfehler, der die Skepsis erhöht.

Heroischer Kampf gegen die Entführer
mit roten Kopf- und Bauchbinden

Einer der Anrufer teilte seinem Gesprächspartner mit, es handele sich um drei arabisch aussehende Männer, möglicherweise auch Iraner. Sie trügen rote Banderolen um den Kopf und rote Bänder um den Bauch. Der eine habe einen Sack umgebunden, in dem sich eine Bombe befinde. Der zweite Anruf aus der gleichen Maschine kam von einer Stewardeß, die ebenfalls mitteilte, die Maschine sei von drei Männern mit Messern entführt worden. Einer sitze in der ersten Klasse, sie hätten rote Bänder um den Kopf gebunden und sähen »islamisch« aus. Beide Zeugen sprechen vor dem Absturz der

Maschine von der auffällig roten Farbe der Bänder um Kopf und Gürtel, etwa wie im Piratenlook.

Daß Entführer bei einem Flug in den eigenen Tod zu derartigen Mätzchen greifen, ist schon verwunderlich an sich. Noch eigentümlicher wird die Sache, wenn man berücksichtigt, daß die rote Farbe dem Propheten angeblich nicht genehm war und daher von gläubigen Muslimen nicht getragen wird.[134] Immerhin tragen die in einem Film zur Erinnerung an den 11. 9. 2001 auftretenden Entführer-Schauspieler hoch eindrucksvoll genau die beschriebenen Farben.

Präsident Bush, Justizminister Ashcroft, der Chef des FBI Mueller und viele andere hochrangige Vertreter der Administration haben mit großem Nachdruck die Geschichte von den Helden des Flugs UA 93 verbreitet. Die Medien folgten mit den überregionalen Zeitungen und den großen Fernsehprogrammen. Die *New York Times* brachte unter Bezugnahme auf anonym bleibende offizielle Quellen die Nachricht, das Stimmaufzeichnungsgerät im Cockpit habe einen verzweifelten und wilden Kampf an Bord der Maschine festgehalten.[135] Die Aufzeichnung liefere zwar kein klares und vollständiges Bild, es erscheine jedoch sicher, daß es zu einer chaotischen Konfrontation gekommen sei, die offensichtlich den Absturz der Maschine herbeigeführt habe.

Die Zeitschrift *Vanity Fair* meinte, die Ereignisse an Bord der UA 93 könnten als eine der eindrucksvollsten Darstellungen in die Geschichte eingehen, die je erzählt worden seien. Allerdings sei man für die Beantwortung der Frage, welcher Umstand die Maschine letztlich zu Boden gezwungen habe, notwendigerweise auf schlichte Vermutungen angewiesen.

Zwei Monate darauf berief sich *Newsweek* auf den Teil einer Abschrift des Stimmaufzeichnungsgeräts, auf das die Redaktion Zugriff gehabt habe. Auf dieser Grundlage wurde die Geschichte über »Die Helden des Flugs 93« weiter geradezu filmreif ausgemalt. Die Passagiere seien »Bürgersoldaten« gewesen, die sich wie ihre Vorfahren gegen die Tyrannei zur Wehr gesetzt hätten.»In ihrem Wagemut und ihrem Tod vollendeten Passagiere und Mannschaften des Flugs 93 den Sieg für uns alle«, meinte *Newsweek*.[136]

Nicht ganz so heroisch hört sich die Geschichte in einer *Associated Press*-Meldung vom 11. September an, wonach ein spanischer Passagier die Notrufnummer 911[137] gewählt und dem Operator Glen Cramer erzählt habe, daß er sich in der Toilette eingeschlossen habe. Cramer teilte AP mit, daß der Passagier eine Minute lang gesprochen habe.»Wir wurden entführt, wir wurden entführt«, habe der Mann in sein Handy geschrien.»Wir haben uns dies mehrere Male bestätigen lassen«, habe Cramer gesagt, und ihn gebeten zu wiederholen, was er sagte. Er sei sehr bestürzt gewesen. Er meinte, das Flugzeug ginge zu Boden. Er habe eine Explosion gehört und weißen Rauch aus dem Flugzeug gesehen. Doch genaueres habe er nicht gewußt. Dann sei der Kontakt abgebrochen.

Nach allen Informationen war dies der letzte von mehreren Anrufen aus dem Flugzeug. Das FBI hat das Tonband des Gesprächs angeblich beschlagnahmt und dem Operator verboten, mit den Medien zu sprechen. Einen Kommentar des FBI zu den Telefongesprächen gibt es nicht, auch nicht zu der Behauptung einer Explosion an Bord.

Inzwischen hat das FBI den Angehörigen erlaubt, das Band des Voice Recorders abzuhören. Doch niemand hat genaueres ausmachen können. Es gibt daher bis zur Stunde entgegen den ersten Politiker- und Medienäußerungen keine Beweise für das Eindringen der widerständigen und heroischen Passagiere in das Cockpit.[138]

Israelische Gesellschaften und der
Zugriff auf die US-Fernmeldetechnik

Nun könnten die Abrechnungsbögen der Telefongesellschaft, obgleich auch diese manipulierbar sind, nachweisen, welche

Personen von Bord der vier entführten Maschinen mit wem gesprochen haben. Doch diese Abrechnungen wurden bislang nicht vorgelegt. Bei der Erörterung dieser Fragen stellte sich heraus, daß 90 Prozent des inneramerikanischen, vermutlich auch große Teile des transatlantischen Telefonverkehrs zwischen den verschiedenen Telefongesellschaften und deren Netzen über eine einzige Verrechnungsgesellschaft laufen, die die Daten für die Abrechnung erfaßt und zur Verfügung stellt. Diese Gesellschaft AMDOC befindet sich in israelischem Besitz. Die Software stammt aus israelischen Softwarehäusern. Der zentrale Rechner der Gesellschaft befindet sich nicht auf amerikanischem, sondern auf israelischem Boden.[139]

So selbstverständlich es im Zuge der internationalen Arbeitsteilung sein muß, daß ein israelisches Unternehmen im Wege der Vergabe an den günstigsten Bieter den Zuschlag für die Erfassung und Abrechnung nahezu des gesamten Fernsprechverkehrs in einem Riesenland wie den USA erhält, so sehr liegt es nahe, daß geheimdienstliche Bemühungen sich exakt über diesen Kanal Zugang zu einem Großteil der nationalen und internationalen Telefonate, Faxe, E-Mails und Computerverbindungen verschaffen können. Zufällig wird die Konstruktion wohl kaum sein. Sollte dieser Weg beschritten worden sein, so kann man vor den elektronischen Lauschern des Mossad nur den Hut ziehen. Der Vorgang bedarf der Erklärung gegenüber der amerikanischen Öffentlichkeit und Politik. Doch da Politik wie Medien in den USA eisern schweigen, können auch die Verantwortlichen stumm bleiben.

Abhörtechnik gegen Kriminalität aus Israel

Eine weitere israelische Telekommunikationsgesellschaft ist die Comverse Infosys, die die Technik der automatischen Telefonüberwachung für Geheimdienste und Strafverfolgungsbehörden vertreibt, die inzwischen in sämtliche Telefonsysteme der USA eingebaut ist. Comverse ist über Service-Direktleitungen mit allen Abhöreinrichtungen des Bundes und der meisten Einzelstaaten verbunden. Dies sei ausschließlich zur Wartung der Anlagen erforderlich, lautet die Begründung. Allerdings wurde Comverse von amerikanischen Beamten bereits massiv verdächtigt, Strafermittlungsverfahren in Spionage- und Drogenangelegenheiten durch Weitergabe der abgehörten Telefongespräche vereitelt zu haben.[140]

Bleibt noch nachzutragen, daß auch das auf die Schnellstübertragungstechnik von Daten à la SMS spezialisierte Unternehmen Odigo aus Herzliya in Israel laut einem Bericht der israelischen Zeitung *H'aaretz* am 11. 9. zwei Stunden vor dem Einschlag des ersten Flugzeugs in das World Trade Center seine Angestellten in der zwei Block entfernten Niederlassung vor den anstehenden Attacken gewarnt hatte. Der Hinweis kam per E-Mail von einem Kunden. Die E-Mail-Adresse wurde dem FBI zur Verfügung gestellt. Falls die Darstellung zutreffen sollte, wären die zur Entführung vorgesehenen Flugzeuge zur Zeit des Eingangs der E-Mail noch nicht einmal in der Luft gewesen![141]

Was immer an Bord geschah – die vierte Maschine: abgestürzt, abgeschossen oder explodiert?

Die vierte Maschine des 11. 9. wurde oder konnte nicht mehr in ein Terrorziel geflogen werden. Sie stürzte bei Shanksville im Staat Pennsylvania auf das Gelände einer aufgelassenen Kohlenzeche. Wie der Absturz zustandekam, ist bis heute nicht aufgeklärt, obgleich hier die Flugaufzeichnungsgeräte gefunden, jedoch angeblich mit Rücksichtnahme auf die Angehörigen nicht veröffentlicht wurden. Selbst das FBI ging noch einige Tage nach dem Geschehen davon aus, daß die Maschine in der Luft explodiert oder von Flugzeugen abgeschossen sein könnte. Dafür spricht, daß Teile noch in einem Umkreis von 13 km von der Absturzstelle aufgefunden wurden.[142] Die Maschine kann sich folglich nicht einfach in den Boden gebohrt haben. Sie muß bereits in größerer Flughöhe entweder aufgrund einer Explosion an Bord oder einer Flugabwehrrakete zerborsten sein. Auch die Düsentriebwerke flogen über 3 km weiter als der Rumpf der Maschine. Ein Teil des Triebwerks, eine Tonne schwer, fand sich in einer Entfernung von 1800 Meter vom Aufschlagort wieder. Es war das größte überhaupt gefundene Teil der Maschine mit Ausnahme eines Rumpfteils in der Größe eines Eßzimmertischs. Der Rest des Flugzeugs zerschellte am Boden und hinterließ Teile von in der Regel nicht mehr als 5 cm Durchmesser.

Augenzeugen sagen aus, sie hätten ein oder zwei Kampfflugzeuge in unmittelbarer Nähe der abstürzenden Maschine gesehen. Die US-Air Force bzw. die Coast Guard gibt an, daß zwei Kampfjets in der Nähe des Flugzeugs geflogen seien, jedoch keine Rakete abgefeuert hätten. Die amtliche Aufklärung des Geschehens schweigt sich aus, und die Angelegenheit blieb unaufgeklärt. Auf das Versagen der militärischen Abwehr wird weiter unten einzugehen sein.

Eroberung des Cockpits mit Plastik- und Kartonschneidemessern?

Daß es arabische Hijacker gewesen sein müssen, die die Maschinen entführten, wissen wir also nur aus den Telefonaten der Passagiere. Die wiederum sind so gestaltet, daß die Person des Anrufenden in keinem der Fälle eindeutig festgestellt werden kann. Familienangehörige wie z. B. Ehefrauen wurden meist nicht unmittelbar angerufen, und dritte Personen, die angerufen wurden, waren mit den Stimmen der Anrufenden nicht vertraut. Hat man es bei den 19 arabischen Entführern mit einer geheimdienstlich gelegten Fehlspur zu tun,

Kein Ende der Ungereimtheiten

dann können auch Stimmimitatoren, umgeben von einer ablenkenden Geräuschkulisse, eine Rolle spielen.

Nun geht die amtliche Darstellung und ihr folgend die gesamte Medienwelt davon aus, daß 19 Hijacker in einem mit militärischer Präzision geplanten und durchgeführten Kommandounternehmen an Bord gelangten und dort, ausgerüstet mit Kartonschneidemessern, zuweilen wird auch von Plastikmessern gesprochen, die Flugbegleiter überwältigt und sich den Weg in das Cockpit erzwungen hätten. Dort müssen sie die meist bei der US-Luftwaffe ausgebildeten ehemaligen Kampfpiloten fast ohne Gegenwehr niedergerungen haben. Niemand weiß, weshalb die Entführer zu diesen nicht übermäßig wirksamen Waffen gegriffen haben, die bereits mit Akten- oder Handtaschen, Kleinkoffern, auch Decken verhältnismäßig leicht hätten bekämpft werden können.

Bei genauerem Nachfragen stellt sich heraus, daß niemand weiß, woher die Mär von den »box cutters« überhaupt stammt. Es waren die Minister und leitenden Mitarbeiter der Bush-Regierung, die dem Publikum unaufhörlich diese Geschichte präsentierten. Justizminister John Ashcroft erzählte in »ABC News« am 15. September 2001, daß »die Ermittler glauben, daß jedes der in Beschlag genommenen Flugzeuge von einer Gruppe von drei bis sechs Männern mit Hilfe von Kartonschneidern und Plastikmessern entführt worden sei«. Donald Rumsfeld erzählte »Fox News« am 16. September, daß die Hijacker ganz ungewöhnliche Waffen, nämlich Plastikmesser, benutzt hätten Am 9. Oktober berichtete der Verteidigungsminister gegenüber Dan Rather in der Sendung »CBS News«, mit Plastikmessern entführte Zivilflugzeuge voller amerikanischer Passagiere seien gleichsam als Raketen zur Zerstörung des World Trade Centers mißbraucht worden. Gegenüber Jim Lehrer vom Sender PBS meinte Rumsfeld am 7. November, daß Plastikmesser und Zivilmaschinen voller Passagiere als Mittel der Kriegführung zum Einsatz kommen könnten, habe das Vorstellungsvermögen der Regierung überstiegen. Sprecher der

Regierung, später danach befragt, woher sie die Geschichte von den Plastikmessern oder Kartonschneidern hätten, antworteten, sie wüßten dies auch nicht. Und die Journalisten, die die Geschichte verbreitet haben, können ebenfalls keine Quelle für ihre Berichte nennen. In den Telefonaten war die Rede von Bomben, die die Entführer angeblich an Bord gebracht hätten. Doch auch hier weiß man nichts genaues. Betty Ong, die Flugbegleiterin an Bord von Flug AA 11, hat ins Handy geschrien, vier Entführer seien aus der ersten Klasse von den Sitzen 2A, 2B, 9A und 9B aufgestanden und hätten den auf Platz 10B sitzenden Passagier getötet. Sie hätten eine Art Spray benutzt, das in den Augen gebrannt und Atembeschwerden verursacht habe. Hier ist keine Rede von Karton- und Plastikmessern.[143]

Versucht man nun die Geschichte von den 19 muslimischen Entführern, die mit Plastikmessern und Kartonschneidern bewaffnet in einer Stunde Mannschaften und Passagiere von vier Großraumflugzeugen überwältigen konnten, auf ihre Glaubwürdigkeit zu überprüfen, so ergeben sich, wie dargestellt, beachtliche Zweifel. Die von der Bush-Administration gelieferte Erklärung des Tathergangs wirkt an dieser wie an vielen anderen Stellen wenig glaubhaft. Die Lücken in der Logik müßten durch Ermittlungen des Staatsapparats geschlossen werden. Doch dies ist nicht zu erkennen. Die wieder und wieder zu beobachtende Schlampigkeit, Unvollständigkeit und Einseitigkeit der Ermittlungen führt stets aufs neue zu der Frage nach einer »getürkten« Tat mit der breitaufgetragenen Fehlspur der 19 Muslime, hinter der eine völlig andere Tat verborgen werden soll.

Plastikmesser und die Gepäckkontrolle

Die wichtigste Station zur vorbeugenden Abwehr von Flugzeugentführungen ist die Personen- und Gepäckkontrolle durch Flughafen- und Fluggesellschaft vor Betreten des Flugzeugs.

Ein Terrorist, bewaffnet mit einer Spielzeugpistole, die einer echten zum Verwechseln ähnlich sieht, kann ein Flugzeug entführen, da die Besatzung die Gefährlichkeit nicht einzuschätzen vermag. Plastikmesser und Kartonschneider können zwar verletzen, sind jedoch mit einigem Geschick abzuwehren. Wenn nun der Öffentlichkeit ohne hinreichenden Verdacht unablässig diese eher unscheinbaren Waffen als Tatwaffen angedient wurden, mag dies damit zusammenhängen, daß es sich um Gegenstände handelt, nach denen die Bodenkontrolle bislang zu suchen keinen Anlaß hatte. Hätten die Entführer allgemein bekannte, gefährliche, d. h. wirksame Waffen an Bord gebracht, hätte dies den Röntgengeräten der Gepäck- und den Detektoren der Personenkontrolle auffallen müssen. Wäre dies nicht der Fall gewesen, dann hätte folglich viermal sowohl die Gepäck- als auch die Personenkontrolle versagt. Das hätte für die Gesellschaften eine Lawine von Schadensersatzansprüchen ausgelöst, die nach amerikanischem Recht astronomische Summen erreicht hätten. Es hätten nicht nur die Ansprüche der Angehörigen erfüllt werden müssen, die Zerstörung des World Trade Centers mit den Tausenden von Toten wäre ebenfalls auf die Nachlässigkeit der Kontrolle beider Fluggesellschaften zurückgeführt worden. Es wäre zu einem viele Milliarden Dollar teuren Zivilprozeß gekommen, in dem vor Gericht beide Seiten ihre Beweise hätten vorlegen müssen. Die Fluggesellschaften hätten darauf verweisen können, daß ihre Kontrollen nicht versagt haben. Sie könnten darauf bestehen, nicht einen einzigen der angeblichen arabischen Selbstmordattentäter an Bord gelassen zu haben, wie von staatlicher Seite behauptet. Die Merkwürdigkeiten der angeblichen Telefonate hätten im Kreuzverhör hinterfragt werden können. Und nur über die Telefonate eröffnete sich die Spur zu den muslimischen Attentätern.

Doch wer nicht an Bord gegangen ist, kann auch beim Check-in keine Waffe an Bord geschmuggelt haben. Die Unerbittlichkeit einer gerichtlichen Beweisführung im Kreuzverhör läßt sich vermeiden, wenn gesichert erscheint, daß es gerade nicht kontrollpflichtige Waffen waren, die an Bord gebracht wurden: Plastikmesser und Kartonschneider. Die Mär von diesen Waffen spricht eher gegen die amtliche Verschwörungstheorie. Als Fehlspur ist sie geeignet, weil sie zwar die öffentliche Erregung über die arabischen Täter schüren hilft, ohne den Beweis antreten zu müssen, daß mit diesen Waffen in einer einzigen Stunde die Besatzungen von vier Großraumflugzeugen überwältigt werden konnten.

Das Geschehen in New York

*Aufprall der Flugzeuge und
brennendes Kerosin als Einsturzursache?*

Das Hineinsteuern der beiden Flugzeuge in die Zwillingstürme des World Trade Centers wirft weitere Fragen auf.[144] Die Türme waren von ihrer Statik her für den frontalen Aufprall einer Boeing 737 ausgelegt. Die riesigen Flächen von Stahlsäulen, unterbrochen von Fensterflächen aus bis zu 13 cm dickem Glas, hatten seit Jahrzehnten den ungeheuren Kräften der verheerendsten Winterstürme standgehalten. Das leichte Schwanken in der Spitze war in die Statik eingerechnet.

Der Nordturm wurde um 8 Uhr 46 frontal von der Boeing 767 der American Airlines Flug Nr. 11 getroffen. Diese Maschine unterscheidet sich von einer Boeing 737 nur geringfügig. Sie ist etwas schwerer, fliegt dafür etwas langsamer und besitzt in etwa die gleichen Ausmaße.

Der Einschlag des Flugzeugs erfolgte in einer leichten Linkskurve, die sich in der Mitte des 63 Meter breiten Gebäudes deutlich abzeichnet. Der 5,40 Meter hohe Flugzeugrumpf raste zwischen der 94. und der 98. Etage in fünf der jeweils 3,70 Meter hohen Stockwerke. Das auseinanderbrechende Flugzeug verteilte seine für einen Transkontinentalflug aufgenommenen Kerosinvorräte über die Geschoßböden, die in Brand gerieten. Das Feuer entfaltete sich kurzfristig, war jedoch bereits nach 17 Minuten nahezu erloschen und bis auf zwei kleinere Brandherde in eine riesige Ruß- und Qualmwolke übergegangen.

Der Einschlag in den Nordturm zeigt die leichte Kurvenlage der Maschine aufgrund der zuvor erfolgten Kurskorrektur.

Einsturz der Stahlskelettbauten nach der Pfannkuchentheorie

Warum Stahlskelettbauten, die ausgelegt sind gegen den Aufprall von Großraumflugzeugen und über Einrichtungen zur hermetischen Abschottung von Brandherden im Innern verfügen, so zusammenstürzen können, bedarf einer eingehenden Untersuchung und Erörterung.

Zunächst einmal zu den technischen Daten der Türme: Die Gebäude waren mit fünf Stockwerken unter der Erdoberfläche tief im felsigen Untergrund New Yorks verankert. Die Stabilität beruhte im Innern auf einem Kern von 47 Stahlträgern, die

136 Die offizielle Darstellung des 11.9.2001

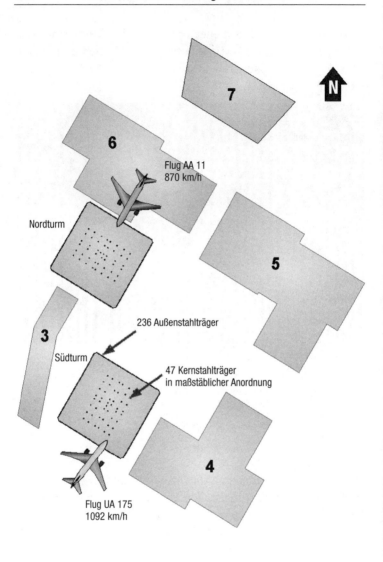

World-Trade-Center-Gebäude 1 bis 7, maßstabsgerecht.

Das Geschehen in New York

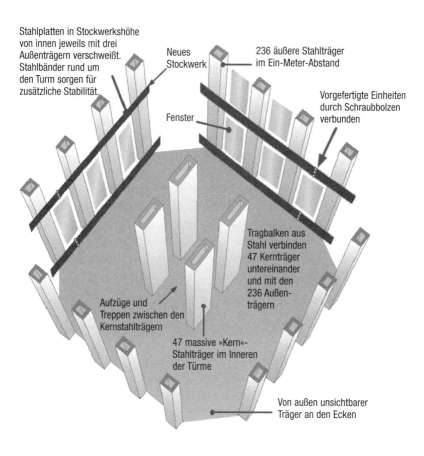

Vereinfachter Turmquerschnitt.

auf jeder Stockwerkebene verbunden waren mit 236 äußeren Stahlträgern. Die 47 im Kern eingebauten Träger bestanden aus 90 mal 36 cm starken Kästen, zusammengeschweißt aus je 10 cm starkem Edelstahl spezieller Anfertigung, dessen Stärke sich in Richtung der oberen Stockwerke auf eine Wandstärke von 6 mm verschlankte. Die Außenkonstruktion bestand aus 236 geschweißten Stahl-Kastenträgern, 40 auf 40 cm. Die Träger waren im Abstand von jeweils 100 cm montiert, mit feuerdämmendem Material und einer Aluminiumhaut ummantelt. Die Zwischenräume von jeweils 100 cm waren mit 13 cm starkem Fensterglas ausgefüllt. In Höhe jeden Stockwerks, also alle 3,70 Meter, waren die Außenträger mit querlaufenden Stahlplatten verschweißt.

Die Stockwerkböden bestanden aus einer mit Beton ausgegossenen gewellten Stahlplatte. Diese wiederum ruhte auf Stahlträgern, die zwischen den Außen- und Innenträgern gespannt und ihrerseits querversteift waren durch diagonal verlaufende Stahlstreben. Gegen diese Konstruktion rasten die beiden Passagiermaschinen.

Hitze, Stahl und Pfannkuchentheorie

Im Nordturm durchschlug der Flugzeugrumpf mit den schweren Düsentriebwerken 40 der 236 äußeren Stahlträger. Größere Trümmerteile des Flugzeugs wurden in die Mitte des Gebäudes geschleudert, wo sie vermutlich mit nicht mehr als fünf bis neun der 47 massiven Hauptstahlträger in Berührung kamen und gestoppt wurden.

Die Wucht des um 8 Uhr 46 einschlagenden Flugzeugs konnte den Nordturm zunächst nicht ins Wanken bringen. Erst anderthalb Stunden später, um 10 Uhr 28, stürzte das Gebäude in sich zusammen.

Die Bundesnotstandsbehörde FEMA (Federal Emergency Management Administration) versuchte den Geschehensab-

Das Geschehen in New York

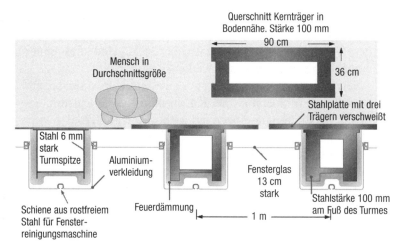

Querschnitt der Außenträger. Die Stahlstärke der drei Säulen ist unterschiedlich, links der Träger in der Nähe der Turmspitze, rechts in Bodennähe. Zum Vergleich: Querschnitt eines Kernstahlträgers in Bodennähe.

lauf bei beiden Türmen an Hand des zuerst getroffenen und zuletzt eingestürzten Nordturms zu erklären. Danach habe das aufgrund der Kerosinexplosion sich ausbreitende Feuer eine Wärmedehnung der Stahlaußenträger verursacht. Dadurch seien die Befestigungsbolzen der Stockwerkskonstruktion in einer Art Kettenreaktion weggesprengt worden. Der »Pfannkuchentheorie« folgend seien dann die Stockwerke aufeinandergefallen und hätten durch das stets schwerer werdende Gewicht die tiefergelegenen Stockwerke in Reihe mit sich gerissen.

Im Schutt der Türme sind allerdings hitzeverformte Außenträger in Masse nicht gefunden worden. Folglich können nur die Befestigungselemente selbst abgerissen sein. Um jedoch ganze Stockwerke, wie beim Nordturm zu beobachten, in einen exakt horizontalen Fall zu versetzen, müßten jeweils

Tausende von Verbindungselementen gleichzeitig und ohne Verzögerung an den 236 äußeren und den 47 inneren Trägern des Gebäudes weggesprengt worden sein. Und dies hintereinander bei rund 100 Stockwerken.

Die Vorstellung, daß die sich aus dem Kerosinbrand entwickelnde Temperatur die Konstruktion zum Einsturz gebracht haben könnte, überzeugt nicht. Eine Stahlkonstruktion leitet dank ihrer Wärmeleitfähigkeit örtliche auftretende Wärme sofort in alle Richtungen ab und senkt damit nahezu verzugslos die Temperatur am eigentlichen Brandherd. Wir dürfen folglich von einer Anfangstemperatur ausgehen, die im Bereich der Maximaltemperatur für verbrennendes Kerosin von 375 Grad Celsius liegt und die dann allenfalls noch angeheizt werden kann durch die brennbaren Materialien aus der Umgebung. Diese Maximaltemperatur muß sich dann jedoch mangels besonderer Sauerstoffzufuhr von außen schnell vermindert haben.

17 Minuten nach dem Aufprall, zum Zeitpunkt des Einschlags des zweiten Flugzeugs in den Südturm um 9 Uhr 03, hatten sich die Feuer des Nordturms bereits weitgehend in pechschwarzen Rauch verwandelt, was darauf hindeutet, daß zu dieser Zeit dem Feuer bereits der Sauerstoff auszugehen drohte.

Dementsprechend müssen auch die Temperaturen im Inneren der betroffenen Stockwerke bereits wesentlich heruntergegangen sein. Doch der Turm kippte nicht zur Seite, er brach auch nicht auseinander, er sank vielmehr um 10 Uhr 29 in sich zusammen, als ob ein Sprengmeister an den strategischen Stellen der Stahlstruktur gezielt angebrachte Sprengladungen gezündet hätte.

Stahl schmilzt im übrigen erst bei einer Temperatur von über 1300 Grad und verliert seine Stabilität bei rund 800 Grad. Das sind Temperaturen, die von brennendem Kerosin nie erreicht werden. Es ist daher bislang auch noch nie versucht worden, einen Stahlskelettbau etwa mit Hilfe von Benzin oder

Kerosin gezielt zum Einsturz zu bringen. Hierzu bedarf es des Einsatzes von Schweißbrennern und Sauerstofflanzen, die unter Zuführung flüssigen Sauerstoffs die zum Trennen von Stahl erforderlichen hohen Temperaturen erreichen.

Feuerwehr dringt bis zu den Brandherden vor

Daß die offizielle Erklärung der Ursachen schon für den Zusammenbruch des Nordturms nicht stimmen kann, ergibt sich auch aus dem Funkverkehr der New Yorker Feuerwehr. Nach einem Bericht der *New York Times* drangen die Feuerwehrmänner Stockwerk für Stockwerk im Südturm empor, um bei der Evakuierung der Menschen behilflich zu sein. Sie gelangten sogar bis in das 78. Stockwerk – unmittelbar an den Brandherd – und forderten von dort per Funk Verstärkung durch weitere Feuerwehreinheiten an, um die zwei noch aktiven Brandherde »nach Plan« endgültig zum Erlöschen zu bringen. Diese Feuerwehrleute wurden folglich nicht durch eine Temperatur, die Edelstahl zum Schmelzen bringen kann, behindert. Es können daher auch nicht Temperaturen von 900 bis 1100 Grad Celsius vor Ort geherrscht haben, wie es der Feuerprüfungsbericht der FEMA unterstellt.[145] Der Funkverkehr der Retter wurde zwar auf Band aufgezeichnet, doch bis heute weigert sich das Justizministerium in Washington, den Inhalt vollständig zur Veröffentlichung freizugeben. Selbst den Angehörigen der beim Einsatz umgekommenen Feuerwehrmänner wird das Abhören der Bänder nur in Auszügen genehmigt.[146]

Was auch immer das Tonband über 78 Minuten Funkverkehr der New Yorker Feuerwehr an Erkenntnissen noch zu vermitteln vermag, wenn es einmal freigegeben wird, bis zum Einsturz der beiden Türme des World Trade Centers war es ganz offensichtlich der Erkenntnisstand der Feuerwehren aller Welt, wie übrigens auch der Statiker, daß Stahlskelettbauten durch Feuer nicht zum Einsturz gebracht werden können.

Im Nordturm sind kaum noch Flammen zu sehen, dagegen sehr dunkler Rauch. Die Feuer brannten nur 17 Minuten, die Flammen waren bereits nahezu verschwunden. Warum wurde das Feuer nicht stärker? Links der Kerosinfeuerball außerhalb des tangential getroffenen Südturms.

Sonst hätte die Einsatzleitung der New Yorker Feuerwehr es auch nicht verantworten können, ihre Mannschaften zur Brandbekämpfung und Rettung von Menschen in die Türme zu befehlen. Es wäre dann auch unverantwortlich, an die Errichtung weiterer Gebäude in derartiger Bauweise nur zu denken.

Das Geschehen in New York

Der Einschlag in den Südturm

Die amtliche Erklärung für den Einsturz des Nordturms kann folglich nicht stimmen. Sie ist noch weniger plausibel in bezug auf den Zwillingsturm. 17 Minuten nach der Attacke auf den Nordturm, um 9 Uhr 03, raste die Maschine United Airlines Flug Nr. 175 nach einer kräftigen Kurskorrektur nach links in die südwestliche Ecke des Südturms des World Trade Centers in Höhe der Stockwerke 78 bis 84. Der Aufprall war im Gegensatz zum Nordturm eher tangential. Es können kaum mehr als 40 der 263 Außenstahlträger zerschnitten und allenfalls vier bis fünf der 47 Kernstahlträger mehr oder weniger heftig gerammt worden sein. Im Gegensatz zum Nordturm war der Südturm in seiner Statik daher weniger stark beeinträchtigt. Das Kerosin des Großraumjets entzündete sich zu großen Teilen im Freien neben der Stahl-/Glasfassade des Wolkenkratzers, wo es dank der unbegrenzten Sauerstoffzufuhr in einem riesigen Feuerball schnell verbrennen konnte. Die Menge des sich auf Länge und Breite der Geschosse ausbreitenden Kerosins war entsprechend geringer, das Feuer konnte nicht die Temperatur entwickeln wie im Nordturm. Und dennoch stürzte der zuletzt getroffene Südturm nahezu eine halbe Stunde vor dem Nordturm um 9 Uhr 56 in sich zusammen.

30 Stockwerke kippen weg

Die Bundesnotstandsbehörde FEMA erklärt den Einsturz des Südturms anhand des für den Nordturm entwickelten Musters.[147] Der war in der Tat ohne jedes Wanken wie ein Pfannkuchenstapel in sich zusammengefallen. Doch die Unterschiede nicht nur in der Gewalt des Aufpralls und der Temperatur der Brände erfordern für beide Türme eine andere Erklärung.

144   **Die offizielle Darstellung des 11.9.2001**

Die Stockwerke oberhalb der Einschlagstelle des Südturms kippen und brechen auseinander.

Die Bildfolgen des Einsturzes zeigen zunächst ein deutliches Zur-Seite-Kippen der oberen 30 Stockwerke des Südturms. Ein Gebäudeblock von 100 Metern Höhe beginnt sich bis zu 22 Grad zur Seite zu neigen. Nach dem Beginn des Kippens hätte man die Fortsetzung der Bewegung in die begonnene Richtung erwartet mit Schuttmassen auf Nachbargebäuden und Straßenschluchten. Doch das Geschehen folgt nun anderen physikalischen Gesetzen. Die 30 oberen Stockwerke und die darunterliegenden 70 Stockwerke brechen in einer riesigen Staubwolke um 9 Uhr 59, ganze 56 Minuten nach dem Aufprall, in sich zusammen. Die Pfannkuchentheorie mit der Annahme eines gleichzeitigen Abrisses zunächst zweier an Kern- wie Außenträgern aufgehängten Stockwerkkonstruktionen und deren Fall auf das darunterliegende dritte Stockwerk, wobei dann diese die Stockwerkstatik überfordernde Gewichtsmasse alle weiteren immer horizontal ohne jede Verzögerung mit sich reißt, kann folglich für das Geschehen des Südturms nicht als einzige Erklärung des unfaßbaren Geschehens herangezogen werden. Die sich zur Seite neigenden 30 intakt miteinander verbunden bleibenden Stockwerke finden keinerlei Berücksichtigung.

Kippende Stockwerke fallen in sich zusammen

Bei dem zuletzt getroffenen und zuerst eingestürzten Südturm zeigen die Bilder eine erste kurze Phase, in der der gesamte obere Teil des Wolkenkratzers, insgesamt 30 Stockwerke, sich vom unteren Teil des Gebäudes trennt und in Richtung des Flugzeugaufpralls ins Kippen gerät. Nach den Regeln der Statik hätte die riesige Stahlstruktur dann über die an der Aufprallstelle zerstörten äußeren Stahlpfeiler in die Tiefe, also auf die benachbarten weniger hohen Gebäude und in die Zwischenräume kippen müssen. Doch genau dies geschah nicht oder nur zum Teil. Vielmehr fiel das Gebäude nun doch, entsprechend der Pfannkuchentheorie, Stockwerk für Stockwerk in sich zusammen.

Überdruck zwingt Rauch durch die Fenster

Dabei fällt auf vielen Bildern auf, daß Rauch nicht etwa nur aus den aufgerissenen Teilen der Gebäudehaut oder der geplatzten Fenster tritt, sondern in den meisten oberen Stockwerken aus den ansonsten hermetisch geschlossenen Fenstern in alle Himmelsrichtungen geradezu herausgepreßt wird. Der Überdruck im Inneren kann nicht mit Feuer allein erklärt werden. Auch der Nordturm zeigt die gleichen Überdruckerscheinung. Der eigentliche Einsturz des Südturms und später des Nordturms ist begleitet von einer Wolke, die das dreifache Volumen der Gebäude erreicht. Das ganze wirkt wie die Eruption eines Vulkans.

Trümmermassen im freien Fall

Da Fotoaufnahmen und Videobilder sekundengenau die exakte Zeit der Aufnahme einblenden, wird der zeitliche Ablauf der Ereignisse berechenbar. Somit kann die Geschwindigkeit gemessen werden, mit der die Türme einstürzten. Es ist exakt die Fallgeschwindigkeit der Erdanziehung, bei der herabstürzende Teile ihre Geschwindigkeit im Quadrat der Entfernung erhöhen. Der Luftwiderstand vermindert diese Geschwindigkeit insbesondere bei leichteren und breitflächigeren Gegenständen, während schwere Stahlträger, wie sie im World Trade Center Verwendung fanden, nahezu ungebremst ihre Fallgeschwindigkeit entfalten. Das hätte dazu führen müssen, daß die schweren Stahlträger aus der aus leichteren Teilen bestehenden Staubwolke deutlich sichtbar vorwegfallen.

Doch die Bilder deuten auf ein anderes Geschehen hin. Der Vorgang der zusammenstürzenden Turmmassen zeigt eine einzige Staub- und Rauchwolke mit einigen wenigen, gesondert zu sehenden Partikeln, jedoch nicht das Bild vorwegschießender Stahlträger. Es ist auch unerfindlich, wie das

Herabstürzen von über 100 Stockwerken in Fallgeschwindigkeit ohne Nachhilfe von innen möglich gewesen sein soll. Stockwerk für Stockwerk mußte das Gewicht der herabfallenden Massen immer wieder von neuem Tausende von Verankerungen mit den 47 Innenträgern und 236 Außenträgern wegdrücken, wobei Träger und Verankerungen im unteren Bereich massiv stärker dimensioniert waren. Da hätte es bei den einzelnen Stockwerken auch zu Verhakelungen kommen müssen. Die Geschwindigkeit der Trümmermassen ist daher ohne Nachhilfe kaum erklärbar.

Der Nordturm 30 Sekunden vor dem Einsturz. Deutlich begrenztes Feuer ist weit oberhalb der Einschlagstelle zu sehen. Auffällig ist der Überdruck, der Rauch aus den hermetisch schließenden Fenstern drückt.

Und so ist es nicht verwunderlich, daß bei Beobachtern, die Regierungsverlautbarungen nicht sofort für bare Münze zu nehmen pflegen, die Fragen in andere Richtungen gingen. Es werden Fragen über Fragen gestellt, die von der Regierung in Washington schlicht nicht gehört, geschweige denn beantwortet werden. Und es sind nicht nur die Verschwörungstheoretiker, die nach anderen als den amtlichen Erklärungsmustern suchen. Es sind die Hinterbliebenen der Feuerwehrmänner, der Polizisten, der Beschäftigten im World Trade Center, die im Internet, auf Demonstrationen und inzwischen auch in milliardenschweren Schadensersatzklagen ihrer Wut und Verzweiflung Ausdruck verleihen. Es sind unendlich viele Details aufzuarbeiten und die Puzzles eines möglicherweise ganz anderen Bildes sachgerecht und ohne Vorurteile einzuordnen.

Beton und Glas werden zu Staub –
nur der Paß bleibt unversehrt

Da fällt zum Beispiel auf, daß aus einem der Flugzeuge zwar der Paß des Mohammed Atta einige Straßenschluchten weiter hat gefunden werden können, daß jedoch aus den je 110 Stockwerken der beiden Türme weder Betonbrocken noch Glasscheiben, noch Möbel, noch Computertastaturen oder sonstige Gebrauchsgegenstände gefunden worden sind. Schließlich hat doch nicht das ganze Gebäude gebrannt, sondern nur drei bis vier Etagen. Der Rest muß nach der offiziellen Theorie in sich zusammengestürzt sein. Man würde die Betonbrocken der Fußböden im Umkreis der Türme vermuten. Doch der Beton hat sich ebenso wie das 13 cm starke Glas der Außenfront restlos in feinstes Pulver verwandelt, welches das World Trade Center und die umliegenden Häuser und Grundstücke mit einer dicken Staubschicht bedeckte.

Das Geschehen in New York

Der Turm ist 63 Meter breit. Rechts im Bild sieht man Trümmerteile, die mindestens 70 Meter weit nach außen geschleudert wurden. Weshalb folgten sie nicht einfach der Schwerkraft? Welche Gewalt brachte sie in diese Absturzbahn?

Explosionen und seismische Messungen

Zeugen wollen nach dem Aufprall der Flugzeuge und vor dem Einsturz der rund 400 Meter hohen Gebäude mehrere Explosionen wahrgenommen haben.

Der Zusammenbruch der beiden Türme war begleitet von erdbebenartigen Erschütterungen mit Ausschlägen von 2,2 und 2,1 auf der Richterskala, die die Arbeitsgruppe Seismologie des 34 km entfernten Lamont-Doherty Earth Observatory der Columbia Universität in New York zusammen mit vier

Die offizielle Darstellung des 11.9.2001

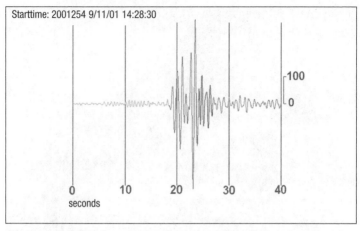

Ohrenzeugen berichten von Explosionen. Die erdbebenähnlichen Ausschläge auf der Richterskala von 2,2, hier beim Einsturz des Südturms, scheinen dies zu bestätigen.

weiteren Erdbebenstationen in mehreren Bundesstaaten aufgezeichnet hat. Von Sachverständigen wird bezweifelt, daß allein der Zusammenfall der Trümmermassen die Ausschläge habe bewirken können. Hier habe der Widerstand der zusammenbrechenden Stahlstruktur die Energien im wesentlichen auffangen können. Es müsse tief im Untergrund des Gebäudes Explosionen gegeben haben, so wie von Ohrenzeugen behauptet, die sich in der Art von Erdbebenwellen hätten ausbreiten können.[148] Andere Sachverständige bestreiten dies. Allerdings hat man in der Felsgründung der Türme Stahl gefunden, der mit sehr hohen Temperaturen geschmolzen, in seiner Kristallstruktur verändert wurde und zum Teil Löcher in der Art des Schweizer Käses aufwies.[149] Wäre der Einsturz durch eine gezielte Sprengladung nach dem Muster einer Abrißsprengung herbeigeführt worden, dann hätten an einer Reihe von strategischen Stellen des Stahlskelettbaus exakt berechnete Sprengladungen angebracht werden müssen. Die Sprengfolge hätte über einen Computer gesteuert werden müssen. Die elektronischen Befehle hätten programmiert und in jeweils Bruchteilen von Sekunden hintereinander per Fernzündung übermittelt werden müssen.

Sachverständiges Schwanken

Unter den Bauexperten herrscht Uneinigkeit. Mark Loizeaux, Präsident des Unternehmens Controlled Demolition, Inc. aus Phoenix in Maryland, meinte, nachdem er den Einsturz beider Türme im Fernsehen beobachtet hatte, der etwas über 400 Meter hohe Südturm, getroffen in Höhe etwa des 60. Stockwerks, sei keineswegs wie etwa ein Baum gefallen, der gefällt werde und zur Seite kippe. Die oberen Stockwerke seien vielmehr als Einheit in die Tiefe gebraust. Der Nordturm, ganz ähnlich getroffen, wurde zunächst teleskopartig in Höhe des 90. Stockwerks angehoben und fiel dann in sich zusammen. Er fiel senkrecht statt vornüber, meinte Loizeaux. Er habe für den teleskopartigen Einsturz keine Erklärung.[150]

Der Professor des Ingenieurwesens Romero aus New Mexico meinte, der Einsturz könne nur mit Hilfe eigens für den Abbruch bestimmter Sprengstoffe bewirkt worden sein. Diese Einschätzung äußerte er in einem Zeitungsinterview und im Internet.[151] Romero ist Direktor des Energetic Materials Research and Testing Center am Technikum New Mexico, das Sprengstoffe und deren Einwirken auf Gebäude, Flugzeuge und andere Strukturen untersucht. Romero gab an, sich seine Meinung anhand von Videoaufnahmen gebildet zu haben, die über die nationalen Fernsehanstalten ausgestrahlt worden seien. Danach habe der Einsturz der Stahlskelettstrukturen denen von Gebäuden geglichen, die mittels einer kontrolliert ablaufenden Implosion zum Einsturz gebracht wurden. Es sei schwierig, durch einen Flugzeugcrash einen ähnlich verlaufenden Einsturz zu bewirken, meinte Romero in einem Tele-

Die benachbarten Gebäude 5 und 6 des WTC brannten lichterloh. Es waren herkömmliche Feuer, riesige Flammen sind selbst durch den dunklen Rauch zu erkennen. Die Fenster sind zerbrochen.

foninterview aus Washington D.C. Wenn Explosionen den Einsturz der Türme verursacht hätten, dann hätten hierzu verhältnismäßig kleine Mengen von Sprengstoff gereicht, die an strategischen Punkten hätten angebracht werden müssen, vermutlich an mehr als zwei Punkten in jedem der beiden Türme.[152] Romero befand sich am 11. 9. zur Zeit der Attacke auf das Pentagon zusammen mit einem Geschäftsführer des Technikums in der U-Bahn in Washington auf dem Weg zu einem Verwaltungsgebäude in der Nähe des Pentagons, um dort Forschungsprojekte zu erörtern, die aus dem Militärhaushalt finanziert werden sollten.

Zehn Tage später zog Romero seinen Beitrag zurück und vertrat nun die Auffassung, daß bei dem Einsturz alles völlig natürlich und unauffällig abgelaufen sei. Skeptische Beobachter fragen zwangsläufig, was denn in diesen zehn Tagen vor-

Das Gebäude 6 des WTC überstand das intensive Feuer, ohne einzustürzen. Der Schutt des Turms drückte einen Teil des Gebäudes ein; das Feuer verursachte den hier sichtbaren Schaden nicht.

gefallen sein mag, das den Sachverständigen so geschmeidig auf die amtliche Auffassung des Geschehensablaufs habe einschwenken lassen.

Als Beweis dafür, daß ein Einsturz aufgrund der Hitzeeinwirkung eines Kerosinbrands auf den Stahlbau durchaus vorkommen könne, führte er nun das Beispiel der Gebäude 6 und 7 des World Trade Centers an. Die anderen Gebäude, auch das 47-stöckige Salomon Brothers Building (WTC), seien später eingestürzt, geschwächt durch den vorherigen Einsturz der Türme. Der Einsturz weiterer Gebäude in der Nachbarschaft sei nicht auszuschließen gewesen.

Die WTC-Gebäude 5, 6 und 7

Es sind in der Tat, was häufig übersehen wird, nicht nur die beiden Türme des World Trade Centers eingestürzt, auf dem Areal befanden sich auch noch andere Gebäude von beachtlicher Höhe. Die Gebäude 5, 6 und 7 brannten zum Teil über Stunden lichterloh, ohne daß ein Flugzeug in sie gerast wäre. Die Hitze muß größer als in den Türmen gewesen sein und hat wesentlich länger angehalten. Gleichwohl sind hier die Stahlskelettkonstruktionen nicht eingestürzt, sondern haben den Belastungen standgehalten. Dafür jedoch finden sich auf Bildern der zerstörten Gebäude 5 und 6 nach dem Einsturz erklärungsbedürftig tiefe Krater inmitten einer stehengebliebenen Stahlstruktur.[153]

Nun müßten die Auseinandersetzungen um den eigentlichen Ablauf des Einsturzes aller Gebäude längst geklärt, die Beweismittel gesichert, die international anerkannten Sachverständigen an der Arbeit sein. Erste gründliche Gutachten müßten vorliegen. Vielbändige Abschlußberichte wären zu erwarten. Letztlich muß auch dringend geklärt werden, ob Stahlskelettbauten mit 400 Meter Höhe und 63 Metern Breite weltweit noch einmal so wie die Türme des World Trade Centers gebaut werden können und dürfen. Die Baugenehmigungsbehörden ebenso wie die Versicherungsgesellschaften sind an der Antwort der Sachverständigen gleichermaßen interessiert.

*Das Forträumen der Beweise und die
Behinderung der Sachverständigen*

Weitere Zweifel, ob wir es bei den 19 Selbstmordmuslimen mit den eigentlichen Tätern zu tun haben oder nur mit Leuten, denen die Tat in die Schuhe geschoben wurde, um von der eigentlichen mörderischen Aktion abzulenken, ergeben sich aus dem Verhalten der amtlichen Stellen der Stadt New York und der Bush-Regierung bei der Aufklärung der Taten. Der Eifer, mit dem die Spur der Muslime nach anfänglich behaupteter Ahnungslosigkeit aus dem Hut gezaubert und dann gegen jede andere mögliche Version nachdrücklich verteidigt wurde, kontrastiert offensichtlich nachhaltig mit dem Ablauf der Ermittlungen am Tatort selbst.

Der Wissenschaftsausschuß des Repräsentantenhauses veranstaltete am 6. März 2002 eine Anhörung von Sachverständigen zum Geschehen des 11. 9. 2001. Vor den Abgeordneten beklagte Professor Astaneh-Asl von der Universität Berkeley, er hätte sich mehr Zeit zur Untersuchung der Stahlstruktur selbst und die Beweissicherung von mehr Stahlteilen gewünscht, bevor diese zur Wiederverwertung eingeschmolzen worden seien.[154] Der Ausschuß kommt in seinem Bericht zu dem Ergebnis daß die Untersuchungen vor Ort behindert worden seien,

Der Kernstahlträger in der Mitte scheint durch Schweißbrenner getrennt zu sein. Die Arbeit ging so schnell vonstatten, daß die Feststellung der Schadensursache schwerfällt.

daß »einige der kritischen Stahlteile abtransportiert waren, noch bevor der erste Ermittlungsbeamte am Tatort aufgetaucht war«, daß »die Ermittler nicht einmal die Befugnis hatten, Stahlteile vor dem Abtransport in die Wiederverwertung zu beschlagnahmen, so daß wichtige Beweisstücke verlorengegangen sind«.

Die *New York Times* versuchte vergeblich die für die Beseitigung des Schutts Verantwortlichen der Stadt New York zu befragen.[155] »Der Stab im Büro des Oberbürgermeisters weigerte sich drei Tage lang, die schriftlichen wie mündlichen Fragen zu beantworten, wer denn die Entscheidung getroffen habe, den Stahl der Wiederverwertung zuzuführen, und was zu der Besorgnis zu sagen sei, daß dadurch die Untersuchung der Ursachen behindert werden könnte.«

Die Entscheidung der New Yorker Behörden, den Schrott der beiden Türme sofort von Recycling-Unternehmen fortschaffen zu lassen, hat auch bei den Opferfamilien und einigen Ingenieuren zu Ärger geführt, die meinten, die massiven Stahlträger hätten weiter untersucht werden müssen, um feststellen zu können, was denn nun tatsächlich den Einsturz verursacht habe. Doch Michael Bloomberg, der republikanische Oberbürgermeister von New York, entgegnete, es gebe bessere Wege, die Tragödie des 11. September zu untersuchen. »Wenn Sie sich Einblick in die Methoden der Konstruktion und des Designs verschaffen wollen, dann ist das heutzutage und in unserem Zeitalter die Aufgabe von Computern«, meinte Bloomberg, früher selbst technischer Direktor. »Nur auf ein Stück Metall zu schauen bringt allgemein keinerlei Erkenntnis.«[156]

Nach der Aussage des Abgeordneten Boehlert war die laufende Untersuchung von aberwitziger Geheimhaltung umgeben. Auch habe es keine klaren Linien der Verantwortung gegeben, niemand sei zuständig gewesen. Wertvolle Beweismittel seien unwiederbringlich verloren gegangen, die Baupläne des Gebäudes seien monatelang den Sachverständigen vorenthalten worden.[157]

Professor Corbett vom John Jay College of Criminal Justice beklagte sich vor dem Ausschuß, die Untersuchung habe mit Teilzeitingenieuren zu Hungertarifen durchgeführt werden müssen. Die Begutachtung des statischen Verhaltens der Gebäude beim Einsturz des World Trade Centers sei nur als erste Bewertung, nicht jedoch als Untersuchung anzusehen. Der Gutachtergruppe zur Untersuchung des Einsturzes sei der Zugriff auf die Bauunterlagen ganz offensichtlich erschwert worden.

WTC und die Untersuchung des Sexskandals von Clinton im Vergleich

Die Kritiker vergleichen die für die Aufklärung bereitgestellten Mittel von zunächst nicht mehr als 600 000 Dollar mit den 40 Millionen Dollar, die der republikanisch beherrschte Kongreß seinerzeit zur Untersuchung der Monica-Lewinsky-Affäre gegen Präsident Clinton zur Verfügung gestellt hatte. Das Geld zur Aufklärung des Geschehens am World Trade Center sei so knapp bemessen gewesen, daß die Wissenschaftler ohne Gehalt an ihren freien Wochenenden hätten arbeiten müssen. In der Lewinsky-Affäre habe die Hälfte der Bevölkerung keinerlei Interesse an der Untersuchung der sexuellen Aktivitäten des amerikanischen Präsidenten gehabt. Beim 11. 9. jedoch habe Präsident Bush sehr schnell darauf gedrängt, die Untersuchungen zu »begrenzen«.

Das FBI-Labor habe die Hinterlassenschaften des Präsidenten auf dem Kleid Monica Lewinskys einer Untersuchung unterzogen. Im Vergleich hierzu habe das National Institute of Standards and Technology (NIST) noch nicht einmal die Reste des Gebäudes 7 des World Trade Centers untersuchen wollen, das am Nachmittag des 11. 9. noch eingestürzt sei.[158]

Der Chefredakteur des Magazins *Fire Engineering* spricht von der rechtswidrigen Beseitigung und Vernichtung von Beweismitteln. Es gebe keine einzige Vorschrift zur Aufklärung von Feuersbrünsten, die es gestatte, bei Gebäuden über zehn Stockwerke Beweismittel zu beseitigen. Der Wissenschaftsausschuß des Kongresses ergänzt die Kritik in seinem Bericht, wonach die Eigentümer der Gebäude, die Architekten und Versicherungsgesellschaften den Zugang der unabhängigen Sachverständigen zu wichtigen Beweismitteln behindert hätten. Außerdem sei der Zugang zu den einschlägigen Unterlagen unter Berufung auf Haftungsfragen verzögert worden. Man möge damit die sorgfältigen Untersuchungen der Behörden etwa im Fall des Meridian-Plaza-Feuers in Philadelphia aus dem Jahre 1991 mit lediglich sechs Toten und einem Schaden von vier Milliarden Dollar vergleichen.[159]

Zur Frage, warum das Gebäude 7 des World Trade Centers eingestürzt sei, erklärt der Bericht der Federal Emergency Management Agency (FEMA), die Besonderheiten der Feuer im WTC 7 und auf welche Weise diese den Einsturz des Gebäudes hätten bewirken können, seien bis zur Stunde unbekannt. Weitere Untersuchungen, Forschungsarbeiten und Analysen seien zur Lösung der Frage erforderlich. Die FEMA entschuldigt die mangelnde Fähigkeit zur Aufklärung des bislang einmaligen Einsturzes eines Stahlskelettbaus mit dem Hinweis, es handle sich um ein zum ersten Mal aufgetretenes Ereignis, bei dem von Beginn an Schwierigkeiten zwischen der Gruppe der freiwillig mitarbeitenden Ingenieure und den Regierungsbehörden vor Ort aufgetreten seien. Außerdem habe es in den ersten Tagen kein System der Ausweiskontrolle gegeben, so daß die auf freiwilliger Basis mitarbeitenden Ingenieure bis zu drei Stunden hätten warten müssen, bis sie von der Außenabsperrung zur sechs Block entfernten Einsatzzentrale hätten vordringen können. Die freiwilligen Ingenieure hätten ihre Erkenntnisse zumeist über Telefon ausgetauscht, da sie während der Untersuchung ihrem normalen Broterwerb hätten nachgehen müssen. Im Vergleich hierzu seien die Ermittler im Falle Lewinsky/Clinton vollberuflich und nur mit der einen Aufgabe befaßt gewesen.

In einem Beitrag von *American Press* im Januar 2002 heißt es über die Ingenieure bei der Untersuchung des Schutts, die Beweisstücke seien nach dem Zufallsprinzip wie auf einem Hof für Altmaterial behandelt worden, bevor sie hätten dokumentiert werden können.[160] Einige Sachverständige durchsuchten Schrottplätze in der Hoffnung, Stahlträger zu finden, die Aufschluß über die Ursachen des Einsturzes hätten geben können. Sie kennzeichneten die zur Untersuchung bestimmten Träger mit Farbe. Später zeigte sich, daß einige »aus Versehen« zerstört worden waren. Es sei zu vermuten, daß die Bundesnotstandsbehörde FEMA sehr wohl gewußt habe, daß die Beseitigung des Schrottes rechtswidrig und verantwortungslos gewesen sei.

Wochen vor der Tat:
Versicherung des WTC gegen Terror

Nun war das World Trade Center wenige Wochen zuvor erst von der New Yorker Hafenbehörde, der New York Port Authority, in die Hände des New Yorker Investors Silverstein übergegangen, der es für 99 Jahre geleast und dafür 100 Millionen Dollar pro Jahr als Leasingrate zu zahlen hatte.[161]

Silverstein war im zurückliegenden Präsidentenwahlkampf für die Wahlkampfkasse der Republikaner zuständig gewesen und hatte von daher einen nicht unbeachtlichen Einfluß auf das republikanisch regierte New York und die nationale politische Szene in Washington. Die Verträge der Port Authority of New York and New Jersey mit der von Silverstein geführten Westfield America waren am 26. April 2001 unterzeichnet worden. Westfield America leaste den Geschäftsteil des World Trade Centers und Silverstein den Teil mit den Bürogebäuden. Das Geschäft wurde am 23. Juli 2001 rechtskräftig und entsprechend gefeiert. Genau sieben Wochen vor der totalen Zerstörung der gesamten World-Trade-Center-Anlage erhielten Silverstein und seine Westfield America den gigantischen Schlüsselbund für die Gebäude.

Als hätte er das bevorstehende Ereignis geahnt, schloß Silverstein Versicherungspolicen in Höhe von 3,2 Milliarden Dollar für den gesamten Komplex des World Trade Centers ab. Erstmals deckte der Versicherungsschutz auch Terroranschläge ab. In dem ersten Prozeß gegen die Versicherungs- bzw. Rückversicherungsgesellschaften, darunter die deutsche Allianz, klagte Silverstein auf Zahlung von zweimal 3,2 Milliarden Dollar, habe es sich doch nicht um einen, sondern um zwei Terroranschläge gehandelt. Dieser etwas dreisten Rechtsauffassung ist das New Yorker Distriktgericht allerdings nicht gefolgt.

Silverstein trug sich schon seit längerer Zeit mit dem Gedanken, die nicht optimal ausgelasteten und inzwischen auch mehr als 30 Jahre alten Gebäude durch vier neue Wolkenkratzer zu ersetzen. Mit der Entschädigung in zweifacher Höhe des Schadens hätte sich die Investition gut rechnen lassen.[162]

Das WTC-Gebäude 7

Silverstein gehörten nicht nur die beiden geleasten Türme, sondern bereits seit längerer Zeit auch das Hochhaus Nr. 7. Dieses Gebäude beherbergte einen über fünf Stockwerke sich erstreckenden großen Hohlraum, in dem zwei Umspannwerke mit zehn Transformatoren untergebracht waren, jeweils über zehn Meter hoch und über zwölf Meter breit. Die Transformatoren senken für Manhattan die Spannung der Überlandleitung von 13 800 Volt auf die ortsübliche Stromstärke herab. Das 60 Stockwerke hohe Gebäude wurde einfach über den vorhandenen Transformatoren errichtet, weil anderweitig kein Platz für deren Verlagerung gefunden werden konnte, folglich das Überbauen die einfachste Lösung zu sein schien.

Dazu kamen im Gebäude 7 Tanks für Dieselöl zum Betreiben der Notstromaggregate bei Ausfall des überregional bezogenen Stroms. Doch dies waren nicht die einzigen Dieseltanks im Hause. American Express verfügte über einen eigenen Tank für seinen Stromerzeuger. Die Stadt New York verfügte über einen Tank mit einem Fassungsvermögen von mehr als 22 700 Litern zur Speisung dreier Notstromaggregate von je 500 Kilowatt Leistung für die Notstands-Ausweich-Kommandozentrale des Bürgermeisters im Hause. Das Investmentunternehmen Salomon Smith Barney hatte zwei Tanks mit je 22 700 Litern Dieselöl untergebracht. Folgt man dem offiziellen FEMA-Bericht, dann lagerten im Gebäude 7 des World Trade Centers rund 159 000 Liter Dieselöl. Die Kapazität der Notstromgeneratoren lag insgesamt bei rund 20 Megawatt. Für die New Yorker Feuerwehr war dies eine riskante Ausgangslage. Große Tanks waren in der Nähe des Erdgeschosses untergebracht. Die Notstromgeneratoren befanden sich im fünften, siebten und neunten Stock darüber. Es stellt sich natürlich die Frage, wer denn soviel Notstromkapazität meint vorrätig halten zu müssen. Die FEMA beschreibt Nr. 7 als ein normales Bürogebäude. Doch es gibt kein anderes Bürogebäude, in dem verschiedene Rohrleitungen 159 000 Liter Dieselöl zu 15 oder mehr Generatoren mit einer Leistung von zusammen 20 Megawatt pumpen.

Gibt es etwa in Gebäude 7 eine Besonderheit, die niemand offenlegen möchte, so fragt Eric Hufschmid in seinem Buch mit dem Titel *Painful Questions*.[163] Und in der Tat, die CIA, das Verteidigungsministerium und die New Yorker Börsenaufsicht (Security and Exchange Commission) hatten Büros in dem Gebäude. Hier lagerten Millionen von Akten über laufende Kriminaluntersuchungen gegen die Mafia, Banken, den internationalen Drogenhandel, Geldwäsche und Terrorismus. Die amerikanische Zollverwaltung hatte dort die Akten über Fälle gelagert, in denen der Zoll bei der »kontrollierten Einfuhr« der letzten zehn Jahre aufgefordert worden war, beide Augen zuzudrücken, d. h. Heroindeals etwa mit radikalen Islamistengruppen wie Al Kaida in Pakistan und die Beförderung von Heroin über kommerzielle Fluglinien wie im Fall der über Lockerbie abgestürzten PanAm-Maschine. Dort lagen auch die Akten der Börsenaufsicht über die Untersuchungen des Fehlverhaltens von Großunternehmen in den neunziger Jahren, mit einiger Sicherheit Schriftstücke, die die politische Einflußnahme auf Verfahren der Börsenaufsicht gegen die Luftbuchungen des Enron-Konzerns der letzten zehn Jahre betrafen. Es gibt daher keinen sachlichen Grund, die Untersuchung des Einsturzes des gesamten Komplexes des World Trade Centers auf den Nord- und Südturm zu beschränken.

Die Hochhäuser um die Türme waren ebenfalls Stahlskelettbauten, brannten viel länger als diese und sind gleichwohl nicht eingestürzt. Auch das Gebäude 7 brannte lange, wenn auch offenbar nicht so heftig wie die benachbarten großen Gebäude, fiel dann aber nach sieben Stunden Brand in sich zusammen. Doch auch hier wurde sehr schnell mit der feuerpolizeilich nicht berechtigten Beseitigung des Schutts und damit der auskunftgebenden Beweismittel begonnen.

Gebäude 7 brannte am Nachmittag des Tattages um 15 Uhr von außen sichtbar nur noch auf dem siebten und dem zwölften Stock.[164] Vergleicht man die Feuer im Gebäude 7 mit denen in den die Türme umgebenden, glutrot über viele Etagen brennenden anderen Gebäuden, dann müßte der Satz gelten: Je kleiner das Feuer, desto sicherer der Einsturz.

Evakuierung und Einsturz des WTC-Gebäudes 7

Doch irgendjemand scheint im vorhinein gewußt zu haben, daß auch das Gebäude 7 einstürzen würde. So sagte der zufällig anwesende Fotograf Tom Franklin, die Feuerwehr habe den Einsatzort geräumt, als bereitete sie sich auf den Einsturz des Gebäudes 7 vor. Zwischen 16 und 17 Uhr habe er aus einer Entfernung von etwa 140 Meter die Feuerwehrleute Fahnen schwenken sehen. Irgendjemand habe die Leute aufgefordert, sich zu entfernen, weil Nr. 7 dabei sei einzustürzen. Die Aufnahmen, die nach Angabe der FEMA das Gebäude 7 zu Beginn des Einsturzes zeigen, lassen – ganz anders als bei Süd- und Nordturm – eher das Bild einer gezielten konventionellen Abrißsprengung erkennen.[165] Das Gebäude bricht vom Erdgeschoß her in sich zusammen. Daher entstand auch der Großteil der Staubwolken im Gegensatz zu Nord- und Südturm eher am Boden als in Höhe der obersten Stockwerke. Das Gebäude sackte von innen her in sich zusammen, die Außenkonstruktion fiel nach innen, wie von einem Sog gezogen.[166] Es findet sich ein sehr kleiner Schutthaufen, auf den das Äußere des Gebäudes, die Stahlskelettkonstruktion, gefallen ist. Darunter befinden sich die zehn riesigen Transformatoren. Doch wo ist das Feuer, das das Gebäude hätte zu Fall bringen können? Weder der Aufschlag eines Jumbojets noch herabfallende Trümmer der Türme kommen als Ursache in Betracht.

Feuer und Explosion in WTC-Gebäude 6

Zum Vergleich zeigt eine Abbildung die Gebäude Nr. 5 und 6, die beide von riesigen Bränden heimgesucht wurden. Es waren »konventionelle« Feuer, bei denen die Flammen sogar durch starken Rauch hindurch zu sehen waren. Die Stahlstruktur des Gebäudes 6 überlebt das intensive, über Stunden anhaltende Feuer, ohne einzustürzen. Das Feuer ging auf eine Explosion zurück, die Millionen Zuschauer bei CNN sehen konnten. Um 9 Uhr 04, höchstens 60 Sekunden nach dem Aufprall der Maschine in den Südturm, schoß eine gewaltige Explosionswolke etwa 170 Meter hoch aus dem Gebäude WTC 6 in den Himmel und verband sich mit den herabfallenden Trümmermassen des Südturms. Der Vorgang blieb mangels begleitender Kommentierung der Bilder völlig im Schatten der dramatischen Ereignisse um die Zwillingstürme und geriet in

Vergessenheit. Doch CNN bestätigt den Vorgang und die Uhrzeit.[167] Die staatliche Aufklärung vernachlässigt den Fall. Auf späteren Luftaufnahmen war der extrem tiefe Explosionskrater im aufrechtstehenden Stahl-Schrottgerippe zu erkennen. Die eingerissenen Teile des Stahlskeletts auf der rechten Seite sind auf die herabstürzenden Trümmer des Nordturms zurückzuführen. Diesen Schaden hat nicht das Feuer verursacht.

Gebäude 6 beherbergte die amerikanische Zollverwaltung sowie die staatliche Export-Import Bank. Nachdem 800 Beschäftigte aus dem Gebäude geleitet worden waren, muß das Gebäude um 9 Uhr 04 explodiert sein. Und was könnte von Bedeutung in der Ex-Im Bank sein? Es lagerten dort Akten über äußerst zweifelhafte Waffengeschäfte der Administration des früheren Präsidenten George Bush (Senior), Akten, die es schwer gemacht hätten, Saddam Hussein öffentlich zu dem Teufel zu stempeln, wie es dann später als Vorwand für einen Präventivkrieg unter Bush Junior geschah.

Im weiträumig abgesperrten Gebiet um das World Trade Center herrschte nach dem 11. 9. ein polizeiliches Fotografierverbot. Keine Fotos, oder Sie werden verhaftet, war die Losung. Aufnahmen, die Fotografen bereits mit ihren Digitalkameras gemacht hatten, wurden zerstört bzw. gelöscht. Allerdings gelang es Computerspezialisten, die Aufzeichnungen doch wieder zugänglich zu machen. So konnten sie ins Internet gelangen.

FÜNFTES KAPITEL

Der amerikanische Regierungsapparat – blind, beschränkt oder mitwissend?

Die Häufung der Ungereimtheiten macht mißtrauisch

Warnungen ausländischer Dienste

Zwangsläufig tauchte die Frage auf, warum die amerikanischen Geheimdienste mit ihrem ungeheuren Personal, Geld- und Technikaufwand nicht in der Lage waren, von dem Plan eines derart umfassenden, raffinierten, symbolträchtigen Anschlags rechtzeitig zu erfahren und ihn zu verhindern. Das Weltall ist gespickt mit Satelliten, die jedes nur denkbare Signal rund um die Uhr aufzeichnen können. Die Technik ist in der Lage, fast alle Telefongespräche gezielt abzuhören und auf Band zu speichern. Stimmcharakteristika der überwachten Personen ebenso wie bestimmte Stichworte lassen die Computer automatisch mitschneiden zur späteren Auswertung durch Einrichtungen, die Zehntausende von Menschen beschäftigen. Die Computer können verdeckt veranlaßt werden, in regelmäßigen Abständen die aufgenommenen oder ausgetauschten Datenbestände an Satelliten abzustrahlen, die sie den Analysten in den Diensten zur Auswertung zurückspielen. Dazu gehört, daß die Kreditkartennutzung beobachtet und ausgewertet werden kann, die Banktransaktionen zum Teil mitgelesen werden, daß der Anstieg von Spekulationen an den Wertpapierbörsen der Welt auf hochschnellende oder abstürzende Kurse überwacht wird, um daraus Hinweise für anstehende Terroranschläge abzuleiten.

Zwar versprach die Regierung Bush im Zuge des Aufbaus einer weltweiten Allianz gegen den Terror zunächst, die

Beweise für Tat und Täter öffentlich und für jedermann nachvollziehbar und nachprüfbar vorzulegen und die Hintermänner vor Gericht zu stellen. Doch davon war bald keine Rede mehr. Die Administration scheute sich möglicherweise vor dem Offenbarungseid. Denn entweder hatte man im vorhinein Kenntnis von den anstehenden Anschlägen, wie dies die zahlreichen Hinweise aus Europa, Israel und Asien nahelegen, und tat nichts zur Abwehr und zum Schutz der eigenen Bevölkerung, oder man war tatsächlich ahnungslos, liefe dann jedoch Gefahr, wegen einer chaotisch geführten, unfähigen, möglicherweise bösartigen Bürokratie an den Pranger gestellt zu werden. So verschanzte man sich lieber hinter dem üblichen Argument, daß man den Gegnern nicht Einblick in Methoden, Quellen und Verbindungen geben dürfe. Immerhin legten fast alle ausländischen Geheimdienste, ob israelische, französische, deutsche, pakistanische, russische oder ägyptische Dienste, Wert auf die Feststellung, die Partnerdienste in den USA rechtzeitig vor einem kurz bevorstehenden großen Anschlag auf die Symbole amerikanischer Macht und Finanzkraft gewarnt zu haben.[168]

*Die Ahnungslosigkeit der Regierung
und ihrer Geheimdienste*

Inzwischen hat die Administration zugeben müssen, daß sie vor den Terrorangriffen im Besitz von Hinweisen auf geplante große Anschläge gewesen sei; sie habe diese jedoch angeblich nicht auf die Ereignisse in New York und Washington beziehen können. Noch im Frühjahr 2002 erklärte der FBI-Chef, man habe bei der nachträglichen Untersuchung nicht eine einzige Information gefunden – sowohl in den USA als auch in der Fülle von Nachrichten, die in Afghanistan oder an anderer Stelle aufgetaucht seien –, die irgendeinen Hinweis auf die Verschwörung des 11. September hätte erkennen lassen.[169]

Die Frage, wie ein solch raffinierter Anschlag von derart hoher Perfektion mit hochkomplizierten Abläufen durchgeführt werden konnte, ohne daß die Regierung in Washington vorgewarnt war, setzte die ganze Welt in Erstaunen. FBI, CIA und die Vertreter der Administration schworen heilige Eide, außer unklaren, allgemeingehaltenen Hinweisen nichts im voraus gewußt zu haben.

Am 11. 9. Antiterrorübung bei der NRO und im Pentagon

Inzwischen hat sich herausgestellt, daß sowohl im Pentagon als auch bei der National Reconnaissance Organization (NRO) ausgerechnet am 11. 9. 2001 eine Übung angesetzt war, die als Ausgangslage den Aufprall eines Flugzeugs auf den jeweiligen Amtssitz annahm. Die NRO betreibt das satellitengestützte Aufklärungssystem der USA, das die politische wie militärische Führung der USA rechtzeitig warnen und ihr die für anstehende Entscheidungen erforderlichen Erkenntnisse unterbreiten soll. Die Behörde, nur sechs Meilen vom Dulles Airport vor den Toren Washingtons entfernt angesiedelt, blies die Übung, die angeblich bereits Monate im voraus geplant worden war, wenige Minuten vor dem Einschlag in das Pentagon ab.[170] Die Leitung ordnete die sofortige Räumung der Behörde an, so daß sich das Personal, das für die Satellitenaufklärung am 11. 9. zuständig gewesen wäre, mit wenigen Ausnahmen auf den Highways Washingtons nach Hause begab. Die Aufklärung der Ereignisse des 11. 9. wurde durch diese Anordnung möglicherweise ebenso grundlegend behindert wie durch das Vernichten der Bänder, die bei der Beobachtung der Insideraktienverkäufe an der Börse bei CIA/FinCen angefallen waren. So blieb der ganze Elan kriminalistischer Aufklärung der Verantwortlichen unbeirrt auf die vorgegebene Spur der fundamentalistischen Muslime des Osama bin Laden und dessen Basis (Al Kaida) ausgerichtet.

*Enron und Anthrax lähmen Ermittlungen
und blenden die Öffentlichkeit*

Inzwischen sorgten Skandale und neue Terroranschläge für eine Ablenkung nicht nur der Öffentlichkeit, sondern auch der landesweiten Ermittlungen und der politischen Szene in Washington. Eines der Flaggschiffe der New Economy, der Handelskonzern Enron, der als Vermittler von Elektrizitäts- und Gaslieferungen in wenigen Jahren traumhafte Wertsteigerungen nicht zuletzt durch betrügerische Luftbuchungen über Hunderte von in Steuer- und Geldwaschparadiesen angesiedelte Scheinfirmen an der Börse erzielt hatte und von den angesehensten Wirtschaftsprüfern stets für gesund befunden worden war, lief auf Grund und verursachte kurz nach dem 11. 9. die größte Pleite der amerikanischen Wirtschaftsgeschichte. Es war dies der Konzern, der den zeitweiligen Zusammenbruch der Elektrizitätsversorgung in Kalifornien auf dem amerikanischen Elektrizitätsmarkt herbeidirigiert hatte, um dann mit Strom zu Spitzenpreisen aushelfen und daran gewaltig verdienen zu können. Kurz vor Bekanntwerden der Krise verkauften die Enron-Manager ihre als Entlohnung gedachten Aktien mit Gewinn, verboten jedoch gleichzeitig ihren Mitarbeitern ebenso wie deren Pensionskasse den rechtzeitigen Verkauf der dem Absturz geweihten Anteilscheine.

Für die Aufarbeitung der Terrorszene des 11. 9. war dies insofern von Bedeutung, als in den Enron-Skandal große Teile der Regierung Bush involviert waren, aber auch rund 70 Prozent der Mitglieder des Kongresses. Es gab eine zwangsläufige Gemeinsamkeit der politischen Klasse – ob Regierung, Republikaner oder Demokraten – der USA, die Angst davor haben mußte, durch den Skandal in den Abgrund gerissen zu werden.[171]

Inzwischen hat sich herausgestellt, daß der betrügerische Enron-Konzern in den acht Jahren vor dem Zusammenbruch mindestens 20 CIA- sowie einige FBI-Mitarbeiter beschäftigt hatte. Diese waren unter Wegfall der Amtsbezüge beurlaubt und zur Arbeit bei Enron ausgeliehen worden. Sie konnten daher kurz vor der Pleite unversehens wieder unter die Fittiche ihrer staatlichen Verleihfirmen CIA und FBI zurückschlüpfen. Die Herren waren für das von Enron betriebene Wirtschaftsspionageprogramm tätig. Hier sollen vor dem 11. 9. auch Hinweise auf die anstehenden Angriffe eingegangen und an Interessenten weitervermittelt worden sein, die mit diesem Insiderwissen an der Börse auf die Folgen des 11. 9. spekulierten. Auf die Hintergründe wies eine hochrangige Persönlichkeit hin, die zuvor mit geheimen Untersuchungen zum Enron-Komplex beschäftigt gewesen war. Die für die Dienste bei Enron beurlaubten CIA-Mitarbeiter hätten Zugriff auf die Abhörergebnisse des erdumspannenden Abhörsystems Echelon gehabt, eines Programms zum Belauschen des weltweiten Daten- und Sprechverkehrs durch die Geheimdienste der USA, Großbritanniens und Australiens. Die Geheimdienstagenten in den Diensten Enrons hätten schlicht private Industrie- und Finanzspionage betrieben.[172]

Auf Enron folgt Anthrax

Auf den 11. 9. folgte nach dem Enron- der Anthrax-Skandal. Die nicht enden wollende Schockserie bewirkte eine nachdrückliche Lähmung der politischen Landschaft. Das ganze Land stand vor der Bedrohung, von einem oder mehreren Wissenschaftlern oder auch anderen denkbaren Täterkombinationen mit einem tödlich wirkenden biologischen Massenvernichtungsmittel attackiert zu werden.[173] Genügend Briefe erreichten ihr Ziel, um den gesamten amerikanischen Kontinent unter Anthrax-Warnung zu stellen. Der kriminalistische Apparat der USA war schwerpunktmäßig nicht mehr so sehr auf die Aufklärung der Ereignisse des 11. 9., sondern auf die Abwehr der neuen Gefahr ausgerichtet. Die Beschaffung von

Impfstoffen bekam oberste Priorität. Die Medienberichterstattung schoß sich auf das neue Thema ein. Auf der anderen Seite verringerten die nun – wie bestellt – nach und nach auftauchenden Videobänder mit den Botschaften Osama bin Ladens die anfängliche Beweisnot der Regierung.

Bis zum heutigen Tag sind die Skandale im Kern ungeklärt geblieben. Das hängt mit der zum Teil massiven Einflußnahme politischer Kreise auf die Börsenaufsicht in Sachen Enron zusammen. Im Fall der Anthrax-Bedrohung führen die Spuren mal zur CIA, mal zur US-Army – und dort zu Entwicklungen, die besser nicht das Licht der Öffentlichkeit erblicken. Zuweilen vermitteln die oft anonymen Hinweise auf Hintergründe den Verdacht, es handele sich in der Nachfolge des 11. 9. um Fingerzeige an die Verantwortlichen, bestimmten Sachverhalten nicht weiter nachzugehen, da andernfalls äußerst unangenehme Details zum Gegenstand der öffentlichen Diskussion gemacht werden könnten. Eine mögliche Form der politischen Erpressung.

*Die Regierung verspricht Aufklärung
und liefert Geheimhaltung*

Die durch die beispiellosen Anschläge des 11. 9. aufgewühlte Öffentlichkeit forderte nicht nur Rache, sondern vor allem auch Aufklärung. Wie konnte Amerika derart ahnungslos im Herzen seiner Macht von jugendlichen muslimischen Tätern überfallen werden? Das Ereignis wurde sofort mit dem japanischen Überfall auf den tief im Frieden verharrenden, arglosen Pearl-Harbor-Stützpunkt der amerikanischen Marine im Jahre 1941 verglichen und auch gleichgesetzt. Vergleichbar der Bush-Regierung am 11. 9. war seinerzeit die Roosevelt-Regierung in Washington angeblich ohne militärische oder geheimdienstliche Vorwarnung von dem japanischen Vernichtungsschlag gegen die pazifische US-Flotte überrascht worden. Die

Empörung in Politik und Öffentlichkeit verscheuchte über Nacht die bislang pazifistische Einstellung und scharte das amerikanische Volk hinter Präsident Roosevelts Politik eines Eintritts der Vereinigten Staaten in den Krieg gegen Japan und Hitler-Deutschland. Wie damals sollte auch nach dem 11. 9. das nicht mehr zu überbietende Versagen der Geheimdienste aufgedeckt und analysiert werden. Die Dienste mußten künftig so umgebaut werden, daß sich ähnliches nach menschlichem Ermessen nicht wiederholen konnte.

Doch Präsident Bush und Vizepräsident Cheney suchten nun mit Nachdruck die von der Öffentlichkeit, nicht zuletzt den Hinterbliebenen der Opfer der Anschläge in New York, geforderte Untersuchung durch den Kongreß nach Möglichkeit einzuschränken. Es war bereits mehr als ein Vierteljahr ins Land gegangen, als Vizepräsident Cheney den Oppositionsführer der Demokraten, Senator Daschle, anrief und ihn bat, Reichweite und Umfang der Untersuchung dessen, was vorgefallen war, zu begrenzen. Daschle erklärte gegenüber CNN, der Vizepräsident habe von seiner Sorge gesprochen, eine genaue Rekonstruktion des Ablaufs würde Mittel und Personal binden, die dringend für den Einsatz im Krieg gegen den Terrorismus benötigt würden. Daschle war von der Argumentation zunächst nicht überzeugt. Doch vier Tage später rief Präsident Bush den Oppositionsführer persönlich an und forderte im Interesse der Sicherheit des Landes auch seinerseits eine Eingrenzung der Untersuchungen.[174]

*Unkritische Medien als
Mitläufer der Administration*

So sehr sich Amerikaner in Briefen, privat, vor allem aber im Internet kritisch mit der Bush-Regierung auseinandersetzen, in der Öffentlichkeit verdrängt der lautstarke und regierungsgestützte Patriotismus nicht nur den Austausch der Meinungen, sondern auch die Darstellung der einschlägigen Fakten. Die Stimmungslage der Journalisten hat Dan Rather, einer der großen Nachrichtensprecher des amerikanischen Fernsehens, angedeutet: Auf die Frage, weshalb er der amerikanischen Regierung nicht die sich geradezu aufdrängenden Zweifel zum Themenkomplex des 11. 9. vorgehalten habe, meinte er selbstkritisch, Amerika befinde sich in einer Orgie amoklaufenden Patriotismus.[175] In einem Interview mit der britischen BBC erklärte er, die amerikanischen Medien hätten Angst, harte Fragen zum Krieg gegen den Terrorismus zu stellen. Dies würde sie als unpatriotisch erscheinen lassen. Ob man es nun deutlich zu sagen wage oder nicht, es handle sich um eine Art von Selbstzensur. Noch nie habe es einen von den USA geführten Krieg gegeben, bei dem der Zugang der Medien so beschränkt gewesen sei wie bei dem gegen den Terrorismus. Die Amerikaner hätten diese Beschränkungen akzeptiert.

Rather verglich die Schwierigkeiten amerikanischer Journalisten im kritischen Umgang mit dem vorherrschenden Patriotismus mit dem Preis, den Dissidenten in Südafrika zu Zeiten der Apartheid-Rassentrennung hätten zahlen müssen. Damals seien Bürgern mit abweichender Meinung brennende Autoreifen um den Hals gelegt worden. Und in gewisser Weise sei jetzt auch in den USA die Angst da, einen brennenden Reifen wegen mangelnder Vaterlandsliebe umgehängt zu bekommen. Das sei die Angst, die die Journalisten davon abhalte, die härtesten Fragen zu stellen. Und er selbst nehme sich von der Kritik nicht aus.[176]

*Die britische Regierung
lindert die Beweisnot*

Das 70 Punkte umfassende »Beweisdokument« der britischen Regierung, das die Verantwortlichkeit Osama bin Ladens für die Attacken des 11. September beweisen sollte, bezieht sich nur in neun Punkten auf das World Trade Center und das Pentagon. Auch dort heißt es, das Dokument erhebe nicht den Anspruch, die Unterlagen für ein Strafverfahren gegen Osama bin Laden vorzulegen. Nachrichtendienstliche Erkenntnisse seien als Beweismittel oft wegen der strengen prozessualen Beweisregeln, aber auch mit Rücksicht auf die Sicherheit der verwandten Quellen nicht zur Veröffentlichung geeignet. Doch auf der Grundlage aller zugänglichen Informationen sei sich die Regierung Ihrer Majestät der Schlußfolgerungen ihres vorgelegten Berichts sicher. In der Einführung heißt es in dem britischen Dokument:

»Die Regierung kommt zu folgenden eindeutigen Ergebnissen: Osama bin Laden und Al Kaida, das von ihm geführte Terroristennetz, haben die Greueltaten des 11. September 2001 geplant und ausgeführt. Osama bin Laden und Al Kaida haben die Absicht und die Mittel, weitere Greueltaten zu begehen. Das Vereinigte Königreich und dessen Bürger sind die möglichen Ziele; und Osama bin Laden und Al Kaida konnten diese Greueltaten nur wegen ihrer engen Verbindung mit dem Taliban-Regime begehen, das ihnen die uneingeschränkte Verfolgung ihrer terroristischen Ziele ermöglichte.«

Es handelt sich bei der Beschreibung des Sachverhalts und der Schlußfolgerungen um Annahmen ohne Vorlage der erforderlichen Beweismittel.

*Jahrzehnte geübt und dann versagt:
die amerikanische Luftverteidigung*

Eine eigentümliche Rolle spielte in dem Geschehen vom 11. 9. die amerikanische Luftverteidigung, zusammengefaßt in der NORAD (North American Aerospace Defense Command), die mit der Flugsicherung der FAA und der US Navy Hand in

Hand arbeitet. Es gibt kaum ein gegen eindringende Flugkörper und Kampfflugzeuge besser bewachtes Gebiet als die Ostküste der Vereinigten Staaten. Wie mit vom Kurs abweichenden, auf Fluglotsenanfragen und -befehle nicht reagierenden entführten Maschinen zu verfahren ist, war seit Jahren im einzelnen festgelegt und geübt worden. Nach den gemeinsam erlassenen Vorschriften der Federal Aviation Administration (FAA) und des Vorsitzenden der Vereinigten Generalstabschefs hat im Fall einer Flugzeugentführung der Koordinator für Flugzeugentführungen der FAA im Hauptquartier in Washington auf schnellstem Weg die Nationale Militärische Kommandozentrale in Kenntnis zu setzen und einen Begleitjäger für das entführte Flugzeug anzufordern. Die Billigung des Verteidigungsministers oder seines Vertreters im Amt wird zuvor eingeholt.[177]

Doch warum versagten am 11. 9. die eingeübten und praktizierten Prozeduren für solche Notfälle? Alle vier Flugzeuge wichen stark von ihrem vorgeschriebenen Kurs ab. Innerhalb kurzer Zeit hätte geklärt werden müssen, ob die Flugzeuge entführt wurden oder außer Kontrolle geraten waren. Um 8 Uhr 20 stellt die zivile Luftraumüberwachung Boston fest, daß das Flugzeug AA 11 entführt sein müsse. Spätestens zu diesem Zeitpunkt hätte dann auch die militärische Luftraumkontrolle benachrichtigt sein müssen. Ein Angestellter von NORAD bestätigt dies auch. Doch NORAD behauptet offiziell, die Information sei vorschriftswidrig erst gegen 8 Uhr 40 erfolgt.[178] Wie dem auch sei, erst um 8 Uhr 43 starteten zwei F-15-Kampfflugzeuge von der 130 Kilometer von den Türmen des World Trade Centers entfernten Otis Airbase. Bei einer Reisegeschwindigkeit von 577 Meilen oder 1069 km/h hätten die Kampfflugzeuge in etwas mehr als sieben Minuten vor Ort sein können. Die Maschine gab zwar keine Signale über den Transponder ab, war jedoch ständig von militärischen wie zivilen Radarstationen erfaßt und hätte daher nach festgelegtem Verfahren abgefangen werden können und müssen. Dies heißt noch nicht, daß sie hätte abgeschossen werden müssen. Die international üblichen Verfahren sehen vor, daß der militärische Abfangjäger sich vor das Verkehrsflugzeug setzt und dem Piloten durch Schwenkbewegungen zu erkennen gibt, daß er dem Kampfflugzeug zu folgen habe. Erst wenn dieses Verfahren erfolglos bleibt, weil der Pilot nicht reagieren will oder kann, stellt sich die weitergehende, zweifellos schreckliche Frage nach einem Abschuß.

Die in den Südturm rasende Maschine startete 15 Minuten später um 8 Uhr 14 vom gleichen Flughafen Boston-Logan und prallte ganze 49 Minuten später um 9 Uhr 03 gegen den Wolkenkratzer. Hier setzte der Transponder mit seinen Signalen an die Bodenstation um 8 Uhr 43 aus. Die militärische Abwehr war zeitgleich mit der zivilen Flugführung informiert. Die beiden F-15-Kampfflugzeuge starteten zu dieser Zeit. Es blieben bis zum Aufprall des Jumbos gegen den Südturm noch 20 Minuten. Was die Kampfflieger in dieser Zeit veranstaltet haben, ist bis heute nicht geklärt. Sie waren in der Nähe, hatten sie doch den Auftrag, nach der ersten Maschine Ausschau zu halten, die bereits zwei Minuten nach Aufstieg der F 15 um 8 Uhr 45 in den Nordturm gerast war.

Beim Anschlag auf das Pentagon sind die Fakten noch unbegreiflicher. Der Flug American Airlines Nr. 77 startete 8 Uhr 20 vom Dulles-Flughafen bei Washington in Richtung Los Angeles. 8 Uhr 56 fiel der Transponder mit seinen automatischen Signalen an die Bodenstationen der Luftverkehrskontrolle aus. Eine Minute später kam es zu der Kehrtwende und zum Rückflug in Richtung Washington, wo die Maschine um 9 Uhr 38 knapp über dem Grund nach offiziellem Bericht ins Erdgeschoß des Pentagons raste. Zum Abfangen dieses Flugzeugs stiegen vom Flughafen Langley in Virginia um 9 Uhr 30 zwei F-16-Kampfflugzeuge auf, die jedoch ihr 100 Meilen oder 185 km entferntes Ziel nicht mehr erreichten. Die Geschwindigkeit dieser Flugzeuge liegt bei 577 nautischen Meilen oder rund 1070 km/h. Die Maschinen können Überschallgeschwindigkeit fliegen, d. h. sie könnten bei 2780 km/h theoretisch ihr Ziel in vier bis sechs Minuten erreichen. Zur Zeit des Aufstiegs der Jäger um 9 Uhr 30 war der Nordturm bereits seit 45 Minuten, der Südturm seit 27 Minuten getroffen.[179] Außerdem bleibt unerfindlich, weshalb gerade bei dieser Sachlage nicht die zur Verteidigung des Luftraums über dem Regierungssitz Washington D.C. vorgesehenen Kampfflugzeuge auf dem nur zehn Meilen oder 18 km entfernten Flughafen Andrews Airbase herangezogen wurden.

Zu den Merkwürdigkeiten um das Versagen der amerikanischen Luftabwehr in allen vier Fällen schreibt ein ehemaliger Flugkontrolleur der Luftwaffe, in all den Jahren, in denen er im Pentagon gearbeitet habe, sei ein solcher Vorfall undenkbar gewesen. Das Fluggeschehen werde heute wie auch früher schon auf Radarschirmen in den unterirdischen Etagen des Pentagons abgebildet. Jedes Flugzeug einer kommerziellen Fluglinie, das innerhalb eines Radius von 500 km um den District of Columbia eine abrupte Kursabweichung Richtung Washington nehme, das seinen Transponder abschalte oder sich weigere, mit der Flugsicherung am Boden zu sprechen, werde mit Überschallgeschwindigkeit in höchstens neun Minuten von einem in Andrews Airbase aufsteigenden Jagdflugzeug erreicht und abgefangen. Warum das mit den vier Maschinen vom 11. 9. nicht geschehen sei, wundere ihn sehr. »Wenn wir damals in der Lage waren, Abfangjäger binnen zwei Minuten in die Luft zu bekommen, dann können wir das heute auch noch«, war seine Schlußfolgerung.[180]

Als 1972 die Olympischen Spiele in München stattfanden, gab es einen dramatischen Vorfall: Eine Maschine der jugoslawischen Fluglinie nahm genau zum Zeitpunkt der Eröffnung der Sommerspiele Kurs auf das für den Überflug weiträumig gesperrte Olympiastadion, in dem gerade die Eröffnungszeremonie ablief. Der damalige Verteidigungsminister Georg Leber berichtete seinerzeit kreidebleich in der Vorhalle des Bundestags, daß Kampfflugzeuge der Bundeswehr aufgestiegen seien und versucht hätten, das Flugzeug ausfindig zu machen, zunächst vergeblich. Schließlich habe wenige Minuten vor dem Überflug der Kontakt doch noch hergestellt und die Maschine zum Abdrehen veranlaßt werden können. Dem Minister war ein Stein vom Herzen gefallen, hatte er doch den Befehl zum Abschuß der Zivilmaschine zwar erwogen, aber dann doch nicht erteilen müssen.

Die Luftwaffen in Europa wie in den Vereinigten Staaten sind auf derartige Zwischenfälle vorbereitet. Aus Londoner Luftfahrtkreisen verlautet, ein in London-Heathrow entführtes Flugzeug werde noch vor Erreichen der City von London abgefangen, die Unterrichtung des Premierministers sei an jedem Ort der Welt und zu jeder Zeit gewährleistet. Gleiches berichtet der Oberbefehlshaber der russischen Luftwaffe.[181] Warum es so lange dauerte, bis die amerikanischen Abfangjäger am 11. 9 2001 in der Luft waren, und warum sie in nahezu zwei Stunden alle vier Ziele nicht rechtzeitig erreichten, ist bis heute unfaßbar.

Nationaler Notstand: höchster Militär uninformiert

Der Vorsitzende der Vereinigten Generalstabschefs General Richard B. Myers führte zur Zeit der Attacken ein Gespräch mit einem Senator des amerikanischen Kongresses. Während des Gesprächs sehen beide im Fernsehen das Einschlagen des ersten Flugzeugs und nehmen angeblich an, es handele sich um ein kleineres Flugzeug. Es folgt der Aufprall des zweiten Jumbos mit der riesigen brennenden Kerosinwolke in und um den Südturm, doch der oberste Militär der USA bleibt angeblich weiterhin uninformiert. Ein weiteres Flugzeug trifft das Pentagon in Washington. Beim Verlassen des Kongresses auf dem Capitol Hill habe irgendjemand ihm davon Mitteilung gemacht, so Myers, daß das Pentagon getroffen sei. Jemand habe ihm ein Handy in die Hand gedrückt. Am anderen Ende der Leitung habe ihn General Ralph Eberhart, Kommandeur des US Space Command und des North American Aerospace Defense Command (NORAD), über den letzten Stand der Dinge unterrichtet.[182]

Der Vorgang ist für Kenner militärischer Verhältnisse undenkbar. Der Vorsitzende der Vereinigten Generalstabschefs ist einer der höchsten Militärs der USA. Er wird ausnahmslos von einem Adjutanten begleitet, der die Verbindungen nach außen auch bei Besprechungen im kleinsten Kreis hält, selbst wenn er sich dabei im Vorzimmer eines Senators aufhalten sollte. Das Büro des Generals kann über den Adjutanten Nachrichten sofort weitergeben. Es war der größte Angriff, der die USA je auf eigenem Boden getroffen hat. Doch der Vorsitzende der Vereinigten Stabschefs der Streitkräfte erfährt erst nach dem Einschlag in das Pentagon von den Vorgängen, obgleich er oder einer seiner Amtsvorgänger für die militärischen Vorschriften über das Abfangen entführter Passagierflugzeuge verantwortlich gezeichnet hatte.

Allerdings sitzt auch der Chef des Generals, Verteidigungsminister Rumsfeld, in dieser Stunde in seinem Büro, als ob nichts geschehen wäre.

SECHSTES KAPITEL

Das ganz andere Puzzle: Geheimdienste als Hintergrund

Geheimdienste in verdeckter Operation

Wer versucht, die seit dem 11. 9. 2001 permanent anfallenden Nachrichten der Weltmedien über die Al Kaida, deren nicht enden wollende Machenschaften in nahezu allen wichtigen Ländern auch der westlichen Welt, deren Finanztransaktionen, Telefonverbindungen, Helferskreise und nicht zuletzt über den alles beherrschenden, mit Haß-Videos seine weltweite muslimische Anhängerschaft führenden Osama bin Laden in den Bergen Afghanistans zu verfolgen und in eine gewisse Ordnung zu bringen, landet in einem Sumpf der Undurchschaubarkeit und fehlender Plausibilität.

Es ist, als würde weder die Probe auf das Übereinstimmen mit dem gesunden Menschenverstand noch die Frage nach dem *cui bono* – wem nützt es? – weiterhelfen. Es liegt daher nahe, nach Hintergründen zu fahnden, die im Geheimdienstbereich liegen. Geheimdienste sind ja nicht nur auf geheime Weise geheime Nachrichten sammelnde Einheiten.

Geheimdienste wie der CIA haben die Aufgabe, unterhalb der staats- wie völkerrechtlichen Kriegsschwelle mit allen nur erdenklichen Methoden verdeckte Operationen durchzuführen, die den Machtzielen der Vereinigten Staaten dienen. Was dies im einzelnen bedeutet, bestimmt letztlich der Präsident, meist jedoch dessen Berater, die wiederum auf Hinweise der eigentlichen wirtschaftlichen wie finanziellen Machtelite reagieren. Das Instrumentarium, mit dem die CIA in den vergangenen Jahrzehnten in allen wichtigen Ländern der Welt zu

Werke ging, kann hier im einzelnen nicht dargestellt werden. Sie hat sich schlicht und einfach am früheren KGB ausgerichtet, den sie an Durchsetzungsvermögen und Leistungsfähigkeit übertreffen wollte. Dem KGB war nicht zuletzt in der Phantasie des amerikanischen Gegenübers kein Mittel fremd. Und so galt dies auch für die CIA. Die Befreiungsbewegungen der Dritten Welt wurden von der amerikanischen Geheimdienstpolitik als von vornherein dem Kommunismus verfallen erklärt. Die auf Neutralität bedachten Führer, die sich nicht den westlichen Interessen unterzuordnen und in die Machtblocklogik einzuzwängen bereit waren, wurden über Staatsstreiche, Militärputsche und Bürgerkriege beseitigt oder geschwächt. Terroroperationen zur Beeinflussung der öffentlichen Meinung sind bei der CIA ein Standardmittel. Die Liste der CIA-inspirierten Morde ist lang. Die Zahl der Opfer unter der Bevölkerung geht in die Millionen.

Die eigene Bevölkerung haben CIA und FBI durch eine Jahrzehnte währende Überschätzung der militärischen Macht der Sowjetunion in Angst und Schrecken versetzt. Die Politiker hatten Angst vor dem Vorwurf, »soft on communism« zu sein, Waschlappen im Umgang mit der militärischen Herausforderung. So kam es zu einem Militärhaushalt der USA von rund 300 Milliarden Dollar, der dank des Weltkriegs gegen den Terrorismus inzwischen auf die bereits erwähnten 400 Milliarden Dollar angewachsen ist.

Dazu kommen die drogenfinanzierten Söldnerheere der CIA seit Ende des Zweiten Weltkrieges. So auch in Afghanistan. Nun wird dieser Militärapparat nicht abgerüstet, sondern anderweitig eingesetzt. Scheinbar im Kampf gegen den internationalen Terrorismus, in Wirklichkeit für das Neue Amerikanische Jahrhundert, wie noch zu zeigen sein wird. Viele Schreckensereignisse in der Welt, ob unverständliche Stammesstreitigkeiten am Hindukusch, Bürgerkriege in Afrika, Selbständigkeitsbestrebungen auf dem Balkan oder in Tschetschenien, die zunächst rein lokalen Ursprungs zu sein scheinen, erweisen sich bei näherem Hinsehen meist als Teil eines größeren, strategisch angelegten Vorgangs.[183] Es war vor hundert Jahren der britische Außenminister Lord Curzon, zuvor Vizekönig in Indien, der darauf verwies, daß Turkistan, Afghanistan, die Gebiete jenseits des kaspischen Meeres, Persien ... Steine auf einem Schachbrett seien, mit denen ein Spiel um die Weltherrschaft gespielt werde.[184] Es ging schon damals, kurz vor dem Ersten Weltkrieg, ums Öl. Und das ist heute nicht anders. Doch es schickt sich nicht, dies offen auszusprechen. Kriege sind nicht populär. Wer Krieg führen will, wer töten, wer Land besetzen und ausbeuten will, wer Weltmachtpolitik in die Praxis umsetzen will, braucht eine Rechtfertigung vor der eigenen wie der Weltbevölkerung.

Huntington und der neue muslimische Feind

Auf die antiamerikanischen muslimischen Terroranschläge der neunziger Jahre ist bereits hingewiesen worden. Sie zeichnen sich durch merkwürdige Geheimdiensthintergründe aus: die erste World-Trade-Center-Bombe 1993 mit der offensichtlich von CIA und FBI gedeckten muslimischen Terrorgruppe, bestehend aus Afghanistan-Veteranen der CIA; dann der Versuch, den widerwärtigen Oklahoma-Anschlag aus dem Jahr 1995 zunächst mit großem Medienaufwand Muslimen in die Schuhe zu schieben, schließlich die Anschläge auf Botschaften und Kriegsschiffe in Afrika und Arabien, stets dem ehemaligen CIA-Partner Osama bin Laden ohne einwandfreie Beweisführung zugerechnet. Es scheint so, als bahnte sich mit dieser Kette angeblich muslimischer Taten ein Kriegsszenario der Auseinandersetzung mit den fundamentalistisch radikalen Kräften aus der gesamten muslimischen Staatenwelt an. Unterschlagen wird dabei stets, daß es sich fast immer um Personengruppen handelt, die von der CIA direkt oder verdeckt angeworben waren.

Es fällt zunehmend schwer, von Zufall zu sprechen, wenn ein ausgewiesener Berater der CIA von der psychologisch-religiösen Seite her bereits Anfang der neunziger Jahre die Stichworte für den Kampf der christlich-jüdischen gegen die muslimische Zivilisation und umgekehrt liefert. Samuel Huntington, Professor der weltberühmten Harvard-Universität, geht in seinem Buch über den Zusammenstoß der Zivilisationen von dem genetisch angeborenen Zwang auch moderner demokratischer Gesellschaften aus, sich nur über den Haß gegen einen gemeinsamen Feind der Zugehörigkeit zur eigenen Nation, zur christlich-jüdischen Wertewelt vergewissern zu können. Nur über den Haß gegen Außenstehende sei die Führung einer Nation, einer christlich-jüdisch bestimmten Staatenwelt zu sichern.[185] Als neuer Feind komme nach dem Zusammenbruch des weltweit operierenden Kommunismus nur die muslimische Staaten- und Zivilisationswelt in Frage.

Nun sind Religionskriege noch nie aus religiösen Gründen geführt worden. Stets war die Religion Vorwand, hinter der sich brutale Fragen der Macht versteckten. Huntington hat geradezu ein Drehbuch für eine neue Epoche kämpferischer Auseinandersetzungen geschrieben, in der die Attentate des 11. 9. die Prophetie des Autors erfüllen. Prompt treten sie auf, die Figuren, die bislang auf dem Schachbrett der Weltpolitik als muslimische Freiheitskämpfer im Kampf gegen die Sowjetunion genutzt wurden und jetzt als Partie im Kampf der Zivilisationen den muslimischen Teil spielen. Hinter dem Vorhang läßt sich die Welt, auch der ölhaltige Nahe Osten und große Teile der Welt, neu ordnen.

Erstes Gebot verdeckter Operationen:
die perfekt gelegte Fehlspur

Geheimdienste, die zur Ausweitung wie zur Erhaltung von Macht gegen öffentlichen Widerstand eingesetzt werden, nehmen über verdeckte Operationen auf politische Abläufe Einfluß. Sie feilen an Methoden, um zu gegebener Zeit mit gezielten Aktionen die öffentliche Meinung des eigenen oder eines fremden Landes mit einer im voraus berechneten Wirkung auf die Seite der beabsichtigten Politik zu ziehen. Die Massen werden einer sorgfältig inszenierten Gehirnwäsche unterzogen. Öffentliche Empörung soll über eine inszenierte widerwärtige Tat, gezielte Verdächtigungen und Pressemanipulation auf den vermeintlichen Feind gelenkt werden. Die eigentlichen Täter, der reale Tatablauf und die Indizienketten müssen so arrangiert werden, daß niemand auf die tatsächlichen Urheber rückschließen kann. Entsprechend sorgfältig muß die Fehlspur zu den ahnungslos oder mit falschen Vorstellungen und Motivationen handelnden Scheintätern ausgearbeitet und umgesetzt werden. Es müssen geradezu Drehbücher der überzeugenden Irreführung der Fahndung wie der öffentlichen Meinung geschrieben und realisiert werden. Die Verantwortlichen der verdeckten Tat müssen jederzeit plausibel leugnen und die Unwahrheit vertreten können. Das gilt insbesondere für die politisch und administrativ verantwortlichen Vorgesetzten.

Dabei ist es oft nicht leicht, die lästige Frage aller Kriminalisten bei der Aufklärung der Tat nach dem *cui bono* – wem nützt, wem schadet die Tat – aufzufangen und von den als über jeden Verdacht erhaben auftretenden Geheimdiensten abzulenken. Hinweise und scheinbare Belege für gestörte Persönlichkeiten, für religiösen Fanatismus, blinde Rachegefühle oder abgrundtiefe zivilisatorische Rückständigkeit sollen Taten erklären, die von der Interessenlage des Täters her zunächst ausgeschlossen erschienen.

Wenn irgend möglich, nehmen Geheimdienste bei verdeckten Operationen gern die Dienste der sogenannten Organisierten Kriminalität in Anspruch. Der Geheimdienst sorgt dafür, daß die Kriminalpolizei etwa bei der Drogenfahndung beide Augen zudrückt, und sichert so dem Ganoven einen phantastischen Gewinn, der Schwerverbrecher liefert als Gegenleistung die erwünschte Tat. Wer im späteren Leben als vom Geheimdienst Mißbrauchter auspacken will, findet sich in einem Strafverfahren zur Aufarbeitung seines bislang geduldeten kriminellen Lebenswandels wieder. Der Hinweis auf Geheimdienste zieht vor Gericht nicht. Es droht lebenslang. Der Geheimdienst hat deshalb seine verdeckten Täter stets in der Hand.

Werden hingegen die ahnungslosen oder mißbrauchten Scheintäter der geheimdienstlich getürkten Tat vor Gericht gestellt, dann untermauert der Geheimdienst seine Fehlspur, indem er aus dem kriminellen Milieu von langjährigen Freiheitsstrafen bedrohte Zeugen auftreten läßt, denen für Falschaussagen im Sinne der geheimdienstlich gelegten Fehlspur Hoffnung auf Strafmilderung, Strafverschonung oder das Fallenlassen schwerwiegender Vorwürfe gemacht wird.

Bei der Vortäuschung der Täterschaft werden nicht selten sogenannte Patsies eingesetzt, ahnungslose Personen, denen ein Bombenattentat angelastet werden kann, das sie nicht begangen haben. Psychisch gestörte Personen aus Heilanstalten brechen zu ihrem vermeintlichen Ausgang mit einer smarten Bombe im Rucksack auf, die per Zeit- oder Fernzünder ausgelöst wird. Da sie bei der Tat selbst ums Leben kommen, kann die Aufklärung des Anschlags schnell beendet werden. Es finden sich Aufzeichnungen des scheinbaren Täters. Telefonbücher führen weiter in das weltumspannende Netzwerk fundamentalistischer Täter und verweisen so auf den Hintergrund des Täters. Fingerabdrücke helfen bei der Personenfeststellung. Es tauchen Abhörgespräche auf, die die Fehlspur verdichten helfen.

Jede Fehlspur zeigt Auffälligkeiten

Doch auch die perfekt geplanten und ausgeführten verdeckten Operationen zeigen über kurz oder lang Auffälligkeiten, die stutzig machen. Das fängt mit der Cui-Bono-Frage an, die nur mit Schwierigkeiten zugunsten der Fehlspur beantwortet werden kann. Oft müssen die Agents provocateurs, die Informanten und Agenten der Geheimdienste, die zu Straftaten angestiftet haben oder beteiligt waren, in der Szene vor Strafverfolgung geschützt oder anderweitig unschädlich gemacht werden. Sie werden den Gerichten als Zeugen vorenthalten, verschwinden zuweilen mit neuer Identität und neuem Gesicht in entfernte Länder. Schwieriger wird es, wenn wie beim ersten Anschlag auf das World Trade Center im Jahre 1993 der als Agent provocateur eingesetzte Anstifter der Tat seine Unterredungen mit dem Führungsoffizier auf Band oder gar Video aufzeichnet und der Dienst nicht in der Lage ist, das Beweismittel oder den lästigen Zeugen rechtzeitig verschwinden zu lassen. Agenten pflegen daher zum Selbstschutz derartige Beweismittel zu vervielfältigen und an zahlreichen Plätzen zu deponieren, so daß bei Bedarf darauf zurückgegriffen werden kann.

Die im Zeitablauf unweigerlich auftretenden Unstimmigkeiten der die eigentliche Tat verdeckenden getürkten Tat zwingen zu Eingriffen in die Arbeit der Kriminalistik. Dadurch vervielfältigen sich die Zweifel an dem amtlich verkündeten Tathergang. Der Apparat versucht dann über ihm gefügige Spezialisten in den Medien, öffentlich geäußerte Kritik mit dem Knüppel der Verschwörungstheorie zu verscheuchen. Niemand möchte sich nachsagen lassen, Spinnern aufgesessen zu sein.

Die nun einsetzende Scheuklappenermittlung der Kriminalpolizei bei verdeckten Operationen der Geheimdienste steht hilflos oder auch konspirativ vor schnell verschwindenden Hinweisen auf die eigentliche Tat, Akten und andere Beweismittel erweisen sich als nicht ordentlich gesichert oder zwischenzeitlich sogar vernichtet. Schließlich sorgt die Aura der unerläßlichen Geheimhaltung dafür, daß Unbefugten die Überprüfung unmöglich gemacht wird. Der Gegner könnte sonst auf Mittel und Methoden geheimdienstlicher Arbeit rückschließen, lautet das gängige Argument. So werden eben nicht die Originaltonbänder eines überwachten und aufgezeichneten Telefongesprächs an die Ermittler weitergegeben, sondern allenfalls die Abschrift in der Übersetzung eines Ausländers, dessen Verläßlichkeit nur schwer einzuschätzen ist.

Aus den Aussagen des ehemaligen Mossad-Agenten Ostrovsky ergibt sich, daß die meisten westlichen Geheimdienste nicht über Abhörspezialisten verfügen, die in der Lage sind, das am Telefon schnell gesprochene Umgangsarabisch zu verstehen. Das beherrschen die in den entsprechenden Regionen aufgewachsenen und nach Israel ausgewanderten Israelis, die als »native speaker« für Abhör- und vor allem Übersetzungsaufgaben bei allen westlichen Geheimdiensten unersetzlich sind. Die Loyalität dieses Personals kann zwangsläufig vom Mossad genutzt werden. Nach Ostrovsky bedient sich der israelische Geheimdienst genau dieser Solleinbruchstelle in die Manipulierbarkeit des geheimdienstlichen Nachrichtenaufkommens.[186]

In bezug auf den 11. 9. bestätigt eine Mitarbeiterin aus dem Pool der Übersetzungskräfte des FBI die hier dargestellten Verfälschungsmöglichkeiten in einer Eingabe an die Zentrale des FBI. Ein Kollege aus ihrem FBI-Übersetzerteam habe ehemals genau für die Organisation gearbeitet, die derzeit vom FBI überwacht werde. Dieser Kollege stehe mit einem der Ausländer in der durch das FBI aufzuklärenden Zielgruppe nach wie vor in freundschaftlicher Verbindung, habe dies jedoch seinen Vorgesetzten nicht mitgeteilt. Entscheidende Erkenntnisse aus den abgehörten und von ihr übersetzten Telefongesprächen habe der Kollege in seinen Aufzeichnungen schlichtweg unterschlagen. Das FBI bestätigte die Aussage der Mitarbeiterin, führte jedoch die offensichtlichen Dienstversäumnisse auf die mangelhafte Schulung des Übersetzers zurück. Das FBI kündigte dann sogar dieser Mitarbeiterin, der Frau eines amerikanischen Luftwaffenoffiziers, nicht aber dem Fehlübersetzer.[187]

Weitere Einwände gegen das Offenlegen von Geheimdiensterkenntnissen ergeben sich aus dem Hinweis auf die Gefährdung des Informanten oder auch die Vereinbarung, Erkenntnisse eines befreundeten Dienstes nicht ohne dessen Einverständnis preiszugeben. Die Argumente sind oft nicht von der Hand zu weisen. Nur die Summe aller Widerstände, eine andere als die offiziell vorgegebene Spur zu verfolgen, macht stutzig.

Wie Geheimdienste mit Mehrfachagenten jonglieren

Zur Bekämpfung des internationalen Terrors werden seit Jahren die Prämien für das Anwerben sogenannter Informanten erhöht. Mit dem Geld gehen die Dienststellen aller Länder auf Jagd nach möglichst ergiebigen Quellen im Terrorbereich. Das macht Terror in den ärmsten Weltregionen zu einem begehrten Erwerbszweig. Die Terroristen wiederum dienen sich in der Regel mit Wissen ihres Anführers und des sie führenden Geheimdienstes weiteren Geheimdiensten als Informanten an. Das ermöglicht wiederum dem regional dominanten Geheimdienst, die Erkenntnisse anderer Geheimdienste durch Steuerung der Zwei-, Drei- oder Vielfachagenten in die gewünschte Richtung zu lenken. Die jeweiligen Führungsoffiziere der verschiedenen Geheimdienste wiederum achten allesamt zwangsläufig darauf, ihre »Quellen« nicht durch das kriminalistische Vorgehen von Kripo, Staatsanwaltschaft oder Gericht zum Versiegen zu bringen. Sollten die Agenten zudem in der Organisierten Kriminalität angesiedelt sein, fallen so oft beachtliche, weil risikolose und mit wenig Aufwand verbundene Gewinne an.

Da Terror zugleich Bestandteil der hohen Politik ist, findet ein ständiger Kampf um die geheimdienstlich erste Reihe im Terrorgeschäft statt. Der israelische Geheimdienst Mossad ist in der Region des Nahen Ostens, wenn nicht in der gesamten muslimischen Welt so vorherrschend, daß er die Agenten der anderen »befreundeten« Dienste über seine »Quellen« gezielt manipulieren kann. Das führt dann dazu, daß bei den regelmäßigen Treffs der NATO-Geheimdienste in Brüssel, zu denen auch der Mossad zugelassen ist, zuweilen ein gesteuertes und daher falsches Lagebild entstehen kann. Wenn drei oder gar vier Geheimdienste aus angeblich unterschiedlichen Quellen ähnliches oder gleiches berichten, dann kann der gemeinsam sich im Kreis drehende Zirkus von Geheimdienstleuten, Politikern und Medienvertretern auf Pferde gesetzt werden, die sie bei klarer Sicht nie bestiegen hätten.

Die professionelle Tat und die Fehlspur der 19 Selbstmordhobbyflieger

Hält man es folglich für denkbar, daß eine hochkriminelle Tat wie die des 11. 9. die verdeckte Operation eines oder mehrerer Geheimdienste sein könnte, so wird man zur Aufklärung des Gesamtvorgangs einerseits nach den Spuren der den Massenmord tatsächlich verursachenden eigentlichen Tat und andererseits nach der mit großem Aufwand gelegten und laufend unterfütterten Fehlspur der getürkten Tat suchen müssen. Statt des amtlich vorgegebenen Puzzles, in das sämtliche Teile eines Bildes einzufügen wären, wären es deren mindestens zwei. Das eine Bild gibt die Tat in ihrem tatsächlichen Ablauf wieder. Das andere enthält die mit aller Liebe zum Detail erstellte Fata Morgana, die den Ablauf der eigentlichen Tat überlagern und möglichst vollständig verdecken soll. Der Versuch soll hier gewagt werden.

Die mögliche Außensteuerung der Flugzeuge

Passagierflugzeuge elektronisch von außen gesteuert?

Die 19 Entführer sollen am 11. 9. die vier Passagierflugzeuge des Typs Boeing 757 und 767 lediglich mit Kartonschneidemessern bewaffnet im Kampf gegen Mannschaften und zum

Die mögliche Außensteuerung der Flugzeuge

Teil militärisch ausgebildete Jetpiloten in ihre Gewalt gebracht haben. Piloten und Mannschaften der vier Flugzeuge waren für den Fall einer Flugzeugentführung ausgebildet und vorbereitet. Nach den Vorschriften hätten sie im Cockpit wie an weiteren Stellen des Flugzeugs die Ziffernfolge 7700 in Tastaturen eingeben und so die Flugsicherung am Boden vom Geschehen an Bord benachrichtigen müssen.[188] Doch aus keiner der vier Maschinen wurde die Botschaft empfangen. Mehr als eine halbe Stunde flogen alle vier Maschinen ohne jede Verbindung mit den Bodenstationen, bevor sie in den Endanflug auf die Ziele gesteuert wurden.

Das Endlosband der automatisch mitlaufenden Stimmaufzeichnungsgeräte hält jeweils die in den letzten 30 Minuten geführten Gespräche der Piloten in der Kanzel des Flugzeugs fest. Das Band wird nach Ablauf der 30 Minuten neu überspielt, die alten Daten gelöscht. Diese Geräte wurden zwar angeblich sowohl bei der Pentagon-Maschine als auch bei der über Pennsylvania abgestürzten Maschine gefunden, sie enthalten aber angeblich keinerlei Aufzeichnungen. Es fehlt auch bis heute der normalerweise auf Band aufgezeichnete Sprechverkehr zwischen den Bodenstationen und den Piloten.[189]

Diese Merkwürdigkeiten in Verbindung mit der Ansicht erfahrener Piloten von Kampfflugzeugen, daß nur Piloten mit langjähriger Flugerfahrung in der Lage sein können, die riesigen Passagiermaschinen im dichten Flugverkehr der amerikanischen Ostküste mit einer Geschwindigkeit von 800 Stundenkilometer punktgenau in Ziele wie die Türme des World Trade Centers zu steuern, keineswegs aber schlechtausgebildete, jugendliche Hobbyflieger, brachte einen ehemaligen britischen Luftfahrtingenieur zu der Annahme, die vier Flugzeuge müßten ferngesteuert worden sein. Der amerikanische Journalist Joe Vialls veröffentlichte die anonym bleibende Stellungnahme des Ingenieurs auf seiner Homepage im Internet.[190] Danach habe die britische Luftwaffe bereits in den fünfziger Jahren die Technik entwickelt, Kampfflugzeuge ohne Piloten steuern zu können. Im Zuge der Entwicklung dieser Technik seien vier schwere Phantom-Kampfjets elektronisch gelenkt gestartet, im Verbandsflug neben- und übereinandergeflogen und dann wieder gestaffelt zur Landung gebracht worden. Die Technik sei dann in den siebziger Jahren von der Defense Advanced Projects Agency (DARPA), der zur Umsetzung von Hightech-Entwicklungen aus dem militärischen Bereich in die zivile Nutzung geschaffenen Behörde des Pentagons, weiterentwickelt worden, um Passagierflugzeuge nach einer Entführung dennoch sicher ferngesteuert landen zu können.

Diese elegante Technik ermögliche das Mithören der Gespräche im Cockpit des betroffenen Flugzeugs sowie die vollständige Übernahme des gesamten Flugmanagements von außen. Ab dieser Übernahme durch die Fernsteuerung kann das gekaperte Flugzeug ohne Rücksicht auf Entführer oder Crew automatisch auf dem gewünschten Flugplatz zur Landung gebracht werden. Das Ganze sei nicht schwieriger als das Steuern eines funkgesteuerten Modellflugzeugs. Die Entwicklungsingenieure konnten nicht ahnen, daß dreißig Jahre später der Code der supergeheimen Computer geknackt und das System mißbraucht werden könnte. Die Technik, Piloten von außen die Führung des Flugzeugs zu entwinden, sei auf vier Maschinen zur gleichen Zeit ausgelegt gewesen. Und es waren am 11. 9. vier Flugzeuge, die nach dem Start vom Boden aus kontrolliert und in die Ziele gesteuert worden seien – so die Meinung des anonymen Experten.

Wie Fernsteuerung dem Piloten die Kontrolle entzieht

Um das System zu verstehen, muß man sich vergegenwärtigen, wie Flugzeuge normalerweise vom Piloten gesteuert werden. Um das Fluggerät dreidimensional durch den Raum zu bewegen, benutzt der Pilot den Steuerknüppel, Pedale zum Bedienen der Höhen- und Seitenruder sowie eine Reihe von

Gashebeln zur Beschleunigung und Verlangsamung des Schubs der Triebwerke.

Zu Beginn der Luftfahrt gaben Steuerknüppel und Ruderpedale die Befehle des Piloten mechanisch über dünne Seile weiter. Der Pilot hatte die direkte körperliche Kontrolle über jede Bewegung des Flugzeugs. Das war für den Piloten eines kleineren Flugzeugs ohne jedes Problem. Doch mit den immer größer, schwerer und schneller werdenden Flugzeugen wuchsen die auf Steuerknüppel und Ruderpedalen ruhenden Lasten so an, daß ein Pilot allein nicht mehr in der Lage war, das Flugzeug ohne Hilfe sicher zu fliegen. Die Einführung der Hydraulik erleichterte wie beim Automobil die Kabelsteuerung. Die Operationen des Piloten wurden per Kabel an Sensoren weitergegeben, die ihrerseits die Hydraulik zur Bewegung der Steuerungsruder in Gang setzten. Zum ersten Mal waren so die Piloten von der unmittelbaren physischen Kontrolle ihres Flugzeugs ausgeschlossen. Als die DARPA nun Mitte der siebziger Jahre die Aufgabe, Flugzeuge ohne Pilot von außen zu steuern, zu lösen versuchte, hatten bereits Computer den Autopiloten an Bord ermöglicht, der wiederum die Bordhydraulik und deren Einwirken auf die Mechanik überwachte und regelte. Die neue Technik, »Flugkontrollsystem« genannt, ermöglichte in Verbindung mit einer ausgefeilten Avionik nun das automatische Landen des Flugzeugs unter Null-Sicht-Verhältnissen. Seit Mitte der siebziger Jahre waren die meisten großen Passagierflugzeuge so ausgerüstet, daß sie hunderte von Meilen verläßlich navigieren und dann auf bestimmten Flughäfen ohne Rücksicht auf Sichtweiten automatisch landen konnten. Menschliches Zutun war nicht mehr zwingend erforderlich, die überwachende und notfalls eingreifende Kontrolle durch Piloten und Mannschaft blieb allerdings vorgeschrieben.

Um die Fernsteuerung von außen möglich zu machen, mußte ein Einstieg in sämtliche Steuersysteme an Bord gefunden werden. Hierauf mußten die Flugzeuge ausgelegt werden.

Die großen Flugzeughersteller hatten bereits auf ihren Reißbrettern Vorstellungen entwickelt. Unter strengster Geheimhaltung baute die Industrie auf Veranlassung und Förderung der DARPA »Hintertüren« (back doors) in die neu entwickelten Bordcomputer ein. Hierzu diente ein Kanal zur Fernsteuerung des Flugkontrollsystems. Mit dem Aktivieren dieses Kanals konnten sämtliche Funktionen des Flugzeugs in Fernsteuerung übernommen werden. Flugzeugentführer wie Piloten konnten ohne Möglichkeit der Gegenwehr von der Kontrolle des Flugzeugs ausgeschlossen werden.

In den Nachrichten unmittelbar nach den Attacken auf New York und Washington war immer wieder von »Transpondern« die Rede. Der Transponder vereinigt technisch einen Radiosender mit einem Empfänger und arbeitet automatisch, indem er die Daten des Flugzeugs zur Bodenstation der Flugsicherung überträgt. Die charakteristischen Signale identifizieren exakt die Kennung jeweils eines Flugzeugs und helfen so im gefährlich hohen Luftverkehrsaufkommen Zusammenstöße zu vermeiden. Das Signal ist aber auch wichtig für die Kontrolleure am Boden oder in einem zur elektronischen Kampfführung geeigneten Flugzeug, die das Flugzeug fernsteuern wollen und hierzu exakt das ausersehene Flugzeug anpeilen müssen. Ist genau dieses Flugzeug ausgemacht, kann die Hintertürsteuerung sich auf die Datenübertragung des Transponderkanals aufschalten und so die Kontrolle vom Boden aus übernehmen. Daß keines der vier Flugzeuge den vereinbarten Transponder-Code für eine Flugzeugentführung ausgestrahlt hat, obgleich in allen vier Flugzeugen an verschiedenen Punkten die vier Ziffern hätten eingegeben werden können, spräche für die Aufschaltung der Steuerung von außen. Die Transponderfrequenz war bereits von der Außenkontrolle in Beschlag genommen, so daß die Übertragung des besonderen Entführungssignals unmöglich wurde. Dies wäre der erste harte Beweis dafür, daß das Zielflugzeug eher elektronisch vom Boden als von unerfahrenen Gruppen von Arabern ins Ziel gelenkt wurde.

Das Verfahren zur Steuerung von außen schaltet die Mikrophone, die im Cockpit die Geräusche kontinuierlich an das automatisch mitlaufende und gegen Absturz und Feuer gesicherte Stimmaufzeichnungsgerät übertragen, auf die Fernsteuerungseinheit um. Wenn jedoch das Steuerungsverfahren von außen eingeschaltet ist, werden weder Flugschreiber noch das Stimmaufzeichnungsgerät bespielt. Stimmen können auf dem 30 Minuten laufenden Endlosband nicht mehr aufgezeichnet werden. Wurde das Außensteuerungsverfahren länger als 30 Minuten eingeschaltet, kann es auch keine hörbaren Signale auf dem Stimmaufzeichnungsgerät geben. Bis heute sind die grell orange lackierten, »black boxes« genannten Stimmaufzeichnungsgeräte und Flugschreiber der vier Maschinen entweder nicht gefunden worden oder ohne Aufzeichnung oder diese bislang nicht veröffentlicht.

Fernsteuerung in mehr als 600 Passagierflugzeugen

Nach Schätzungen ist in mehr als 600 Flugzeugen diese Computersteuerung mit Hintertür zur Aufschaltung der Fernsteuerung eingebaut. Die amerikanische Regierung hat sich bislang zu den hier dargestellten Vermutungen ausgeschwiegen. Eine größere europäische Fluglinie soll jedoch bereits Anfang der neunziger Jahre das Bekanntwerden der Fernsteuerungsmöglichkeit von außen zum Anlaß genommen haben, die werkseitig eingebauten Flugkontrollcomputer aus ihrer Flotte zu entfernen und zu ersetzen. Der Autor der Fernsteuerungstheorie unter dem Titel »Home Run« will den Namen der europäischen Fluggesellschaft aus Angst vor Schadensersatzansprüchen nicht nennen. Doch wenn er die Wahl habe, so würde er, wie er listig hinzufügt, nach den Flugplänen des Winterhalbjahrs 2001 einen Flug von Atlanta nach Singapur über New York, Frankfurt/M. und Kuala Lumpur mit folgenden Flugzeugen zurücklegen: Von Atlanta nach John F. Kennedy I in

New York würde er vermutlich in einer Boeing 737 fliegen, von dort eine Boeing 777 nach Frankfurt/M. nehmen. Dort würde er einen Airbus A 340 nach Kuala Lumpur besteigen und den letzten Teil der Reise in einer DC 9 oder einer Fokker 100 beschließen. Aus der Wahl der Fluglinien und den von den Fluggesellschaften eingesetzten Flugzeugtypen könnte man mit einigem Aufwand erraten, welche Fluggesellschaft gemeint sein dürfte.

Auch die amerikanische Luftwaffe hat bereits größere Militärflugzeuge pilotenlos starten, fliegen und weit entfernt vollautomatisch landen lassen. So sind Maschinen vom kalifornischen Flughafen Andrew Air Force Base zum ferngesteuerten Flug nach Australien aufgebrochen und sicher wieder zurückgekehrt.[191] Die Technik ist zweifellos vorhanden. Sie könnte offensichtlich auch im Fall der Angriffe auf New York und Washington benutzt worden sein. Doch die Bush-Administration sieht sich nicht zu Stellungnahmen genötigt. Der in sich schlüssige alternative Erklärungsversuch für die Ereignisse des 11. 9. wird nur im Internet angeboten und diskutiert. In den Medien findet sich dazu kein Hinweis. Es wäre ein leichtes, dieser Spur nachzugehen, ihre Schlüssigkeit zu prüfen und die entsprechenden Beweismittel aufzuspüren oder die Theorie überzeugend zu widerlegen. Eine offizielle Stellungnahme könnte die Auseinandersetzung unter Sachverständigen weltweit vorantreiben. Das amtliche Schweigen spricht eher dafür, daß die Täter des 11. 9. sich dieser Technik bedient haben könnten.

Für den Piloten nicht zu steuernde Kurvenradien

Die angeblich in die Südwestfront des Pentagons gesteuerte Maschine der American Airlines Flug 77 flog von Dulles Washington International Airport zunächst in Richtung Ohio, verließ dort die Flugroute und kehrte Hunderte von Meilen zurück in Richtung Washington D.C. Noch über dem Bundesstaat Ohio

Die mögliche Außensteuerung der Flugzeuge 195

brach der Funkkontakt mit der Maschine ab, der Transponder strahlte kein Identitätssignal mehr an das Radar der Bodenkontrolle ab. Das letzte Gespräch mit den Fluglotsen endete um 8 Uhr 50, nach der im Flugplan vorgesehenen Kurskorrektur eine Minute zuvor. Sechs Minuten danach blieb der erneute Kontaktversuch der Fluglotsen ohne Antwort. Die Bodenkontrolle versuchte wieder und wieder die Verbindung herzustellen, zumal die Fluglotsen in der Bodenstation bereits von den Anschlägen in New York unterrichtet waren, doch vergeblich. Die Maschine nahm zunächst Kurs auf das Weiße Haus in Washington und überflog dann das Pentagon, die militärische Zentrale der USA.

Nach den offiziellen Angaben über den eingeschlagenen Kurs müßte der Pilot die mit einer Geschwindigkeit von 800 Stundenkilometern fliegende Maschine aus den letzten 2100 Metern Höhe in einer Kurve von 270 Grad auf Bodenhöhe heruntergedrückt haben und, Telefonleitungen kappend, wenige Zentimeter über dem Rasen in den Südwestflügel des Pentagons gerast sein.[192] Dieses kaum von einem Kampfjetpiloten zu schaffende Flugmanöver wird dem arabischen Hobbyflieger Hani Hanjour zugeschrieben, dem wenige Wochen zuvor sein Fluglehrer am Flughafen Bowie's Maryland Freeway die Fähigkeit abgesprochen hatte, auch nur eine Cessna allein fliegen zu können.[193] Derartige Flugmanöver zu fliegen sei für nichttrainierte Piloten ein Ding der Unmöglichkeit, meinen denn auch erfahrene Luftwaffenpiloten aus aller Welt.

Doch ein anderes Element des Vorgangs ist wichtiger. Bei einem derart engen Kurvenradius und hoher Geschwindigkeit treten Fliehkräfte auf, die ohne Druckanzug das Blut aus dem Kopf in die Extremitäten drücken, so daß der Betreffende bewußtlos würde. Der Selbstmordpilot hätte für ein derartiges Manöver einen Spezialanzug für Kampfflieger tragen müssen, der diese Wirkung unterbindet oder einschränkt.

In einem Beitrag im Internet wird behauptet, in den Verkehrsmaschinen vom Typ 757 und 767 habe Boeing über den Bordcomputer das Fliegen von Kurvenradien unmöglich gemacht, die Passagiere einer Belastung von mehr als 1 1/2 g, d. h. dem Anderthalbfachen des Körpergewichts, aussetzen.[194] Diese Automatik soll vom Cockpit aus nicht ausschaltbar sein. Bei dem engen Kurvenradius der AA 77 über Potomac und National Airport im Anflug auf das Pentagon rechnen Sachverständige jedoch mit g-Werten von 5 bis 7, eine Größenordnung, die Kampfjetpiloten nur mit Hilfe ihrer Druckanzüge überleben. Werden diese Maschinen allerdings über die Hintertür des Bordcomputers ferngesteuert, kommt die Flugradieneinschränkung angeblich nicht zum Zuge.

Auch beim Endanflug der zweiten Boeing gegen den Südturm des World Trade Centers in New York dürfte die starke Flugkorrektur unmittelbar vor dem Einschlag mit einem viel höheren g-Wert verbunden gewesen sein, als es die softwarebegrenzte Pilotensteuerung zuläßt.

Was geschah mit der AA 77?

Die Größe der Einschlagstelle im Pentagon

Aus den bisherigen amtlichen Ermittlungsergebnissen lassen sich keine Antworten zu den hier aufgeworfenen Fragen finden. Dies gilt auch für weitere Merkwürdigkeiten gerade bei der in das Pentagon gesteuerten Maschine. Nach den offiziellen Angaben hat die Boeing 757 lediglich das Erdgeschoß des Pentagons getroffen. Doch von der Größe der Boeing her müßten zwei Stockwerke voll getroffen worden sein, selbst wenn die Maschine perfekt horizontal geflogen wäre. Wie eine 13,6 Meter hohe Boeing nur in das Erdgeschoß eines Bürogebäudes eindringen kann, nicht jedoch in die darüberliegenden Etagen, bleibt ein Rätsel, das die Ermittlungen klären müßten.

Im übrigen besteht eine leere Boeing 757 aus 60 Tonnen Metall, Plastik und Glas. Hinzu kommen Menschen und Gepäck. Somit ergibt sich die Frage, wo denn diese Unmenge an verformten und verstümmelten Überresten geblieben sein kann. Da auf der Grasfläche vor dem Pentagon nahezu keine Teile zu finden sind, müßte die Masse das Gebäude des Pentagons durchschlagen und dort entsprechende Spuren hinterlassen haben.

Das Pentagon besteht aus fünf, im Hinterhofabstand von einigen Metern errichteten fünfeckigen Gebäuderiegeln. Da die beiden ersten Stockwerke des zweiten Rings von außen nicht zerstört wurden, muß das Flugzeug bereits im äußeren Ring steckengeblieben sein. Doch die Boeing 757 ist knapp 50 Meter lang, viel länger als der Querschnitt des betroffenen Pentagonabschnitts. Die Wrackteile einer Boeing 757 sind auf den Bildern nirgends zu erkennen. Das Pentagon behauptet, eine garagentorbreite Öffnung, aus der Rauch entweicht, sei von der ins Ziel geflogenen Maschine verursacht worden.[195] Doch die Boeing mit ihren vier Meter hohen Triebwerken paßt nicht durch diese Öffnung. Jedes dieser Triebwerke ist nahezu zwei Stockwerke hoch.

Warum sich die Terroristen überhaupt in einer Meisterleistung von Pilotenartistik auf diese Weise dem Pentagon genähert haben sollen, bleibt unerklärlich. Das Pentagon stellt gerade aus der Luft eine riesige Zielscheibe dar, während das Gebäude selbst nicht sonderlich hoch ist. Viel einfacher hätte der Terrorpilot das als fliegende Bombe genutzte Passagierflugzeug von oben im flachen Winkel auf das spinnennetzartige Bauwerk steuern können. Doch statt die oberen dritten und vierten Stockwerke anzusteuern, wurde der Angriff Zentimeter über dem Grund geflogen, und dies mit rund 800 km/h, wobei die Nase des Flugzeugs leicht nach oben zeigen mußte, um nicht noch vor dem Ziel in Grund und Boden gebohrt zu werden. Die Militärs fanden angeblich zwar das Flugaufzeichnungsgerät, doch die zwei riesigen Triebwerke, der große Rumpf, die sterblichen Überreste der Passagiere samt deren Gepäck fehlen.

Thierry Meyssan vertritt in seinem Buch über den 11. September die Auffassung, in das Pentagon könne keine Passagiermaschine gesteuert worden sein, weil auf den Bildern keine Überreste des zerschellten Flugzeugs zu sehen seien. Es sei vielmehr anzunehmen, daß ein Cruise-Missile-Flugkörper, eine militärische Drohne, die eigentliche Zerstörung verursacht habe.[196] Doch wo blieb dann das Flugzeug?

Verfälschte und zurückgehaltene Videoaufnahmen

Das Pentagon hatte zunächst der Öffentlichkeit gegenüber geleugnet, im Besitz von Aufnahmen aus den auf dem Gelände installierten Überwachungskameras über Anflug und Einschlag des Flugzeugs zu sein. Das von der Überwachungskamera einer benachbarten Tankstelle aufgenommene Video, möglicherweise mit Aufnahmen des Anflugs, wurde sofort beschlagnahmt und bleibt unzugänglich. Als der französische Autor Meyssan Ende Februar 2002 mit seinem Bestseller »Der inszenierte Terrorismus – Auftakt zum Weltenbrand« auf den Markt kam, gab das Pentagon kurz darauf im März dann doch fünf Aufnahmen einer Überwachungskamera frei, die Anflug und Einschlag des Fluges AA 77 in das Pentagon zeigen sollten.[197] Die Zeitangaben an den Bildrändern wurden allerdings nachträglich und verfälschend eingegeben.[198]

Das nur begrenzt freigegebene militäreigene Filmmaterial zeigt, daß das Pentagon in der Tat sehr nah am Grund im untersten Stockwerk getroffen wurde. Der Bildausschnitt gibt den Blick auf ein Objekt wieder, das im Anflug weißen Rauch verursacht, jedoch in seinen Umrissen von einem Hindernis im Vordergrund verdeckt wird. Es fehlen die nicht freigegebenen Bildfolgen zwischen und nach den veröffentlichten Aufnahmen, die es ermöglichen könnten, den anfliegenden Körper genauer als Flugzeug oder Flugkörper zu bestimmen. Daß nur die Bilder mit einem das eigentliche Geschehen verdeckenden Hindernis im Vordergrund veröffentlicht wurden, wird kaum Zufall sein. Auf den Bildern ist ein heller und sauberer Feuerball zu sehen, während brennendes Kerosin oder Benzin bei einem Flugzeug- oder Autounfall einen dunkel-orangefarbigen Brand mit schwarzen Rauch- bzw. Rußfahnen hätte erwarten lassen. Das Flammenbild vor dem Pentagon zeugt von einer Verbrennung unter Zufuhr großer Mengen verfügbaren Sauerstoffs, was eher auf den Feuerball nach einer Explosion schließen läßt.[199] Was dort letztlich im einzelnen geschah, ist auf den vom Militär freigegebenen Videoaufnahmen nicht auszumachen. Es fehlen die Bildsequenzen zwischen einer kleinen Abgaswolke, die die Militärs als Kondensstreifen der anfliegenden Boeing 757 interpretieren, und dem folgenden auffallend hell-weißlichen Brand nach dem Einschlag. Aus den nicht freigegebenen oder nicht mehr vorhandenen Bildern hätte nach der Vermutung Eric Hufschmids die Geschwindigkeit der Brand- bzw. Explosionsausbreitung erschlossen werden können. Man hätte die Frage, ob es sich um den Abbrand von Flugkerosin oder um eine Explosion handelt, eindeutig beantworten können.

Würde das Video ohne jeden Zweifel, wie behauptet, den Einschlag einer Boeing 757 zeigen und beweisen können, wären die Vertreter des Pentagon geradezu Narren, die entscheidenden Bildfolgen geheimzuhalten. Das Ding sehe auf den freigegebenen Bildern aus wie eine Drohne, es verhalte sich wie eine solche und werde, so die Hufschmidsche Schlußfolgerung, deshalb vermutlich auch eine Drohne gewesen sein.[200]

Keine Überreste von Flugzeug, Passagieren, Besatzung?

Auf den vom Militär freigegebenen Videos findet sich im übrigen auch nicht die Spur eines Flugzeugs, man kann im Vordergrund Pkw und Rasen erkennen.[201] Das Pentagon veröffentlichte im Internet ein Photo mit der Überschrift: »Ein Pentagon-Arbeiter hält etwas in Händen, von dem anzunehmen ist, daß es ein Teilstück des am 11. September in das Pentagon gestürzten Flugzeugs gewesen sein könnte.« Man beachte die verklausulierte Sprache!

Ein anderes Stück verknautschten, zerrissenen, bemalten Blechs fand man auf dem Hubschrauberlandeplatz. Daß die Teile jedoch von der Außenhaut einer Boeing 757 stammen könnten, ist unwahrscheinlich, und daß sie aus dem Inneren des Flugzeugs herausgeschleudert sein könnten, ist ebenfalls nicht anzunehmen. Hingegen könnte es sich eher um das Blechteil eines unbemannten Flugkörpers handeln. Merkwürdig auch, daß abgestellte Pkw in der Nähe des Hubschrauberlandeplatzes lichterloh brannten, das Gras vor dem Pentagon hingegen makellos grün blieb.

Der Anschlag traf im übrigen exakt den bereits zum Schutz gegen Terrorangriffe umgebauten Flügel des Pentagons, der noch nicht wieder bezogen war. Der Personenschaden hielt sich damit in Grenzen.

Es gibt Zeugen, die zwei Explosionen gehört haben wollen. Dann müßte die erste Explosion als Einschlag eines Flugkörpers, die zweite als Explosion im Gebäude selbst wahrgenommen worden sein. Die zweite Explosion hätte dann den Einsturz eines Teils des Pentagonflügels verursacht.

Das Buch des Franzosen Thierry Meyssan konnte in den USA übrigens nicht vertrieben werden, weil es als antiamerikanisch gilt.

Die hier wiedergegebenen Beobachtungen beantworten nicht die Frage nach dem Verbleib des Flugzeuges AA 77. Der Start der Boeing wurde registriert, die Maschine wurde während ihres Flugs vom militärischen wie zivilen Bodenradar verfolgt, muß folglich irgendwo verblieben sein. Das Rätsel zu lösen, vernünftige Erklärungen für den Gesamtvorgang zu finden, kann nur die Aufgabe sachverständiger und einer objektiven Arbeit verpflichteter Ermittler sein.

Das Geheimnis des WTC-Gebäudes 7

*CIA-Antiterrorzentrale und
Führungsbunker des Oberbürgermeisters*

Zur Frage, warum das Gebäude 7 des World Trade Centers ohne Aufprall eines Flugzeugs eingestürzt sei, erklärt der Bericht der Federal Emergency Management Agency (FEMA), die Besonderheiten der Feuer im WTC-Gebäude 7 und auf welche Weise diese den Einsturz des Gebäudes hätten bewirken können, seien bis zur Stunde unbekannt. Weitere Untersuchungen, Forschungsarbeiten und Analysen seien zur Lösung der Frage erforderlich. Doch die Beweismittel sind zum größten Teil auch hier beseitigt.

Das 47-stöckige Gebäude hatte einige Besonderheiten aufzuweisen. Es war von der New York Port Authority gebaut worden und gehörte seit 1987 dem bereits erwähnten Larry Silverstein. Das Gebäude war über einem fünf Stockwerke hohen Hohlraum errichtet, in dem zwei Umspannwerke mit zehn Transformatoren untergebracht waren, jeweils über zehn Meter hoch und über zwölf Meter breit. Die Transformatoren senken für Manhattan die Spannung der Überlandleitung von 13 800 Volt auf die ortsübliche Stromstärke herab. Das Gebäude wurde schlichtweg über den vorhandenen Transformatoren errichtet, weil anderweitig kein Platz für deren Verlagerung gefunden werden konnte.

Dazu kamen Notstromaggregate für 20 Megawatt sowie die Tanks für Dieselöl zum Betreiben der Aggregate bei Zusammenbruch des überregionalen Netzes. Folgt man dem offiziellen FEMA-Bericht, dann lagerten im Gebäude 7 des World Trade Centers insgesamt rund 159 000 Liter Dieselöl, die über Leitungen zu den verschiedenen Verbrauchsstellen transportiert wurden. Die FEMA beschreibt das WTC-Gebäude 7 als ein normales Bürogebäude. Doch es gibt kein anderes Bürogebäude, in dem verschiedene Rohrleitungen 159 000

202 Das ganz andere Puzzle: Geheimdienste als Hintergrund

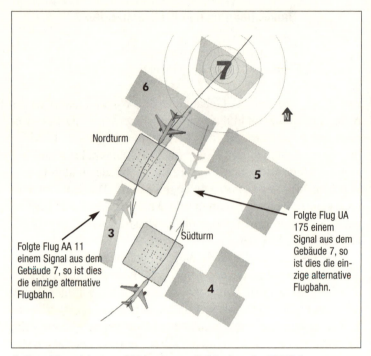

Sollten Flug AA 11 und UA 175 aus Gebäude 7 des WTC ferngesteuert worden sein, gibt es kaum Alternativen zu den tatsächlich geflogenen Flugrouten.

Liter Dieselöl zu 15 oder mehr Generatoren mit einer Leistung von zusammen 20 Megawatt pumpen.

Über den Generatoren und den Tanks für die Notstromaggregate war im WTC-Gebäude 7 vor fremden Augen hinter Gebäudefassaden verborgen die CIA-Zentrale für den Kampf gegen den Terrorismus, aber auch die Spionageabteilung gegen New Yorker UNO-Vertretungen aller Länder untergebracht.[202] Ende der neunziger Jahre wurde auf Betreiben Jerry Hauers, Manager des World Trade Centers, im WTC-Gebäude 7 zwischen dem 23. und dem 25. Stock für den Oberbür-

Das Geheimnis des WTC-Gebäudes 7

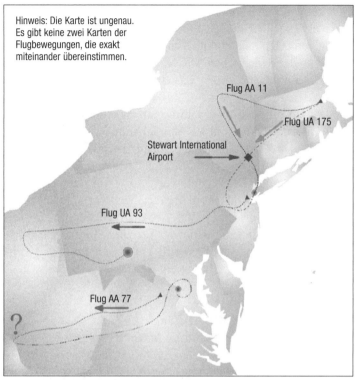

Die FAA kennt die Flugrouten, doch das Fragezeichen zeigt, wo der Kontakt mit Flug AA 77 verlorenging. Die Flugroute danach kann nur vermutet werden.

germeister von New York ein verbunkertes Notstands-Ausweichquartier als Führungsbunker fertiggestellt, um bei einer Terrorattacke als Leitzentrale zur Verfügung zu stehen. Schon während der neunziger Jahre war die Angst verbreitet, Saddam Hussein könne Amerika mit der Biowaffe Anthrax angreifen. Daher wurde das Notstandsquartier gegen Angriffe nicht nur gegen konventionelle, sondern auch biologische Waffen gesichert. Die Kommandozentrale mit ihren 4640

Quadratmeter Bürofläche hatte eine eigene Luftversorgung und verfügte über einen Wasservorrat von mehr als 40 000 Litern. Das Gebäude konnte Stürmen von mehr als 260 Stundenkilometer widerstehen. Die Notstromaggregate wurden mit 22 000 Litern Öl betrieben, das ebenfalls in der Nähe des Erdgeschosses gebunkert war.

Weshalb eine Stadtverwaltung auf die Idee kommt, ihren Bürgermeister im Notfall aus seinen Amtsräumen im Rathaus in das World Trade Center umziehen zu lassen und ihn dort über fünf Stockwerke hohen Transformatoren von 13 000 Volt und riesigen Dieseltanks von 159 000 Litern Öl seinen terrorgefährdeten Amtsgeschäften nachgehen zu lassen, bleibt unerfindlich und grenzt fast ans Absurde. Die Feuerwehr New Yorks jedenfalls lief schon bei der Planung Sturm. Wieso Jerry Hauer, der Manager des World Trade Centers, eine solche Idee entwickeln konnte, bleibt ein Rätsel.

WTC-Gebäude 7:
Fernsteuerungszentrale für die Terrorjets?

Die eigentümliche Belegung des WTC-Gebäudes 7, aber auch die Dreistigkeit, mit der die staatlichen Institutionen sich der gründlichen Aufklärung widersetzen, haben die Frage aufkommen lassen, ob nicht die Fernsteuerung, mit der den Piloten die Kontrolle über ihre Maschinen genommen und diese als ferngelenkte Raketen in die Türme haben gelenkt werden können, in Gebäude 7 untergebracht war. Da Explosionen am Zusammenbruch der Türme beteiligt waren, könnten von hier aus zeitlich abgestimmt Bombenladungen ferngezündet worden sein.

Betrachtet man die Lage des Gebäudes im Umfeld der Türme etwas genauer und bedenkt man die tatsächlich vollzogenen ebenso wie die denkbaren alternativen Anflugrouten, so ergibt sich allenfalls die Möglichkeit, beide Flugzeuge in der

Anflugrichtung zu vertauschen. Doch die tatsächlich geflogenen Routen scheinen die wirksamsten gewesen zu sein. Beide Flugzeuge starteten in Boston. Die Flugwegskizze zeigt die tatsächlich geflogene Route beider Maschinen. Flug AA 11 fliegt erst fahrplangemäß Richtung Westen, ändert die Flugrichtung plötzlich nach Südost, nimmt das Signal aus Gebäude 7 auf, fliegt direkt auf dieses Gebäude zu und darüber hinweg, wodurch das Signal schwächer wird und eine Korrektur auslöst. Die automatisch ferngesteuerten Ruder zwingen den mit 720 Stundenkilometer fliegenden Jumbo zur Umkehr. Doch Zeit und Raum reichen nicht, der Aufprall ist nicht zu vermeiden. Die in den eingedrückten 40 Außenträgern des Nordturms sich deutlich widerspiegelnde Kurvenlage des Flugzeugs gibt hiervon Kunde. Die hohe Fliehkraft muß dazu geführt haben, daß Mannschaft und Passagiere schnell in Bewußtlosigkeit fielen.

War der Südturm das Ziel des ferngesteuerten Fluges UA 175, so gab es die Möglichkeit eines Anflugs aus südwestlicher Richtung. Das Flugzeug mußte von Boston kommend New York südlich umfliegen und dann auf nordöstlichen Kurs in Richtung auf Gebäude 7 gedreht werden. Dieses Flugzeug mußte dann im Anflug auf das signalgebende WTC-Gebäude 7 zwangsläufig in den Südturm rasen.

Saßen im WTC die Sprengmeister für die Türme?

Sollte vom Gebäude 7 der Signalstrahl für die aus Nord-Nord-Ost und Süd-Süd-West anfliegenden Maschinen ausgestrahlt worden sein, auf den sich die Bordcomputer automatisch aufschalteten, dann mußten die Maschinen, wie geschehen, in die Türme rasen. Dann wäre, so schließt Eric Hufschmid, das 23. Stockwerk des Gebäudes 7 in einen armierten Bunker umgebaut worden, um als Kommandozentrale zur Zerstörung des World Trade Centers zu dienen. Von dort aus ließ sich das gesamte Areal überblicken und auch die Entscheidung treffen, wie und wann Sprengstoffladungen gezündet werden müssen. Die bombensicheren Fenster und Wände schützten vor den herabfallenden Stahlträgern. Die gesicherte Luftzufuhr schützte vor eindringendem Asbest- und Betonpulver.

Als Ergebnis ergäbe sich die muslimische Selbstmord-Fliegerattacke als Fehlspur, die die eigentliche Spur der Notstands-Kommandozentrale verdecken sollte. Dann wäre vermutlich vom Tag der Bauentscheidung an dieses wesentliche Element des 11. 9. Bestandteil der eigentlichen Spur, bei deren Verfolgung die Verantwortlichen des 11. 9. 2001 aufgeklärt werden könnten.

Die kleineren Feuer, die auf den das Gebäude 7 zeigenden Bildern zu sehen sind, gehörten dann wiederum zur gelegten Fehlspur. Mit ihnen konnte der Eindruck erweckt werden, das gesamte Gebäude stehe in Brand. Das gab dann auch die scheinbare Rechtfertigung, die Rettungs- und Feuerwehrmannschaften abzuziehen, um sie bei einem Einsturz nicht zu gefährden. Allerdings durften diese Feuer nie auf den Rest des Gebäudes übergreifen, um die Kommandozentrale für die Terrorattacke nicht in Gefahr zu bringen.

Die Angestellten aus Gebäude 7 waren noch vor dem Einsturz der benachbarten Türme bereits in der Früh zwischen 9 und 10 Uhr in Sicherheit gebracht worden. Die eigentlichen Täter des 11. 9. hätten von da an das Gebäude mit der Operationszentrale für sich allein gehabt. Gegen 16 Uhr hatte sich der Staub gelegt, die Fernsteuerungsmannschaft konnte das Gebäude verlassen.

CNN berichtet gegen 16 Uhr 10, das Gebäude 7 des World Trade Centers brenne. Dann müßte eine Person aus dem Befehlsbunker des Bürgermeisters der Feuerwehrzentrale den Hinweis auf das brennende Gebäude gegeben haben, so daß diese nun eine mitgeschnittene Aussage hatte, daß das Gebäude 7 tatsächlich brenne. Zwischen 16 Uhr und 17 Uhr wird der Fotograf Tom Franklin von einer unbekannten Person aufgefordert, sich von dem Gebäude 7 zu entfernen. Die Umstehenden wurden aufgefordert, sich zu entfernen, weil das Gebäude einsturzgefährdet sei.

Stewart Airport und die sich kreuzenden Maschinen

Auch schon zwischen Boston und New York haben die Flugwege der beiden in die Türme fliegenden Maschinen ihre Besonderheiten. Eine Lokalzeitung aus New Hampshire berichtete über eine Person, die auf dem Flugkontrollposten in Nashua, New Hampshire, arbeite und bemerkt habe, daß beide Flüge AA 11 und UA 175 sich in der Nähe des Flughafens Stewart International Airport sehr nahe gekommen seien.[203] Der Informant wies zusätzlich darauf hin, daß der gleiche Fluglotse, der die Maschinen geleitet habe, seinerzeit auch für die in Höhe von Massachussetts in den Atlantik gestürzte Egypt Air Flug Nr. 990 verantwortlich gewesen sei.

Dieser Flug war am 31. 10. 1999 vom John F. Kennedy Airport gestartet. Nachdem die Reiseflughöhe von 10 000 Metern erreicht war, übergab der Pilot das Steuer an den Kopiloten und ging auf die Toilette. Als er zurückkam, war die Maschine bereits in extremer Notlage. Sie stürzte nahezu senkrecht in Richtung Atlantik. Pilot und Kopilot versuchten vergeblich, das Flugzeug aufzufangen. Alle Düsentriebwerke waren auf Vollgas geschaltet und drückten die Maschine in Richtung Meer. Die Ruder reagierten nicht. Das Abstellen der Triebwerke funktionierte nicht. Kurz vor dem Aufprall rief der Pilot seinen Gott Allah an. Danach Chaos, Zerstörung, Funkstille. Die Untersuchung der Federal Aviation Administration kam zu dem Ergebnis, daß der Pilot den Freitod gesucht habe, nur so könnten seine letzten Worte interpretiert werden. Kenner der arabischen Sprache hielten und halten dies für eine Verfälschung. Die arabische Welt war empört. Remote Control, Herbeiführung eines Absturzes durch Führung von außen, eine in die Koffer geschmuggelte Bombe? Auf die Fragen gab es keine Antworten, das Stereotyp aber blieb: Unheimliche Muslime rasen mit schutzlosen Passagieren zu Allah in den Freitod.[204]

Es ist fraglich, ob dem Lokalblättchen in New Hampshire mit der Nachricht über die sich kreuzenden und in den New Yorker Luftraum rasenden Maschinen und den sie leitenden Fluglotsen vertraut werden kann. Wer aber versteckt sich hinter dem anonym bleibenden Angestellten der Flugsicherung?

Es gibt noch weitere erstaunliche Zusammenhänge. Die Flugzeuge kreuzten sich über Stewart Airport zu einem Zeitpunkt, als sie bereits entführt waren, folglich nach der offiziellen Version des Tathergangs bereits in den Händen der Selbstmordmuslime gewesen sein müssen. Die denkbare Version einer verdeckten geheimdienstlichen Operation würde gestützt, wenn davon auszugehen wäre, daß die sich über dem Flughafen kreuzenden Maschinen auf ein vom Stewart Airport ausgehendes Signal einer dort installierten Fernlenkung automatisch reagierten. Die amerikanische Luftwaffe unterhielt auf dem Flughafengelände bis Ende der sechziger Jahre ein vierstöckiges fensterloses Gebäude zur Überwachung und Beobachtung eventuell anfliegender sowjetischer Raketen. Das Gebäude mit seinen fast 13 000 Quadratmetern Bürofläche wurde später aufgegeben. Natürlich könnten die beiden Maschinen auch über andere, z. B. fliegende Einrichtungen der elektronischen Kampfführung wie AWACS gesteuert worden sein. Eine Einrichtung auf Stewart Airport ist nicht zwingend für den Geschehensablauf notwendig.

Seismische Messungen und die Kommandozentrale in Haus 7

Auch der Einsturz des Gebäudes 7 ist von seismischen Messungen begleitet worden, die möglicherweise sogar drei Phasen des Zusammenbruchs erkennen lassen. Die Messungen zeigen drei charakteristische Ausschläge, verteilt über einen

Das Geheimnis des WTC-Gebäudes 7

Zeitraum von 18 Sekunden. Andererseits ergibt sich aus der Bildfolge von Videos im Internet eine Einsturzdauer von acht Sekunden, was wiederum der Geschwindigkeit des freien Falls wie bei den beiden Türmen entspricht. Die Interpretation der Meßergebnisse könnte ergeben, daß die erste Ausschlaggruppe eine Sprengung wiedergibt, die den Einsturz des Gebäudes ausgelöst haben könnte. Die zweite Gruppe liegt innerhalb des Zeitraums von acht Sekunden mit deutlichen Ausschlägen, die jedoch nur einen Bruchteil der ersten Erschütterung anzeigen. Hier könnte es sich um das Zusammenfallen der Stahl- und Betonmassen des Gebäudes 7 handeln. Dann folgt außerhalb der acht, aber innerhalb der 18 Sekunden eine sehr markante Ausschlagzone. Hier vermutet Eric Hufschmid vorbehaltlich einer exakten Untersuchung eine gezielte zusätzliche Sprengung nach dem Einsturz des Gebäudes, die der Zerstörung der verbunkerten Kommandozentrale gegolten haben könnte.[205] Sollte dort tatsächlich das Remote-Control-Gerät für die Steuerung der Flugzeuge installiert gewesen sein, so hätte die letzte Sprengung der zwingend notwendigen Beseitigung von Spuren gegolten.[206]

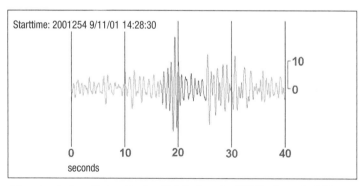

Die seismischen Daten für das Gebäude 7 des WTC zeigen drei Phasen eines stärkeren Ausschlags. Sie scheinen die Ohrenzeugenberichte von Explosionen zu bestätigen. Nur eine wissenschaftliche Untersuchung kann den Grund aufdecken.

Kein Flugzeugtreffer und doch geschmolzener Stahl

Auf einem Satellitenbild der NASA, das die Temperaturen des Bauschutts fünf Tage nach dem Anschlag anzeigt, ergeben sich für Gebäude 7 zwischen 557 und 727 Grad Celsius. Wie dort überhaupt Feuer hat entstehen können, ist bis heute ungeklärt. Im Schutt des WTC-Gebäudes 7 wurde sogar geschmolzener Stahl gefunden mit Veränderungen in der Struktur, die nicht auf ein einfaches Feuer zurückgeführt werden können.[207]

Der WTC-Sicherheitsbeauftragte –
Osama-bin-Laden-Experte des FBI

Bleibt noch nachzutragen, daß der für die Sicherheit der Riesenanlage des World Trade Centers verantwortliche ehemalige Abteilungsleiter des FBI John O'Neill, der kurz vor dem 11. 9. 2001 sein Amt angetreten hatte, durch den Mann vermittelt worden war, der seit 1999 das World Trade Center managte. Es war Jerry Hauer, Mitarbeiter Silversteins und mit O'Neill befreundet, der nach einer Darstellung des *New Yorker* das Notstands-Ausweichquartier für das Anti-Terror-Management des Bürgermeisters ausgerechnet im Gebäude 7 besonders vorangetrieben hatte. O'Neill, wie bereits ausgeführt, war der FBI-Spezialist für Osama bin Laden, den muslimischen Fundamentalismus und Al Kaida. Bei seiner Arbeit für das FBI war er auf den massiven Widerstand der Bush-Administration gestoßen, im Jemen direkt gegen die Bin-Laden-Familie zur Aufklärung der angeblichen Terrorakte zu ermitteln. Sein Leichnam wurde erst Tage nach der Tat in den Trümmern gefunden und dort von Hauer identifiziert. Die scheinbar zufälligen Merkwürdigkeiten nehmen ein zuweilen beängstigendes Ausmaß an.

Vorahnungen

Die wider Erwarten geringe Zahl der Opfer

Im ersten Schrecken des Anschlags auf das World Trade Center beliefen sich die Schätzungen über die Zahl der in dem Inferno umgekommenen Menschen auf etwa 10 000. In den Gebäuden, die zu normalen Geschäftstagen rund 45 000 Menschen beherbergten, war zur Anschlagszeit ein beträchtlicher Teil von ihnen noch nicht erschienen. Eine große Zahl der Anwesenden konnte evakuiert werden. Dafür steckten Hunderte von Feuerwehrmännern zum Löschen und Retten in den Gebäuden. Die Schätzungen mußten ungenau bleiben. Die sich über Wochen hinziehenden Ermittlungen ergaben schließlich eine Zahl von knapp unter 3000 Opfern. Einer der Gründe für die geringere Zahl mag sein, daß die Organisatoren der mörderischen Tat den Anschlag auf die Zeit zwischen 8 und 9 Uhr Ostküstenzeit gelegt hatten, zu der ein Großteil der eigentlichen Köpfe des Finanzzentrums New York noch nicht an ihren Arbeitsplätzen saß. Der Anschlag traf daher im wesentlichen Dienstleister, die dafür sorgten, daß die Gebäude bestimmungsgemäß genutzt werden konnten, Pförtner, Sekretärinnen, Fensterputzer, Aufzugspersonal, Sicherheitskräfte etc. Die hohe verbrecherische Intelligenz der Planer des Anschlags muß sich dieses Umstands bewußt gewesen sein. Wenn es die Absicht der mit höchster Perfektion vorgehenden Täter gewesen sein sollte, das World Trade Center nicht nur als Symbol, sondern auch als Finanz- und Wirtschaftszentrum der amerikanischen Weltmacht zu zerstören, dann hätte es nahegelegen, auch die dort Macht ausübenden Hirne zu treffen. Doch genau dies vermieden die Täter durch die Wahl des Zeitpunktes ihres Zuschlagens.

Sollten die Planer des Anschlags die Möglichkeit gehabt haben, den Zielpunkt des Aufpralls auf die beiden Türme exakt zu wählen, so hätten sie dabei wiederum Rücksicht auf die

Höhe der Opferzahlen genommen. Die Büroräume der Türme waren nie voll ausgelastet, das Geschäft keineswegs übermäßig profitabel. Beim Nordturm lag die Hälfte der nicht mit Mietern belegten Fläche oberhalb des 70. Stockwerks und davon wiederum die Hälfte oberhalb des 90. Stockwerks. So konnte ein Einschlag zwischen dem 94. und dem 98. Stockwerk die Zahl der Opfer stark einschränken. Die meistenMenschen unterhalb dieser Zone konnten sich in Sicherheit bringen.

Im Fall des Südturms gab es nur wenig nicht belegten Büroraum mit Ausnahme der Etagen unterhalb der 30. Das Auftreffen des Flugzeugs auf die Ecke des Südturms half wiederum, die Zahl der Opfer gering zu halten. Wir erinnern uns, auch im Falle des Pentagons wurde ein Flügel getroffen, der gerade grundsaniert und gegen Anschläge von außen geschützt worden war. Die Nutzer der Büroräume waren noch nicht wieder eingezogen.[208]

Woher kam die gedrückte Stimmung vor dem Anschlag?

Eigentümlich war auch, daß in den Tagen vor dem Anschlag von einer allgemein gedrückten Stimmung berichtet wird. Es müssen die Milliarden Dollar hohen Umsätze, mit denen vor dem 11.9. auf ein Fallen der Aktienkurse spekuliert wurde, von Leuten getätigt worden sein, die fest mit dem Anschlag gerechnet haben. Diese wiederum werden unter Umständen ihnen nahestehende Personen mit Hinweisen versorgt haben. Der kurz zuvor aus seinem Job hinausgeekelte frühere Antiterrorkämpfer des FBI und Sicherheitsbeauftragte des World Trade Centers John O'Neill soll bei seiner Einstandsfeier unter Freunden in der Nacht zum 11.9. gemunkelt haben, es werde sich etwas Großes ereignen.[209] Davon ging wohl auch Joe Allbaugh, der Chef der Federal Emergency Management Administration, aus, der seine auf die Bewältigung von Katastrophen in Ballungsgebieten gedrillte Truppe »National Urban Search and Rescue«

bereits am Vorabend des 11. 9. 2001 in New York unter der Leitung von Tom Kennedy einrücken ließ und sie daher am Morgen des Schreckenstages sofort einsetzen konnte. Der Leiter der Einheit bestätigte in einem Fernsehinterview mit Dan Rather das Einrücken am Vorabend des Terrorangriffs.[210]

Ein Bankhaus mit 50 Stockwerken und keine Opfer

Es fällt auch auf, daß das Bankhaus Morgan Stanley, im World Trade Center über 50 Stockwerke verteilt, nicht einen einzigen Mitarbeiter verloren haben soll. Gleiches soll für das Unternehmen Oppenheim Stocks gelten.[211]

Eine ganze Gruppe von Spitzenbeamten des Pentagons verschob ihre für den Morgen des 11. 9. angesetzten Dienstreisen.[212] Die Zahl der Buchungen auf die vier entführten Flüge war ausgesprochen niedrig. Die Sitzverteilung in den vier Maschinen läßt ungewöhnliche Lücken erkennen. So werden in aller Regel zuerst die Fensterplätze gebucht. Dann wird seitens der Fluggesellschaft darauf geachtet, daß die Passagiere sich einigermaßen gleichmäßig zwischen Cockpit und Heck der Maschine aufteilen. Das tatsächliche Belegungsbild hingegen zeigt große Unregelmäßigkeiten.[213]

Was weiß der israelische Geheimdienst?

*Vertreibung der Palästinenser
und psychologische Kriegführung*

Schnell wurde auch die Behauptung aufgestellt, israelische Nutzer des World Trade Centers seien gezielt gewarnt worden und daher nicht oder kaum unter den Opfern. Eine Erörterung dieser Behauptungen läuft sofort Gefahr, sich den Vorwurf des Antisemitismus einzuhandeln. Dennoch, wer der Alternative einer geheimdienstlich in Szene gesetzten verdeckten Operation unvoreingenommen nachgehen will, muß auch unangenehme oder gar als undenkbar geltende Hinweise sammeln und bewerten. Sowohl die CIA auf amerikanischer als auch der Mossad auf israelischer Seite blicken auf eine lange Geschichte verdeckter Operationen zurück, die die Manipulation der bewußten wie unterbewußten Einstellung der Massen durch Akte der psychologischen Kriegführung zum Ziel hatten. Die ehemaligen Agenten des Mossad, Victor Ostrovsky und Ari Ben-Menashe, haben an einer Reihe von Beispielen vor Augen geführt, wie durch Terrorakte, die für die Öffentlichkeit ganz offensichtlich von arabischen Fanatikern begangen wurden, jedoch über Mittelsmänner vom Geheimdienst Mossad veranlaßt worden waren, die Weltmeinung von der Verurteilung zur Duldung der Vertreibungspolitik in den von Israel besetzten Gebieten manipuliert werden konnte.[214]

Intensiver als ihre Vorgänger betreibt die derzeitige Regierung Scharon wie ihre Vorgänger die fortwährende Entwurzelung der Palästinenser aus den israelisch besetzten Gebieten in Westbank und Gazastreifen. Monat für Monat rauben neue jüdische Siedlergemeinschaften mit Gewalt palästinensisches Land, werden dabei finanziell angelockt und mit Rat und Tat durch die israelische Regierung unterstützt. Die Übergriffe der Siedler auf die Alteingesessenen werden von der israelischen Gerichtsbarkeit nicht geahndet. Die Armee wird nicht nur zum Schutz der landnehmenden Siedler, sondern auch zur aktiven Vertreibung der palästinensischen Bevölkerung mit einer seinesgleichen suchenden Brutalität eingesetzt. In den Militärgefängnissen Israels sitzen zahlreiche israelische Soldaten und Reservisten, die den Wehrdienst aus Protest gegen ihren Einsatz bei der Vertreibung verweigern. Die jüdischen Siedlungen werden untereinander mit einem aus dem Staatshaushalt finanzierten Straßennetz verbunden, dessen Nutzung den Palästinensern untersagt ist. Allein in den letzten drei Monaten vor dem 11. 9. 2001 wurden zehn neue Siedlungen ins

Land der Palästinenser gesetzt. Für die vertriebene Bevölkerung, deren Zukunft mit Panzern, Bulldozern, Granaten, Minen und Gewehrfeuer niedergewalzt wird, hat sich die Situation auf Leben und Tod zugespitzt.

Gäbe es eine funktionierende Medienlandschaft, würde der Protest der gesamten demokratischen Welt der israelischen Regierung schwer zu schaffen machen. Einige führende Rabbis in England haben auf das schreiende Unrecht aufmerksam gemacht und sich von der Politik der Scharon-Regierung ausdrücklich distanziert. Sie tun sich schwer, ihre Stimme in der laufenden Kampagne zu Gehör zu bringen.[215]

Doch um diese letztlich verbrecherische Politik fortzusetzen und gleichwohl das Wohlwollen insbesondere der Supermacht USA zu erhalten, waren die Ereignisse des 11. 9., nüchtern und objektiv betrachtet, hilfreich. Fast zeitgleich mit den Anschlägen in New York und Washington ging in Israel und später auch in den USA die Gleichsetzung des Palästinenserführers Arafat mit den muslimischen Terroristen einher. Wieder einmal wurde der Welt vor Augen geführt, daß mit dem offenbar unberechenbar fanatisch muslimischen, arabischen Lager kein Ausgleich herbeigeführt werden kann. Dabei wurde massiv auf die Berichterstattung in den Medien Einfluß genommen, die fast ausschließlich die für Israel in der Tat schrecklichen, die Bevölkerung tief belastenden Selbstmordanschläge im Inneren Israels zum Gegenstand haben, nicht jedoch die andauernden, auf ethnische Vertreibung angelegten Aktivitäten der Siedler und der israelischen Armee. Auf die geschickt in die Berichterstattung der Medien zum 11. 9. eingeschleuste Desinformation von den angeblich vor Freude über den Anschlag tanzenden Palästinensern wurde bereits hingewiesen.

Von der israelischen Bevölkerung ist bekannt, daß sie mit großer Mehrheit die Fortsetzung der Siedlungspolitik auf palästinensischem Boden verurteilt, daß sie die Rücknahme des größten Teils der illegalen Siedlungen befürworten würde, wenn dafür Frieden mit den Nachbarn einkehren würde. Doch die Regierungen Israels betreiben exakt die entgegengesetzte Politik. Anhänger einer auf Ausgleich gerichteten Politik haben in Israel mit der aktiven Gegnerschaft der auch parteipolitisch einseitig ausgerichteten Geheimdienste zu rechnen. Der aus dem Geheimdienstmilieu heraus ermordete Ministerpräsident Rabin ist eines der letzten Beispiele.

Ein israelisches Opfer am 11. 9.

Es bleibt festzuhalten, daß in den Türmen des World Trade Centers rund 45 000 Menschen Beschäftigung fanden. Knapp 3000 wurden Opfer der Anschläge, darunter zahlreiche Feuerwehrleute, die anderen konnten sich rechtzeitig in Sicherheit bringen oder erschienen nicht, noch nicht oder nicht mehr zur Arbeit. Unter den 3000 wurden aufgrund der Suchanfragen von Angehörigen zunächst 300, dann 30 Israelis vermutet. Am Ende stellte sich heraus, daß ein Israeli unter die Opfer zu rechnen ist, der als Besucher einen der Türme betreten hatte, statistisch gesehen auffallend wenig.

Unaufgeklärte Mossad-Spuren

Es finden sich eine Reihe von Indizien, die auf eine wie auch immer geartete Verbindung des israelischen Mossad zu der Tat und den Tätern des 11. 9. weisen. So hat die in Israel ansässige Gesellschaft Odigo, die mit der Technik elektronischer Schnellstübertragung befaßt ist, angeblich zwei Stunden vor dem Anschlag ihre Mitarbeiter zum Verlassen der nahe dem World Trade Center gelegenen Arbeitsstelle aufgefordert.[216] Die israelische Schiffahrtlinie Zim zog einige Wochen vor dem Anschlag aus einem Stockwerk des World Trade Centers aus, obwohl der Mietvertrag noch bis Ende 2001 lief. Der Sitz der

Vertretung wurde nach Norfolk in Virginia verlegt.[217] Die Sache muß mit dem Anschlag nichts zu tun haben, auch wenn Transportunternehmen nicht selten Tarnfirmen oder Kontaktadressen von Geheimdiensten zu sein scheinen.

Israelische Kunststudenten mit Geheimdiensthintergrund

Bereits im Frühjahr 2001 berichtete die Sicherheitsabteilung der mit der nationalen Drogenbekämpfung beauftragten Drug Enforcement Administration, daß israelische Kunststudenten versuchten, die regionalen Büros der DEA auszuspähen.[218] Sie suchten die Mitarbeiter der DEA in großer Zahl auf, um Kunstgegenstände zum Preis zwischen 50 und 200 Dollar zu verkaufen. Die Aktionen seien mindestens seit Anfang 2000 zu beobachten gewesen und dauerten zur Stunde der Berichterstattung noch an. Dabei seien auch Strafverfolgungs- und Strafvollzugseinrichtungen ebenso wie Einrichtungen des Verteidigungsministeriums einbezogen gewesen. Die Aktivitäten hätten den ganzen Kontinent der USA von Kalifornien bis Florida umspannt mit deutlichem Schwerpunkt in Florida. Seit April 2001 hätten die berichteten Vorfälle insgesamt abgenommen, seien jedoch mehr in Richtung Wisconsin, Oklahoma und Los Angeles verlagert worden. Das Auftreten der Studenten und die Kenntnis israelischer Geheimdienstaktivitäten ebenso wie früherer Vorfälle in bezug auf die israelische Organisierte Kriminalität brachten den Sicherheitsdienst der DEA zu der Annahme, daß es sich um eine geheimdienstliche Ausspähung handeln könnte. Das DEA-Büro in Orlando/Florida habe die Verbindung der Gruppe zum Drogenhandel aufgezeigt. Die von einem der Studenten erhaltenen Telefonnummern zeigten Verbindungen zu Ecstasy-Untersuchungen in Florida, Kalifornien, Texas und New York auf. Die Truppe sei in Teams von acht bis zehn Studenten organisiert, wobei eine Person in der Regel als Teamführer bezeichnet werde. Die weiblichen Mitglieder würden als sehr attraktiv geschildert und seien im allgemeinen etwa Mitte zwanzig. Die Mehrzahl habe im israelischen Militär gedient, was angesichts des allgemeinen Wehrdiensts nicht verwunderlich sei. Allerdings habe die Mehrheit der Befragten angegeben, in Einheiten des Nachrichtenwesens, des Abhördienstes oder in Sondereinheiten für Sprengstoffe gedient zu haben. Einige seien mit hochrangigen Angehörigen des israelischen Militärs verbunden gewesen. Einer sei der Sohn eines Zwei-Sterne-Generals, ein anderer habe als Personenschützer für den Oberbefehlshaber der israelischen Armee, ein weiterer in einer Patriot-Raketeneinheit gedient. Reisen durch die USA zum Verkauf von verhältnismäßig minderwertiger Kunst paßten nicht so recht zu dem Hintergrund der Studenten. Die Israelis behaupteten auf Nachfrage zunächst, Studenten der Kunst entweder der Universität von Jerusalem oder der Bezalel Academy of Arts in Jerusalem zu sein. Rückfragen bei Universität und Akademie hätten ergeben, daß keiner der Studenten eingeschrieben war. Zuweilen hätten die »Studenten« auch nur behauptet, für ein neu zu eröffnendes Kunststudio in der Region werben zu wollen. Auf näheres Befragen nach dem Ort der Ausstellung oder dem Warum des Verkaufs von Kunst hätten die Studenten ausweichend geantwortet. Es gebe Hinweise, wonach die Kunstgegenstände im wesentlichen in China verfertigt worden seien.

Es mag sein, daß die von der DEA zusammengetragenen Hinweise allenfalls Indizien liefern für eine aufklärungsbedürftige Aktivität israelischer Dienste in den USA. Auffällig ist nur, daß ein erheblicher Teil der falschen Kunststudenten in Florida seine Unterkunft in unmittelbarer Nachbarschaft der 19 späteren angeblichen Selbstmordattentäter gefunden hatte. Der Fernsehjournalist Carl Cameron hatte für die Sendung »Fox News« (Murdoch) einen vierteiligen Bericht über das israelische Vorwissen über die Ereignisse des 11. 9. 2001 gedreht, der zwar gesendet, wenige Tage danach noch im Internet zum Herunterladen angeboten, dann jedoch zurückgezogen wurde.²¹⁹ In der ersten Sendung war davon die Rede gewesen, daß in den Wochen vor den Anschlägen in den USA rund 200 Israelis als Beteiligte einer großen nachrichtendienstlichen Operation festgenommen worden seien. Cameron kam zu der Schlußfolgerung, es gebe keine Anzeichen für die Verwicklung der Israelis in die Attacken des 11. 9. Die amerikanischen Ermittler vermuteten eher, daß die Israelis im voraus Erkenntnisse über die anstehenden Anschläge gesammelt, diese jedoch nicht an die amerikanischen Dienste weitergegeben hätten. Ein sehr hochrangiger Ermittler habe jedoch gesagt, es gebe sehr wohl Verbindungen. Doch auf die Frage nach Einzelheiten habe er die Antwort brüsk mit dem Hinweis verweigert: »Beweise, die diese Israelis mit dem 11. 9. in Verbindung bringen, sind geheim.« Auf die Frage, wie sicher sich die Ermittler seien, einige Israelis könnten von den Anschlägen etwas gewußt haben, meinte Cameron: »Das sind ganz offensichtlich hochexplosive Informationen, und da gibt es eine Menge von Beweisen, von denen sie behaupten, sie gesammelt zu haben – keiner davon ist notwendigerweise zwingend. Nur wenn Sie alles zusammen nehmen, dann ergibt sich, wie die Ermittler sagen, die Frage, wie die Israelis überhaupt haben unwissend bleiben können?«²²⁰

So hatte das Büro der DEA in Orlando/Florida Anfang März 2001 aufgrund des durch die Invasion israelischer »Kunststudenten« ausgelösten Alarms einen Peer Segalovitz festgenommen und stundenlang verhört. In dem Bericht des Büros wird festgestellt, Segalovitz habe rund drei Stunden lang falsche Angaben über die Gründe seines Aufenthalts in den USA gemacht. Letztendlich habe er zugegeben, einer von 30 israelischen Kunststudenten zu sein, die sich gegenwärtig in Florida aufhielten. Segalovitz habe den Zweck seines Aufenthalts in Florida nicht preisgeben wollen. Immerhin habe er eingeräumt, daß sie nichtlegitime Ziele verfolgten (»they were not here for legitimate means«). Segalovitz sei 27 Jahre alt und Offizier einer israelischen Spezialeinheit, die einem auf den Golan-Höhen stationierten Bataillon zugeordnet sei. Er sei Leutnant mit der Identifizierungsnummer 5087989 und spezialisiert auf die Durchführung von Sprengungen. Nachdem er über sein Vertrautsein mit militärischen Operationen berichtet und erklärt habe, das einzige, was er nicht erlernt habe, sei das Fliegen eines Kampfflugzeugs, bat er die vernehmenden Beamten der DEA, diese Information nicht an Israel weiterzugeben, da er dort sonst mit seiner sofortigen Verhaftung zu rechnen habe.[221]

Fünf israelische Beobachter auf dem Dach eines Warenhauses

Die israelischen Dienste spionierten auf amerikanischem Boden zwangsläufig auch dem gemeinsamen Feind, den Verdächtigen aus den radikalislamischen Netzwerken, nach. In New Jersey, in unmittelbarer Nachbarschaft New Yorks, wurden kurz nach den Anschlägen auf das World Trade Center fünf Israelis verhaftet. Die fünf Männer waren acht Stunden nach den Anschlägen von der lokalen Polizei aus dem Wagen einer Umzugsfirma heraus festgenommen worden. Den Alarm hatten Passanten beim FBI ausgelöst, die gesehen hatten, wie die Israelis die Attacken auf das World Trade Center vom Dach ihres Lagerhauses und ihres Wagens aus beobachteten und mit Videokameras festhielten. »Sie waren, wie es scheint, glücklich«, meinte eine Frau, die die Israelis beobachtete. »Sie schienen mir nicht geschockt zu sein. Mir kam das sehr merkwürdig vor.«[222] Die Israelis wurden mehr als zwei Monate lang festgehalten, dem für trainierte Spione allerdings leicht zu umgehenden Test mit dem Lügendetektor unterworfen und von zahlreichen Ermittlern auch der Gegenspionageabteilung des FBI befragt,[223] die die Aktivitäten als israelische nachrichtendienstliche Operation einschätzte und an dieser Auffassung auch gegen Einwände festhielt. Die Umzugsfirma arbeitete mit auffällig wenig Betriebskapital und wurde sofort nach der Festnahme der fünf potentiellen Agenten geschlossen. Der Eigentümer flüchtete nach Israel. Von amtlicher Stelle wurden die Erkenntnisse heruntergespielt, man habe es schließlich mit einem gemeinsamen Feind zu tun, da sei es verständlich, daß israelische Kräfte auch auf amerikanischem Boden aufklärend tätig würden. Eine gewisse Spannung zwischen den Diensten sei entstanden aus der Tatsache, daß die Aktivitäten nicht miteinander abgesprochen gewesen seien. Experten meinten gar, die Bush-Administration verdanke den israelischen Beobachtungen den Hinweis auf die islamischen Wohltätigkeitsorganisationen, die verdächtigt würden, Geld an die Terroristengruppen vermittelt zu haben. Ein hochrangiger amerikanischer Geheimdienstmann sagte der Zeitschrift *Forward* unter dem Siegel der Anonymität, das FBI sei am Ende seiner Untersuchungen zu dem Ergebnis gelangt, daß die fünf in New Jersey festgenommenen Israelis einen Überwachungsauftrag ausgeführt hätten und daß das Unternehmen Urban Moving Systems aus Weehawken, N.J., als Deckadresse gedient habe.[224]

Ende November 2001 wurden die der Spionage Verdächtigten nach Israel abgeschoben, wie verlautet wegen Verletzung ihres Aufenthaltsrechts. Allerdings ergab eine Untersuchung der Spionageabwehr des FBI, daß mindestens zwei der fünf Israelis in der Tat Mossad-Agenten gewesen seien. Sie seien auf lokal ansässige Araber angesetzt gewesen, so die Bewertung des FBI, hätten jedoch nichts von den Ereignissen des 11. 9. gewußt. Folglich hätten sie freigelassen werden müssen.

Im übrigen blieb es nicht bei den fünf nach Israel abgeschobenen Beobachtern. Sieben weitere wurden in New Jersey und Pennsylvania festgenommen, alle in Lastwagen von Umzugsfirmen und alle mit abgelaufenen Visa.[225] Vom israelischen Geheimdienst Mossad wie anderen Geheimdiensten war und ist bekannt, daß Umzugsfirmen gern zur Tarnung nachrichtendienstlicher Operationen genutzt werden.

Es bleibt noch festzuhalten, daß nach dem Bericht des französischen Nachrichtendienstes AFP arabische Terroristen und verdächtige Terrorzellen von Dezember 2000 bis April 2001 in Phoenix/Arizona, in Miami und Hollywood, Florida, in unmittelbarer Nachbarschaft zu den israelischen Kunst-Spionagezellen lebten.[226] Demnach müßten die Terroristen ständig von den Israelis observiert worden sein. Der Chef der israelischen Agenten, so *Die Zeit* in einem Dossier, quartierte sich in der Nähe des Postamts ein, in dem die Terroristen ihre Postfächer hatten. Außerdem hatte der Mossad dort Attas Komplizen Khalid Al-Midhar im Visier, von dem auch die CIA wußte, ihn jedoch ungestört gewähren ließ. Mehrmals soll der Mossad die amerikanischen Partner vor den Terroristen gewarnt haben, insbesondere vor Khalid Al-Midhar. Somit hatten die Israelis ihr Alibi auch in bezug auf die Kunststudenten, die eben cleverer den Auftrag zur Aufklärung des immer gefährlicher werdenden Terrornetzes erfüllten als die vor Ort angesiedelten amerikanischen Dienste. Gleichwohl wehren sich FBI und CIA mit dem Hinweis, die israelischen Fingerzeige seien so allgemein gehalten gewesen, daß man operativ nichts damit habe anfangen können. Der Themenkomplex wird in den USA wie in Deutschland aus bekannten Gründen kaum und in der Regel nur im Internet erörtert. Dennoch gehören alle Verdachtsmomente zur Vervollständigung eines denkbaren Gesamtbilds ohne Rücksicht auf Personen und Staaten auf den Tisch, um die Aufklärung der Tatzusammenhänge voranzutreiben. Derartige Beobachtungen ergeben Anhaltspunkte, jedoch keine unmittelbaren Beweise. Sie können die Ermittlungen lenken, sofern die Behörden nicht von höheren Stellen daran gehindert werden.

SIEBTES KAPITEL

Die Regierung Bush nutzt die Gunst der Stunde

Das Große Spiel um die Weltherrschaft

Das Große Spiel um das Neue Amerikanische Jahrhundert

So unfähig die Regierung Bush sich in der Verhinderung der Terroranschläge zeigte, Warnungen aus den eigenen Reihen abblockte, die spätere Aufklärung behinderte, so schnell war sie beim Einbau des 11. 9. in ihre weltpolitische Agenda. Die militärische Intervention in Afghanistan hatten die USA den Regierungen Indiens und Pakistans bereits vor dem 11. 9. verkündet. Nun dienten die Jagd nach dem angeblichen Terroristenführer Osama bin Laden und die Vertreibung der ihn beschützenden Taliban-Regierung als Rechtfertigung des Kriegseinsatzes amerikanischer und alliierter Truppen in diesem entlegenen, doch für eine spätere Machtausstrahlung in Richtung China, Indien und Pakistan gleich wichtigen Landes. Ebenso war der Krieg gegen den Irak von der Mannschaft um den Vizepräsidenten Cheney und den Verteidigungsminister Rumsfeld lange vor dem 11. 9. ins Auge gefaßt. Cheney war es auch, der Stunden nach dem Anschlag sofort für ein militärisches Vorgehen gegen das Nahostland eintrat. Als Vorwand diente die Behauptung, Saddam Hussein gewähre Al Kaida und Osama bin Laden Hilfestellung. Beweise wurden nicht vorgelegt oder waren verfälscht wie die über das Vorhandensein von Massenvernichtungswaffen.

Doch es geht nicht um ein oder zwei Staaten. Der Ansatz der amerikanischen Militärpolitik nutzte den 11. 9. für die weltumspannende Politik der einzig verbliebenen Supermacht. Und wieder war es der Vizepräsident der USA, der das Stichwort gab: Bis zu 60 Staaten, so sein Vorwurf, gäben dem muslimischen Terrorismus Hilfestellung. Diese Staaten müßten sich dem Kampf gegen den Terrorismus anschließen oder per Intervention zum Wohlverhalten gezwungen werden. Der Verdacht wird zur Gewißheit, daß die Bush-Administration den Kampf gegen den internationalen Terror zum Vorwand nimmt, ihre Weltmachtrolle nach dem Zusammenbruch der Sowjetunion global auszubauen und regional abzusichern. Und diese Politik ist bereits in den 90er Jahren ausgearbeitet und festgelegt worden. Sie kann sich offensichtlich auf eine überparteiliche und mehrheitliche Basis in den Häusern des amerikanischen Kongresses stützen. Und sie wird von der israelischen Regierung nachhaltig unterstützt, die sich im Gefolge dieser Politik die Neuordnung des Nahen Ostens, das Erreichen der Grenzen des Größeren Israels und letztlich die Hinnahme der Expansion durch die Völkerwelt, nicht zuletzt die der muslimischen Staaten, zu versprechen scheint.

Es war der Sicherheitsberater Präsident Carters, der bereits 1993 forderte, als Belohnung für jahrzehntelange Opfer im Kampf gegen den siegreich überwundenen Kommunismus müsse den USA nun auch das Recht auf die Ausbeutung der Bodenschätze der Welt zu günstigen Bedingungen zustehen. Auf die Kaufkraft der amerikanischen Währung auf den Weltmärkten will man sich nach dieser Vorstellung nicht verlassen.

Doch nicht nur auf Bodenschätze zielt die Politik der einzig verbliebenen Weltmacht. Nach Auffassung der hinter dieser Politik stehenden Strategie muß das globale Machtspiel so angelegt werden, daß den Vereinigten Staaten auf absehbare Zeit kein geopolitischer Herausforderer mehr entgegentreten kann. Dies hat die Kernmannschaft um Bush an der Vorstellung von Ausbau und Absicherung eines Neuen Amerikanischen Jahrhunderts festgemacht. Eine die USA herausfordernde neue Machtzusammenballung könne nur in Eurasien aus dem Zusammenspiel der zwischen der atlantischen Küste Europas und der pazifischen Küste Asiens gelegenen Staaten erstehen. Wer Eurasien beherrscht, so der Lehrsatz der Geopolitik von Brzezinski, beherrscht die Öl- und Gasfelder des Nahen und Mittleren Ostens, des kaspischen Beckens – und er beherrscht zwangsläufig auch Afrika.

Geopolitik gegen Völkerrecht

Die geopolitischen Überlegungen der Machteliten der USA knüpfen ganz offensichtlich an Fragestellungen an, die der britische Geograph Mackinder, der Gründer der London School of Economics, bereits um die Jahrhundertwende vor dem Ersten Weltkrieg entwickelt hatte. Sie kreisen um die Sorge, daß es einem Zusammenspiel von Landmächten unter bestimmten Bedingungen gelingen könnte, die Vorherrschaft Großbritanniens (inzwischen der USA) als Seemacht abzulösen und die Insel in die nicht mehr entscheidende Rolle einer zweitrangigen Macht absinken zu lassen. Ausschlaggebend für das Kippen der Machtbalance zugunsten der Landmächte sei die Beherrschung einer etwa in der Mitte Eurasiens gelegenen Achse, die von Sibirien über den Kaukasus durch das kaspische Becken auf den Iran, den Persischen Golf und von dort in die Ölregion der arabischen Halbinsel ziele. Der Gedanke kann hier nicht vertieft werden. Er ist nur insofern von Bedeutung, als die geopolitischen Überlegungen eines Zbigniew Brzezinski in seinem Buch über die einzige Supermacht verhältnismäßig exakt diesen Vorstellungen folgen und eine Strategie der amerikanischen Politik entlang dieser Linie vorschlagen.[227]

Es ist wohl auch nicht verwunderlich, wenn angesichts des verschwundenen Hauptgegners Sowjetunion die einzig verbliebene Weltmacht sich daranmacht, die bisherigen völkerrechtlichen Fesseln, die sie von einem einseitigen Vorgehen abhielten, mit aller Rigorosität abzustreifen. Dabei wird vieles, was früher verdeckt blieb und auch Bündnispartnern gegenüber nicht deutlich ausgesprochen wurde, derzeit mit erschreckender Klarheit, ja Brutalität der Welt zur Kenntnis gegeben. Brzezinski ebenso wie sein Konkurrent im Geiste Kissinger sind Anhänger einer klaren und unverfälschten Machtpolitik. Sie bewundern die Staatsmänner in der Geschichte, die sich von Moral und Gesetz nicht haben hindern lassen, die Staatsraison durchzusetzen und dem nackten Interesse ihres jeweiligen Staates mit allen erlaubten und unerlaubten Mitteln, offen wie verdeckt, zum Durchbruch zu verhelfen. Das Ziel heiligt die Mittel, und wo gehobelt wird, da fallen Späne.

Die Operationen der amerikanischen Regierung nach dem 11. 9. 2001 folgen exakt diesem Muster. Die Verhaltensweisen gegenüber den Bündnispartnern wie der internationalen Staatenwelt entsprechen dem. Die Sprache ist offen, unvermittelt und brutal. An der Machtfrage scheiden sich die Geister. Der Instinkt zwingt die Menschen zum schweigenden Zusehen dabei, wie ein Riese im vermeintlich gerechtfertigten Eigeninteresse die Kleinen der Welt züchtigt, die er wenige Jahre zuvor noch, wie den Irak des Saddam Hussein, in ihrer zweifelhaften Qualität als Bündnispartner aufgebaut und genutzt hatte.

Truppen der Weltmacht –
heute Freiheitskämpfer, morgen Terroristen

Es fällt auf, daß nicht erst seit dem 11. 9. 2001, sondern schon in dem ganzen Jahrzehnt davor die bis dahin für die CIA nützlichen Instrumente der achtziger Jahre im Kampf gegen die Sowjetunion nach deren Zusammenbruch nun zum Inbegriff des Bösen, Heimtückischen und Verwerflichen wurden. Wie die Schauspieltruppe eines Theaters in einem Stück bejubelte

Heldenrollen und im nächsten den Part des Teufels einstudiert und spielt, so tritt nun Osama bin Laden mit seiner Truppe der 10 000 muslimischen Freiheitskämpfer nahezu über Nacht als Verkörperung des Bösen auf. Ähnliches gilt für die Taliban.

Bis zum Rückzug der sowjetischen Truppen aus Afghanistan und zum Zusammenbruch der Sowjetunion waren Osama bin Laden und seine Organisation das Instrument, dessen sich die geheime amerikanische Außenpolitik im CIA-gelenkten Verbund der amerikanischen, saudischen und pakistanischen Geheimdienste bediente. Noch in den neunziger Jahren finden wir immer wieder »Afghanis«, ehemalige muslimische Kämpfer gegen die sowjetischen Interventionstruppen, an neuen Kriegs- und Bürgerkriegsschauplätzen, wo sie offenbar der verdeckten amerikanischen Außenpolitik zu Diensten sind. Das gilt für die Bildung neuer Staaten im Kaukasus, heute sicherlich noch in Tschetschenien, aber auch in den mörderischen Bürgerkriegen des ehemaligen Jugoslawiens. Auch Osama bin Laden besuchte den Kosovo, wo seine Leute an der Seite der muslimischen Bosniaken gegen die serbische Armee kämpften, damals immer noch mit amerikanischer Unterstützung.[228]

Doch schon in der ersten Hälfte der neunziger Jahre setzt mit Macht die Tendenz ein, bei allen größeren Terroranschlägen gegen amerikanische Einrichtungen im In- und Ausland Osama bin Laden als Drahtzieher und Organisator der hinterhältigsten Anschläge zu vermuten. Immer häufiger raunt es in der amerikanischen und ihr folgend der internationalen Presse, »wie aus Geheimdienstkreisen verlautet«, unter Berufung auf Quellen, die namentlich nicht genannt werden könnten.

Inzwischen genügen bereits die Merkmale Grausamkeit und Raffinesse eines Terroranschlags, um ohne viel Federlesens auf Al Kaida als Veranstalter schließen zu können. Bereits 1998 schilderte der langjährige Honorarkonsul Afghanistans in New York die sein Land betreffenden Machenschaften der Geheimdienste. Es habe sich in Afghanistan in den letzten

20 Jahren ein Muster entwickelt, wonach die Geheimdienste, indem sie sich gegenseitig die Bälle zuspielten, eine Person aufbauten, die sie dann in ein Monster verwandelten. Dann gingen sie zum Angriff gegen diese Schöpfung vor, zerstörten sie, um sich anschließend sofort ein Ersatzmonster zu schaffen.[229]

Dementsprechend bleiben ja auch die Taliban bis wenige Tage vor dem 11. 9. im Gespräch mit ihren ölinteressierten Gesprächspartnern in den USA, die für Afghanistan nach einer stabilen Regierung suchen, die die geplante große Pipelineverbindung zum Indischen Ozean garantieren kann. Hinter gerade dieser Pipelinetrasse steht die Bush-Administration, die unter allen Umständen den Bau von Öl- und Gasleitungen über russisches wie iranisches Gebiet verhindern will. Folglich können die Gespräche in Florida kurz vor der Tat nicht ohne Billigung oder hinter dem Rücken der amerikanischen Regierung geführt worden sein.

Erst in den Wochen nach der Tat drängte die von der Bush-Familie mitbestimmte Carlyle-Investmentgruppe die Bin-Laden-Familie zum Verkauf des Millionen Dollar schweren Anteils, um der Öffentlichkeit keinen Anlaß zu Hintergedanken zu geben. Die Medien störten die Investorenkreise dann auch nicht.

Die CIA hielt zu ihrem ehemaligen Mitarbeiter Osama bin Laden noch im Juli vor den Anschlägen Kontakt. Der ließ sich im amerikanischen Krankenhaus in Dubai wegen eines schweren Nierenleidens mehr als eine Woche lang behandeln. Am 12. Juli 2001 besuchte ihn der dortige CIA-Resident Larry Mitchell dem Vernehmen nach in Begleitung des früher mit der CIA eng zusammenarbeitenden, inzwischen geschaßten saudischen Geheimdienstchefs Prinz Turki al Faisal Al Saud[230] am Krankenbett. Mitchell brüstete sich kurz darauf im Freundes- und Bekanntenkreis damit und wurde noch am Tag nach dem Treff zur Berichterstattung in die Zentrale beordert.[231]

Terror als Mittel der psychologischen Kriegführung

Die geopolitische Stoßrichtung in die ölhaltigen Staaten der muslimischen Welt geht einher mit dem Versuch, die alte afghanisch-muslimische Söldnerschar in neuer Verwendung nicht mehr als Helden des Lichts und Freiheitskämpfer, sondern nun als Verkörperung des Bösen für die fernsehgesteuerten Massengesellschaften Amerikas und Europas aufzubauen. Und wieder war es ein CIA-beratender Professor der Harvard-Universität, Samuel Huntington, der in seinem Buch über den Zusammenstoß der Kulturen von der zwingenden Notwendigkeit auch der modernen demokratischen Gesellschaften ausgeht, sich nur über den Haß auf einen bedrohlichen Feind der Zugehörigkeit zur eigenen Nation, zur politischen Führung, zur gemeinsamen westlichen Welt oder auch zur christlich-jüdischen Zivilsation gewiß sein zu können.[232] Nur über einen Haßgegner sei der Schulterschluß mit der Führung der westlichen Nationen möglich. Als neuer Feind komme nach dem Zusammenbruch des Kommunismus nur die muslimische Staaten- und Zivilisationswelt in Frage. Man sieht, wie auf dem anthropologischen Reißbrett die neue Gefahr, der neue Feind erzeugt wird, der bei den Massen Furcht und Schrecken erzeugen und so die Gefolgschaft hinter der den Gefahren entgegentretenden Führung sichern soll.

Kampagnen zur Gestaltung der Massenmeinung begleiten alle Kriege, auch die der Vereinigten Staaten. Stets treten vor Kriegsbeginn nicht hinnehmbare Grausamkeiten auf, hinterhältige Attentate, Überfälle, wilde Bürgerkriegsszenen, Übergriffe auf amerikanische Bürger und amerikanisches Eigentum. So kann das Gute zum Sieg über das Böse geführt werden. Das war bereits 1898 beim amerikanisch-spanischen Krieg so, das wiederholte sich im Fall des vielzitierten Pearl Harbor, als Präsident Roosevelt ebenso wie die Vereinigten Stabschefs vom bevorstehenden japanischen Angriff auf Pearl

Harbor durch die perfekte Funkaufklärung informiert waren, die Kenntnisse jedoch dem vor Ort verantwortlichen Kommandeur der Marine vorenthielten. 2000 amerikanische Soldaten kamen ums Leben. Der Sturm der pressegeschürten öffentlichen Entrüstung über den feigen Überfall mitten im Frieden fegte den bisher massiven Widerstand der öffentlichen Meinung gegen den Eintritt der Vereinigten Staaten in den Zweiten Weltkrieg hinweg.

Immer wieder wird auch das Todesopfer von Angehörigen des eigenen Volkes als Mittel der psychologischen Kriegführung in Kauf genommen. So legte im März 1962 General Lemnitzer Präsident Kennedy im Namen und mit Unterschrift der Vereinigten Stabschefs den ausgearbeiteten Plan vor, einen verdeckt geführten, blutigen Terrorkrieg gegen das eigene Land vom Zaun zu brechen, um so die amerikanische öffentliche Meinung für einen Krieg gegen das Kuba Fidel Castros zu gewinnen. Der »Operation Northwoods« genannte Plan sah Ermordungen auf offener Straße, das Versenken von Flüchtlingsbooten aus Kuba auf hoher See, den Ausbruch gewalttätigen Terrors in Washington D.C., in Miami und anderen Städten der USA vor. Das Dokument spricht sich dafür aus, den Bombenterror Menschen anzulasten, die nichts damit zu tun haben konnten. Es sollten Flugzeuge entführt werden. Gefälschte Beweise sollten die Verantwortung Castros untermauern. Sehr ausführlich entwickelte der Plan den Vorschlag, eine amerikanische Chartermaschine mit Studenten an Bord auf dem Flug in die Ferien in Jamaika, Guatemala oder Venezuela abzuschießen. Bei den genannten Zielen war ein Überflug über Kuba zu erwarten. »Operation Northwoods« schlug auch vor, den nicht provozierten Abschuß einer amerikanischen Militärmaschine durch kommunistische kubanische MIG-Kampfflugzeuge über internationalen Gewässern vorzutäuschen. Der Plan scheiterte am Widerstand des später ermordeten Präsidenten Kennedy.[233]

Der 11. 9. 2001 als Vorwand für
das Neue Amerikanische Jahrhundert

Die unendliche Kette der Ungereimtheiten des 11. 9. 2001 in der Darstellung des Tathergangs und seiner Hintergründe spricht dafür, die offizielle Verschwörungstheorie nicht nur zu hinterfragen, sondern auch Erklärungsmuster in Betracht zu ziehen, die den Täterkreis eher im Umkreis von Geheimdiensten ansiedeln. Es war der frühere Abteilungsleiters des Pentagons für den Antiterrorkampf, der davon sprach, man solle zweckmäßigerweise bei Fingern, die auf angebliche Terroristen zeigen, immer den Weg zurückverfolgen auf die Hand, den Arm, die Person, die diesen ausstrecke, und fragen, ob denn der Kampf gegen den Terror das eigentliche Motiv des Fingerzeigers sei.[234]

Stellt man die Frage nach dem Nutzen, dem *cui bono*, so hat der 11. 9. 2001 für die gesamte muslimisch-arabische Welt einen voraussichtlich Jahrzehnte währenden Schaden angerichtet, dessen die Täter sich bewußt sein mußten.

Die Welt trauert mit den Angehörigen und der amerikanischen Bevölkerung um die Opfer des grauenhaften Anschlags. Doch zieht man nüchtern Bilanz für die amerikanische Weltmachtpolitik, so hat das dramatische Ereignis des 11. 9. der Bush-Regierung über Nacht einen angeblich nicht voraussehbaren überwältigenden Vorteil gebracht. Sie kann unter dem Vorwand des Kampfes gegen den Terror die militärische, politische und wirtschaftliche Landschaft gerade in den muslimisch bevölkerten ölhaltigen Regionen nicht nur des Nahen Ostens neu gestalten, sie kann geopolitisch wichtige Schlüsselpunkte in Richtung China und Rußland mit Militärstützpunkten besetzen und obendrein der eigenen Bevölkerung die Finanzierungslast der laufenden und noch anstehenden Unternehmungen auferlegen.

Der so unvermittelt ausbrechende Kampf gegen den Terrorismus erlaubt das Verfolgen von Zielen, die bereits vor dem

11. 9. ins Auge gefaßt waren. Dies geht mehr oder weniger direkt aus einer Anzahl von Politikentwürfen hervor, die die Mannschaft um Präsident George W. Bush Jahre vor dem Regierungsantritt in Denkfabriken und Diskussionszirkeln im »Projekt für ein Neues Amerikanisches Jahrhundert« schriftlich niedergelegt hat. Die Gremien waren und sind zusammengesetzt aus einem Pool konservativer, mit dem Geld der Waffen-, Munitions-, Öl-, Gas- und Rohstoffindustrie gespeisten »Think Tanks«.

Viele Teilnehmer haben Jahre der Arbeit im Bereich des Pentagons, des State Department und der Waffenindustrie hinter sich und bringen die dort entwickelten Vorstellungen ein. Das »Projekt für ein Neues Amerikanisches Jahrhundert« geht von dem geschichtlichen Bewußtsein Amerikas aus, dreimal im vergangenen Jahrhundert das Böse in Gestalt des deutschen Kaiserreichs, Hitler-Deutschlands und der Sowjetunion besiegt zu haben. Diese Politik führte unter großen Opfern zu dem lang erkämpften amerikanischen Weltfrieden, einer Pax Americana. Die Supermacht und den nur von ihr garantierten Weltfrieden gilt es in die Zukunft zu sichern und mögliche Konkurrenten am Aufstieg zu hindern. Dies ist nun die zwingende Aufgabe amerikanischer Politik. Die Gedankengänge sind nicht wesensverschieden von dem, was bereits Brzezinski in seinem Buch *Die einzige Weltmacht: Amerikas Strategie der Vorherrschaft* in den neunziger Jahren formulierte. Man wird davon ausgehen können und müssen, daß hier ein Konsens eines Großteils der amerikanischen Machteliten zum Ausdruck kommt, der parteiübergreifend ist und den auch die nationalen Medien im wesentlichen teilen.

An dem Projekt »The New American Century« haben maßgeblich die Neokonservativen William Kristol, Vizepräsident Richard B. Cheney, Verteidigungsminister Donald Rumsfeld, der Stellvertretende Verteidigungsminister Wolfowitz, der bisherige Chef des Beraterkreises des Pentagons für Verteidigungspolitik Richard Perle, der Stellvertretende Außenminister

Richard Armitage, der Gouverneur von Florida Jeb Bush, Bruder des Präsidenten, sowie der derzeitige Botschafter der USA in Afghanistan mitgearbeitet. Die Gruppe bildet den die amerikanische Außen- und Militärpolitik wesentlich gestaltenden Kern der derzeit im Amt befindlichen Bush-Regierung in Washington.

Die für die Sicherung des »Neuen Amerikanischen Jahrhunderts« für erforderlich gehaltene Politik wird in einem Papier über den »Umbau der amerikanischen Verteidigung in Strategie, Streitkräften und Mitteleinsatz« zum Ausdruck gebracht.[235] Danach muß Amerika seine weltbeherrschende Supermachtstellung für ein weiteres Jahrhundert und darüber hinaus militärisch sichern. Die USA müssen im globalen wie im regionalen Maßstab die gesicherte militärische, wirtschaftliche, technologische und industrielle Dominanz halten. Sie müssen sich gegen Angriffe aus dem Weltraum absichern. Das SDI-Programm muß mit hoher Priorität durchgesetzt werden. Die Fesseln des ABM-Vertrags zur Einschränkung des Wettrüstens mit Rußland im Weltraum müssen beseitigt werden. Der Cyberspace elektronischer Netzwerke muß von den USA dominiert werden. Die amerikanischen Streitkräfte müssen in der Lage sein, mehrere größere Kriege auf verschiedenen Kontinenten gleichzeitig erfolgreich zu führen. Die technologische Überlegenheit der USA im Bereich neuer Waffenentwicklungen ist sicherzustellen. Taktische Nuklearwaffen zum Aufbrechen unterirdischer Bunkeranlagen konventionell kämpfender Feinde müssen entwickelt und für die Streitkräfte bereitgestellt werden. Dazu müssen auch die unterirdischen Testversuche wieder aufgenommen werden. Selbst der Weiterentwicklung biologischer Waffen als nützlichem Kriegsinstrument in der Hand der überlegenen Weltmacht wird das Wort geredet.

Da die Absicherung des »American Empire« sehr viel Geld kostet, muß das amerikanische Volk auf die nach dem Zusammenbruch der Sowjetunion denkbare Friedensdividende verzichten. Im Gegenteil, die Ausgaben für Rüstung und Stationierung von Streitkräften müssen kräftig erhöht werden, sollen die Weltmachtrolle der USA und die Pax Americana nicht auf Dauer verspielt werden.

Mit bedauerndem Unterton geht die Gruppe davon aus, daß die erforderliche Umstellung von Rüstung und Streitkräften samt der dem Volk aufzuerlegenden Finanzierungslasten nur zögerlich vorangehen werden. Es sei denn, so klingt ein Hoffnungschimmer an, ein Katastrophenereignis trete ein wie seinerzeit der Überfall der japanischen Streitkräfte auf den ahnungslosen amerikanischen Marinestützpunkt Pearl Harbor mit 2000 Todesopfern und der Versenkung eines Großteils der pazifischen US-Flotte, der 1941 die damals überwiegend pazifistisch gesonnene Bevölkerung der USA über Nacht dazu bewogen hatte, mit Präsident Roosevelt in den Weltkrieg gegen Japan und Deutschland zu ziehen.[236]

Das Papier versäumt auch nicht, die Absetzung Saddam Husseins zu fordern, nicht nur, um einen üblen Diktator loszuwerden, sondern vor allem zur Errichtung einer dauerhaften amerikanischen Militärpräsenz in der Region. Die amerikanischen Truppen stünden insgesamt zu sehr in den Standorten des Kalten Krieges und müßten langfristig in die neuen Schwerpunkte der Auseinandersetzung nach Südostasien und Südosteuropa verlegt werden.

Die Agenda für die Militärstrategie der im Januar 2001 antretenden neuen Bush-Administration ist im September 2000 veröffentlicht worden. Sie bezieht sich ausdrücklich auf eine Richtlinie zur Verteidigungspolitik, die seinerzeit Paul Wolfowitz für Dick Cheney, den damaligen Verteidigungsminister unter Präsident Ronald Reagan und heutigen Vizepräsidenten, ausgearbeitet hatte und die schon 1992 den Schlag gegen den Irak vorsah. Wolfowitz wiederum ist heute Stellvertretender Verteidigungsminister unter Donald Rumsfeld.

Die Gruppe für das »Neue Amerikanische Jahrhundert« denkt militär- und kriegslastig. Sie engagiert sich in öffentlichen Äußerungen vehement auf der Seite der Likud-Politik Scharons und Netanjahus. Richard Perle, der mit Wolfowitz zum Führungskreis des Think-Tank-Projekts »Neues Amerikanisches Jahrhundert« zählt, hat zusammen mit anderen im Jahre 1996 auch den Entwurf für eine neue Sicherheitspolitik für Israel verfaßt.[237] Darin wird die Aufgabe der jahrzehntelang verfolgten Politik »Frieden für Israel gegen Rückgabe besetzten Landes an die Palästinenser« gefordert. Der Anspruch auf das Land Israel sei ein 2000 Jahre alter Traum, legitim und nobel zugleich. Dieser dürfe nicht mehr zur Disposition gestellt werden. Nur die bedingungslose Annahme der israelischen territorialen Ansprüche nach dem Muster Frieden gegen Frieden sei verhandelbar. Es dürfe mit den Palästinensern keinen Kompromiß über die Hauptstadt Jerusalem geben. Die militärische Präsenz israelischer Streitkräfte in palästinensischen Territorien müsse gewährleistet bleiben. In bezug auf die Nachbarstaaten Israels werden gezielte Schläge gegen Syrien vorgeschlagen, sollte Damaskus den israelischen Vorstellungen der Terrorbekämpfung im Libanon nicht entgegenkommen. Auch auf den Golanhöhen könne eine Vereinbarung nach dem Muster Friede gegen Land nicht in Betracht bezogen werden. Syrien wird mit einer Neuzeichnung der Landkarte des Mittleren Ostens bedroht, die es zum Verschwinden bringen könne. Es wird ein gemeinsames jordanisch-türkisch-israelisches Vorgehen gegen Syrien vorgeschlagen. Israel müsse seine umgebenden Staaten in einem Gleichgewicht der Kräfte einbinden. Die Beseitigung Saddam Husseins im Irak wird als ein wichtiges Ziel israelischer Politik dargestellt.

Der im Institute for Advanced Strategic and Political Studies in Jerusalem und Washington ausgearbeitete Politikvorschlag für eine Likud-Regierung in Israel zeigt auch nicht den Anflug eines Verständnisses für die Probleme der anderen, der palästinensischen oder auch arabischen Seite. Jeder Kompromiß wird als Schwäche ausgelegt. Im Klartext gesprochen zeigt sich hier der Wille, die Grenzen des Staates Israel bis an den Jordan mit Hilfe immer weiter voranzutreibender Landnahme militanter Siedler zu verschieben und die Palästinenser allenfalls als Mitbürger zweiter Klasse in Sondersiedlungen zu belassen. Erst wenn dieses Ziel erreicht und von den Israel umgebenden Völkern ebenso wie von den Palästinensern akzeptiert sein wird, kann es in der Region Frieden geben. Verständlich, daß die Politikdenker sowohl des »Neuen Amerikanischen Jahrhunderts« als auch einer »Neuen Strategie 2000 für den Staat Israel« Vorstellungen etwa von Partnerschaft, Verständigung, Ausgleich und Abrüstung bereits als Abstieg in die Bedeutungslosigkeit sowohl für die USA als auch Israel sehen müssen.

Und nun liefern die 19 Hobbyselbstmordflieger exakt das katastrophale und alles Bisherige umwerfende Ereignis des 11. 9., nur ein Jahr, nachdem die Gruppe ihren Wunschzettel für die Umsetzung des Projekts »Neues Amerikanisches Jahrhundert« niedergelegt, neun Monate, nachdem Präsident Bush sein Amt angetreten hat. Die Regierung ebenso wie die Medien sprechen sofort von dem neuen Pearl Harbor, vom weltweiten Krieg gegen den Terrorismus, der alle bisherigen Politikvorstellungen von Grund auf verändere. Die Bush-Regierung fordert im Innern wie vom Ausland nahezu bedingungslose Gefolgschaft. Wer nicht mit uns ist, ist für den Terrorismus.

Es folgt Schlag auf Schlag die Umsetzung des Programms der konservativen Denkfabriken:

Die amerikanische Regierung erklärt einen Jahre andauernden Krieg gegen den Internationalen Terrorismus im allgemeinen und die Basis Al Kaida im besonderen. Im Zuge des Antiterrorkampfs »Enduring Freedom« sollen alle Staaten bekämpft werden, die dem Terrorismus Vorschub leisten oder Hilfe gewähren. Die Definition liegt bei der Regierung der USA. Vizepräsident Cheney geht von einen Weltkrieg gegen bis zu 60 Staaten aus. Die jährlichen Militärausgaben werden von bislang 300 auf fast 400 Milliarden Dollar angehoben. Die

Friedensdividende nach dem Zusammenbruch der Sowjetunion wird gegenstandslos. Der neue Feind wird im Vergleich zur verblichenen Sowjetunion als noch gefährlicher eingeschätzt. Binnen eines Jahrzehnts nach dem Untergang des verhaßten Gegenspielers mit den kaum in Schach zu haltenden konventionellen und nuklearen Waffenarsenalen konnte nun als Ersatzfeind der internationale muslimisch-fundamentalistische Terrorismus auf den Plan treten. Was die Sowjetunion nie hat erreichen können – einen Angriff auf strategische Ziele der Vereinigten Staaten auf deren eigenem Territorium –, war nun der muslimisch-fundamentalistischen Basis (Al Kaida), geführt aus den Höhlen eines zerstörten, verkehrsfernen und rückständigen Landes, gelungen. Von dort werden nun, meist per Handy und über Internet, Terrorangriffe auf Industriestaaten mit Methoden und Mitteln geplant, die den Durchgriff auf die geheimsten Einrichtungen einer Weltmacht ermöglichen. Diese Spezialisten können die Luftabwehr einer Supermacht, die Bodenkontrolle des zivilen Luftverkehrs ausschalten oder überlisten, sie steuern Jumbojets als Selbstmordattentäter in die Zentren der westlichen Zivilisation, die Abwehr der Geheimdienste kann mühelos überwunden werden. Die zivilisierte westliche Welt sieht sich in existentieller Gefahr. Aus 60 Staaten heraus kann diese neue Basis Al Kaida jederzeit zum Kampf antreten. Der ständig abgehörte und in Auszügen in den Medien der Industriestaaten veröffentlichte Telefonverkehr der verdächtigten Terrorvereinigung liefert täglich den Beweis für die gigantische Bedrohung, inzwischen sogar mit atomaren, chemischen und biologischen Kampfstoffen. Die Bevölkerung Großbritanniens, der USA und Israels wird in Angst und Schrecken versetzt. Die neue Heimatschutzbehörde empfiehlt den Kauf von Gasmasken, das Anlegen von Notrationen für das Überleben in den ersten Wochen nach dem großen Schlag. Der Kauf von Klebebändern zur Abdichtung gegen Giftgas räumt die Regale der Baumärkte.

Drogen-Warlords der Nordallianz:
Kampfpartner gegen die Taliban

Im Zuge des Kampfes gegen den Terror der Al Kaida wird nun der vor dem Terrorereignis des 11. 9. bereits geplante Feldzug gegen das Afghanistan der Taliban in Gang gesetzt. Dabei setzen die USA auf die Führer der sogenannten Nordallianz. Diese waren als die zuvor von den Taliban in Schach gehaltenen früheren Warlords in den Tälern des Nordens bereit, Seite an Seite mit den USA um die Herrschaft in Afghanistan zu kämpfen. Die Partnerschaft ist insofern problematisch, als diese Nordallianz nicht nur keineswegs die ethnische und geographische Vielfalt Afghanistans vertritt, sondern vor allem auch durch den Anbau von Mohn auf den Feldern des Berglandes für die Herstellung von 80 Prozent des in Europa und den Vereinigten Staaten verkauften Rauschgifts Heroin sorgt. Nachdem die Taliban in den letzten Jahren den Mohnanbau drastisch zurückgedrängt hatten, stehen inzwischen wieder Rekordernten an, die nun in den Markt drücken. Die Bauern in den Hochtälern Afghanistans erzielen nach Angabe von UN-Vertretern mit Opium nun wieder 12 500 Dollar pro Hektar, während sie für Weizen bisher nur 1400 Dollar erlösen konnten.[238] Die den Drogenanbau unterdrückenden Taliban wurden beseitigt, gleichzeitig der internationalen Drogenbekämpfung einmal mehr die Waffe aus der Hand geschlagen. Das Heroin gelangt zu 80 Prozent nach Europa. Die dortigen Suchtkranken sorgen mit ihrer Beschaffungskriminalität für die Finanzierung des Kampfgeschehens. Die amerikanische Stützung der Warlords mit ihren Drogeneinnahmen bringt zwangsläufig die entscheidende Schwächung der Zentralregierung in Kabul mit sich, die deshalb außerhalb der Hauptstadt keine Autorität erlangen wird.[239]

Afghanistan als Scharnier im Machtgeflecht Asiens

Die Bundeswehr wie auch Armeen anderer Bündnispartner unterstützen die USA im Bodenkampf gegen die Taliban, vor allem aber bei der Suche nach Osama bin Laden, dem angeblichen Meisterhirn hinter den Anschlägen des 11. 9. Allerdings dauerte es nicht allzulange, bis die Vereinigten Staaten erklärten, Osama bin Laden und dessen Basis-Truppe seien nicht mehr unbedingt das oberste Ziel ihres Kampfes im Land. Der Kommandeur der amerikanischen Bodentruppen meinte gar, bin Laden sei ein eher nichttypisches Ziel der militärischen Aktivitäten. Afghanistan liegt ebenso wie Tibet strategisch im Machtdreieck von China, Rußland, Pakistan und Indien. Dort militärisch mit Kampfflugzeugen und Raketenbasen auf Dauer präsent zu sein, ergibt »power projection«, die Möglichkeit der Machtausstrahlung auf Kontinente und Milliardenvölker.

Nicht unerwähnt soll bleiben, daß es den Taliban bei all ihren sonstigen steinzeitlichen Untaten nach anfänglichem Schwanken doch gelungen war, Afghanistan weitgehend von der Geißel des Mohnanbaus und damit des Heroins zu befreien.[240] Vielleicht wähnten sie sich sogar in einer Partnerschaft im Krieg der USA gegen den internationalen Drogenhandel, der jährlich mit Kosten von 13 Milliarden Dollar betrieben wird. Sie hätten die Musterknaben der Drug Enforcement Agency werden können, wenn nicht die Interessen der CIA in eine ganz andere Richtung gewiesen hätten.

Die CIA benötigt, wie erwähnt, als Instrument der geheimen amerikanischen Außenpolitik den Drogenhandel zur Finanzierung ihrer verdeckten Kriegführung und Destabilisierung an verschiedenen Brennpunkten der Erde. Bei der Verfolgung des Ziels, die ehemalige Sowjetunion aus ihren transkaukasischen Territorien, insbesondere im Bereich des kaspischen Beckens mit seinen 200 Milliarden Faß Öl im Boden[241], abzudrängen, dort handhabbare kleinere Staaten zu etablieren, amerikanische Militärbasen zu errichten und die Bodenschätze zum Abtransport und Verkauf durch amerikanische Gesellschaften zu sichern, werden daher immer wieder Rebellenbewegungen zum Einsatz kommen, in deren Reihen »Afghanis« kämpfen, Muslime aus arabischen Ländern, die ganz offensichtlich früher im Kampf gegen die Sowjetarmee in Afghanistan genutzt worden waren. Diese Kämpfer wollen entlohnt werden. Fällt der Drogenhandel aus den Hochtälern Afghanistans aus, so könnten diese Kämpfer nicht mehr verdeckt am Manna der geheimen Finanzierung teilhaben.

Die Opiumaskese der Taliban hatte den Warlords in den Hochtälern und deren Hintersassen, den Bauern, die Einnahmen aus dem Mohnanbau genommen. Mit dem Verlust der Einnahmen drohte den Mujaheddin der Einfluß auf die Stammesbevölkerung, die Machtbasis gegenüber der Zentralregierung, abhanden zu kommen.

Militärbasen entlang des kaspischen Ölbeckens zum Kampf gegen den Terrorismus in Afghanistan

Der auf Grund der Ereignisse des 11. 9. 2001 beginnende und nach Einschätzung der Bush-Administration mit Sicherheit Jahre während Weltkrieg gegen den internationalen Terrorismus machte es den USA möglich, auf dem Boden der asiatischen Nachfolgestaaten der ehemaligen Sowjetunion Militärbasen auf- und auszubauen, die auffällig nahe dem Milliarden Fässer Öl bergenden kaspischen Becken liegen, offiziell jedoch den Nachschub für den Kampf gegen das Osama bin Laden beherbergende Afghanistan sichern sollten. Dabei gibt die Administration in Washington sehr schnell zu erkennen, daß die Anwesenheit des Militärs nicht von kurzer Dauer sein könne. Im Ergebnis kommt das insofern nicht ungelegen, als das »Projekt für ein Neues Amerikanisches Jahrhundert« es erforderlich macht, nicht nur Rußland den Wiederaufstieg zur Weltmacht zu versperren, sondern vor allem das riesige

China, aber auch Indien und Pakistan einzudämmen und politisch wie wirtschaftlich nicht zu Konkurrenten werden zu lassen. Afghanistan ist ein geopolitischer Dreh- und Angelpunkt der militärischen Machtausstrahlung auf diese asiatischen Staaten. Es ist daher auch nicht verwunderlich, daß der Angriff auf Afghanistan bereits vier Jahre vor den Attentaten auf das World Trade Center und das Pentagon geplant war.[242] Niaz Naik, der frühere Außenminister Pakistans, wurde von hohen Vertretern der Bush-Administration Mitte Juli 2001 davon unterrichtet, daß der militärische Angriff gegen Afghanistan Mitte Oktober anlaufen werde. Auch die indische Regierung wurde längere Zeit vor dem 11. 9. 2001 von den amerikanischen Plänen unterrichtet.[243] Der Terrorschock des 11. 9. lieferte daher der Regierung Bush anscheinend ohne eigenes Zutun die nachträgliche Rechtfertigung der zuvor geplanten militärischen Intervention.

Der Irak des Saddam Hussein und der 11.9.

Der Vizepräsident der Vereinigten Staaten, Cheney, und Verteidigungsminister Rumsfeld lassen sofort nach den Anschlägen keine Gelegenheit aus, darauf hinzuweisen, hinter den Anschlägen stünde letztlich auch der Irak des Saddam Hussein. Als Beweis dient der angebliche Treff Mohammed Attas in Prag mit einem irakischen Geheimdienstler wenige Wochen vor den Anschlägen. Allerdings schien die Beweislage nach Einschätzung selbst der CIA als Begründung für ein militärisches Vorgehen gegen den Irak zu dünn zu sein. Die Regierung Tschechiens dementierte mit Nachdruck. Beweismittel wurden von der Administration nicht vorgelegt. Es gibt keine Beweise für die Förderung der Al Kaida und Osama bin Ladens durch den Irak. Alle bisherigen Darstellungen haben sich als Fälschungen oder Verdrehungen herausgestellt. Doch das reicht, um den amerikanischen Bürgerinnen und Bürgern mehrheitlich die Auffassung beizubringen, Saddam Hussein stehe hinter den Anschlägen des 11. 9. Die US-Bevölkerung ist offensichtlich inzwischen so verängstigt, daß die Regierung sich in der Lage sieht, im Zuge des Antiterrorkampfes mit den fadenscheinigsten Begründungen die Ziele auszutauschen oder zu ergänzen, die man jeweils zu verfolgen sich entschlossen hat.

*Die amerikanische Bevölkerung wird
vom Patriotismus gepackt*

Die mangelhafte Aufklärung des 11. 9. durch die amerikanische Administration verärgert nur Minderheiten in den Vereinigten Staaten, die den Aktionen der Regierung mit einigem Mißtrauen gegenüberstehen. Die überwältigende Mehrheit läßt sich von einem Patriotismus ergreifen, der von der Bush-Regierung sorgfältig und kontinuierlich genährt wird. Abgeordnete, die für die rückhaltlose Aufklärung des Versagens der Geheimdienste eintreten, werden von ihren Kollegen im Kongreß geschnitten, desavouiert und bei der Wiederaufstellung in den Wahlkreisen von auf Bundesebene mächtigen Lobbygruppen bekämpft. Die Chance, die sich der Opposition angesichts des so offensichtlichen Versagens des Regierungsapparats bietet, wird von dieser nicht wahrgenommen. So folgen die Demokraten in großer Mehrheit den Vorschlägen der Regierung, die auf Krieg und eine nachdrückliche Einschränkung der Bürgerrechte ausgerichtet sind.

Mit der Verabschiedung des »Patriot Act« durch den Kongreß werden ganze Teile des Ersten, Vierten, Fünften und Achten Amendments der amerikanischen Verfassung außer Kraft gesetzt oder eingeschränkt, neue Verfahrensregeln nehmen inhaftierten Bürgern die Möglichkeit des Zugangs zu einem Rechtsanwalt und des Rechts auf ein faires Verfahren oder schränken diese Rechte ein. Das Gesetz erlaubt die Durchsuchung von Privatwohnungen ohne Benachrichtigung des Betroffenen, die Nutzung von Überwachungstechnologie, die unbefristete Inhaftierung von Personen sowie die Entführung und Inhaftierung von Kriegsgefangenen auf unbefristete Zeit. Die Administration entscheidet, ob und wen sie als Kriegsgefangenen im Sinne der Genfer Konvention zu behandeln gedenkt. Das Völkerrecht, insbesondere das Kriegsvölkerrecht, wird von der Regierung der Vereinigten Staaten in weiten Teilen einseitig zur Disposition gestellt.

Inzwischen werden des Terrorismus verdächtige Personen durch Greiftrupps von Geheimdiensten zum Beispiel in Indonesien entführt, in hoheitlich nicht gekennzeichneten Flugzeugen nach Ägypten transportiert, dort in Anwesenheit von CIA-Angehörigen von Nichtamerikanern unter Folter verhört, so daß Rechte des amerikanischen Strafprozesses oder des internationalen Völkerrechts angeblich nicht zu beachten sind.

Die Regierung Bush hat eine Liste von Terrorverdächtigen veröffentlicht, die ohne weiteres rechtsstaatliches Federlesen von amerikanischen Einheiten aufgegriffen und umgelegt werden dürfen. Das erste Opfer war ein des Terrors Verdächtiger, der auf einer Überlandfahrt im PKW von einer CIA-Drohne ermordet wurde, ohne rechtliches Gehör, ohne richterliche Beweiswürdigung, ohne Urteil und ohne Öffentlichkeit. Der Tod der fünf Mitfahrer stellt sich als »Kollateralschaden« der Geheimdienstoperation dar.[244]

Gleichzeitig wurden nach innen die bisher so großartigen Möglichkeiten der Bürgerinformation im Zuge des »Freedom of Information Act« eingeschränkt oder beseitigt, wonach jedermann das Recht auf Einsicht in die Unterlagen der öffentlichen Hand zusteht, sofern nicht unüberwindliche Hindernisse der Staatsräson entgegenstehen. Auch wurde angeordnet, daß die »Präsidialakten« früherer Präsidenten nicht wie bisher uneingeschränkt der Öffentlichkeit nach einer bestimmten Frist zugänglich zu machen sind. Damit kann den Historikern auch für kommende Jahrzehnte der tiefere Einblick in unliebsame Skandale der Vergangenheit wie der Gegenwart versperrt bleiben. Zu denken wäre aus aktuellem Anlaß an die Aufrüstung Saddam Husseins zum Krieg gegen den Iran auch mit chemischen und biologischen Waffen durch die USA und Großbritannien in den achtziger Jahren oder die Geldwäsche und Drogendeals der CIA mit Noriega, dem Diktator von Panama und langjährigen CIA-Partner.

Im Inneren wurde zur Überwachung terroristischer Umtriebe eine Heimatschutzbehörde geschaffen, die rund 170 000 Angestellte beschäftigen soll. Zugleich werden freiwillige Hilfskräfte organisiert und finanziert, die in der Nachbarschaft terrorbegünstigende Tendenzen beobachten sollen, was der Denunziation Tür und Tor öffnet.

Vom Instrument zum Todfeind
der verdeckten Außenpolitik

Weder von der Regierung noch vom Kongreß oder von den Medien zur Verantwortung gezogen, mußte die CIA bislang nicht darlegen, ob sie ihre Instrumente Osama bin Laden, die Taliban und die Organisation Al Kaida auch heute noch nutzt, und sei es auch nur in Teilen, oder wann sie die ehemaligen Partner ganz oder zum Teil hat fallen lassen, die sich inzwischen in Todfeinde der USA verwandelt haben sollen. Es mag ein Geflecht von Gründen geben, die den Umschwung in Washington bewirkten. Die Taliban schreckten die muslimischen Nachfolgestaaten der Sowjetunion und deren Gesellschaften mehr ab, als daß man über sie dort Einfluß gewinnen konnte. Die Sowjetunion war zusammengebrochen, die ölreichen Nachfolgestaaten sollten nicht in die Arme Moskaus zurückgetrieben werden, sie sollten vielmehr die Partnerschaft mit Washington und den amerikanischen Ölgesellschaften suchen. Die Destabilisierung wurde in dieser inzwischen für amerikanische Interessen aufgeschlossenen Region nicht mehr benötigt. Die Mohren hatten ihre Schuldigkeit getan.

Die kriegsunwillige Demokratie und die Machteliten

Liegen nun die vielgeschmähten »Verschwörungstheoretiker« so völlig daneben, wenn sie die Frage stellen, wie es denn sein kann, daß diese ehemaligen Söldner der Geheimdienste der USA und Israels im historischen Handumdrehen sich in die größte, weltumspannende, heimtückischste, alle denkbaren technischen Kriegsmittel perfekt beherrschende Terroristenmannschaft verwandeln können? Gibt es nicht doch einen Zusammenhang zwischen den neokonservativen aggressiven Vorstellungen der Bush- wie der Scharon/Netanjahu-Mannschaft, denen der 11. 9. scheinbar wie ein Geschenk des Himmels in den Schoß fiel, so daß der ungeheuerliche Gedanke einer Inszenierung über Geheimdienste sich aufdrängt? Und müßten nicht beide Regierungen alles daransetzen, der kritischen Öffentlichkeit die Gewißheit zu geben, daß die Veteranen früherer Kämpfe nicht wie so oft auch in neuer Rolle eingesetzt werden? Und was hat es zu bedeuten, wenn die Verantwortlichen die Aufklärung nicht fördern, sondern nachhaltig behindern?

Es gibt auch in Demokratien Machteliten, die bei sich bietender Gelegenheit zur Erreichung aggressiver Ziele durchaus bereit sind, die militärischen Machtmittel eines Staates einzusetzen. Sie haben nur immer wieder ein Problem: Die demokratischen Wähler lehnen in aller Regel militärische Abenteuer bei Kenntnis der Zusammenhänge ab. Doch nun soll der amerikanische Wähler, der Bürger, der in den Idealen seiner Verfassung erzogen worden ist, der auf die Herrschaft durch das Volk und nach den Wünschen des Volkes baut, der den Rechtsstaat und die Gewaltenteilung schätzt, der will, daß der Riesenkontinent USA im Frieden mit seinen Nachbarn und der internationalen Staatenwelt lebt, durch die Außenpolitik der Bush-Cheney-Regierung auf eine Reise mitgenommen werden, bei der das militärische Instrumentarium mit jährlichen Kosten von bald 400 Milliarden Dollar eingesetzt und weiter ausgebaut werden soll, um so die Hand auf die Rohstoffreserven fremder Völker zu legen. Zur Überwindung des natürlichen Widerwillens gegen den Einsatz militärischer Macht hilft das Mittel der psychologischen Kriegführung gerade auch in der Hand der Geheimdienste.

Der Krieg um die Gefühle und Einstellungen der Massen

Bei der Aufklärung der Ereignisse des 11. 9. sollte man daher nicht außer acht lassen, daß die angebliche Tat der 19 muslimischen Selbstmordattentäter durchaus die Tat einer wie auch immer zusammengesetzten Geheimdienststruktur gewesen sein könnte, die die amerikanische Politik nach dem 11. 9. vorauszusehen, zu berechnen und gezielt ins Werk zu setzen in der Lage war. Der damit verbundene Vorwurf, die eigenen Leute geopfert zu haben, wäre in der Tat zwar ungeheuerlich. Doch die Völker wissen inzwischen, daß der Spruch von der Wahrheit als dem ersten Opfer des Kriegs in aller Regel zutrifft. Wer als Demokrat versucht, hinter die Kulissen zu schauen, wird den Spruch nachvollziehen können: Es gibt keinen Krieg, schon gar nicht unter demokratischen Staaten, der nicht mit Lüge und Täuschung der beteiligten Staatsvölker durch ihre gewählten Führer einherzugehen pflegt. Völker wehren sich gegen Kriege. Sie müssen von deren Notwendigkeit jeweils überzeugt werden. Bei diesem Prozeß pflegt die kriegsinteressierte politische Elite nachzuhelfen. Das gilt gegen alle Geheimhaltung historisch nachweisbar auch für die amerikanische Demokratie. Schließlich war das vielzitierte Pearl Harbor nicht der Überfall auf die ahnungslosen amerikanischen Streitkräfte im tiefsten Frieden. Die amerikanische Abwehr hatte sämtliche Codes der japanischen Seite entziffert, konnte den militärischen und politischen verschlüsselten Funkverkehr verfolgen. Der Präsident wie die Spitzen der Teilstreitkräfte wußten von dem Angriff, unterließen es jedoch bewußt, den Kommandanten vor Ort zu informieren. Die Flugzeugträger waren zuvor zum Auslaufen befohlen worden. Der Rest wurde von den Japanern niedergebombt. Die Empörung über das katastrophische Ereignis brachte »katalytisch« den Umschwung der öffentlichen Meinung in den USA in Richtung Krieg gegen Japan und Deutschland.

Der 11. 9. bietet in der Tat das neue Pearl Harbor, die Katastrophe mit dem katalytischen Effekt. Der neue, viele Jahre dauernde »Drittte« oder »Vierte Weltkrieg«, den die derzeitige amerikanische Regierung gegen zahlreiche Staaten der Erde ins Auge gefaßt hat, muß deshalb nicht zwingend das nicht beabsichtigte Zufallsprodukt einer fehlgelaufenen muslimischen Terroraktivität gewesen sein. Er könnte auch die kühl berechnete Folge einer in Szene gesetzten Terrortat sein, wobei dann muslimische Studenten die scheinbaren Vollstrecker eines geheimdienstlich erdachten und ins Werk gesetzten Plans wären, mit dessen Hilfe die Massen der westlichen Demokratien hinter die zur geopolitischen Landnahme entschlossenen politischen Eliten der USA gezwungen werden sollten.

Der 11. 9. wäre dann ein Akt der psychologischen Kriegführung, langfristig vorbereitet von einer Aktionsgruppe aus dem Geheimdienstbereich und sehr genau auf die zu bearbeitende Volksseele zugeschnitten. Dann hätten die muslimischen Tätergruppen und deren Hintermänner sich einspannen lassen in ein weltumspannendes Kriegsszenario, das sich im Gefolge der Taten des 11. 9. verwirklichen läßt und das ohne diese gewaltige Herausforderung des Stolzes und der Unverletzbarkeit einer Nation wie der USA nicht hätte anlaufen können.

SCHLUSSBEMERKUNG

Die Terrorakte des 11. 9. 2001 sind nach Auffassung der amerikanischen Regierung wie vieler Kommentatoren das Pearl Harbor des neuen Jahrhunderts. Und ebenso wie der japanische Überfall auf die amerikanische Flotte im Dezember 1941 den Eintritt der Vereinigten Staaten in den Zweiten Weltkrieg auslöste, ergibt sich aus dem 11. 9. nach dem Willen Präsident Bushs ein langanhaltender Krieg gegen den internationalen (muslimischen) Terrorismus. Der erste Militäreinsatz richtete sich gegen Afghanistan, der zweite gegen den Irak. Weitere werden folgen. Beide Pearl Harbors, das eigentliche wie das neue, brachten durch eine scheinbar unabwendbare Katastrophe die Wähler der größten Demokratie dazu, ihre Einstellung zum Krieg als Mittel der Austragung von Konflikten über Nacht zu ändern. So umstritten bis zum heutigen Tag die Hintergründe des Geschehens im Jahre 1941 sind, als amerikanische Soldaten von der politischen und militärischen Führung geopfert wurden, um den Schock der Katastrophe auf die öffentliche Meinung wirken zu lassen, so problematisch bleiben auch Vorwissen oder gar Täterschaft der amerikanischen Regierung in der Katastrophe des 11. 9. 2001. Gegenüber dieser Regierung werden Verdächtigungen formuliert, die verheerend sind. Doch die Sachverhalte werden nicht von finsteren, antiamerikanisch gesonnenen Europäern zur Diskussion gestellt, sondern fast ausschließlich von Amerikanern selbst. Wären die Ereignisse tatsächlich so abgelaufen, wie sie von

Schlußbemerkung

der amerikanischen Regierung dargestellt werden, könnte eine lebendige Diskussion unter Einschluß der Presse und unter Rückgriff auf die nach und nach eintreffenden Untersuchungsergebnisse der Ermittlungsbehörden schnell für Klarheit sorgen. Doch das exakte Gegenteil ist der Fall.

Nach fast zwei Jahren liegt noch nicht einmal ein amtlicher Zwischenbericht der Bush-Administration über das Geschehen vor, geschweige denn ein Weiß-, Blau- oder Rotbuch. Der Kongreß ließ sich so einschüchtern, daß er allenfalls die Ausschüsse für die Geheimdienste geheime Aufklärung betreiben ließ. Die demokratische Opposition des Kongresses ließ sich in beiden Häusern von Präsident und Vizepräsident dazu verpflichten, die Untersuchungen nicht zu umfassend ausfallen zu lassen, da anderenfalls der Kampf gegen den Terrorismus durch Abzug von Personal geschwächt würde. Der zweite Anlauf einer von der Regierung eingesetzten Kommission ist nach unendlichen Schwierigkeiten zwar gestartet, hat jedoch noch kaum Zwischenergebnisse gebracht. Im übrigen sind die wichtigsten Beweismittel inzwischen beseitigt.

Die Spur der 19 muslimischen Selbstmordattentäter ist zwar unübersehbar, doch sie fällt beim Betrachten einzelner wichtiger Elemente schlicht in sich zusammen. Eine Aufklärung der vielen schwerwiegenden Ungereimtheiten findet nicht statt. Viele Einzelheiten sind und bleiben unklar. Das gilt selbst für die Identität der 19 Personen. Der Betrachter der Tatkomplexe und ihrer Hintergründe ist gezwungen, auf schwankendem Boden die Beobachtungen selbst abzuwägen, miteinander in Verbindung zu bringen, Lücken der amtlichen Sachverhaltsdarstellung zu ergänzen, aus Geheimhaltung bestehende Lücken mit möglichst plausiblen Mutmaßungen zu überspringen, denkbare amtliche Fälschungen als solche zu erkennen. Sehr häufig sind die Zusammenhänge nur in Kenntnis der vor allem geheimdienstlichen Vorgeschichte, also der verdeckten Operationen früherer Jahre, zu verstehen. Kommen die 19 jugendlichen Muslime als Täter jedoch nicht in Betracht, dann stimmt auch die These von dem großen Terrorbetreiber Osama bin Laden zumindest in dieser Form nicht. Dann gehören auch die zahlreichen Hinweise, die alle größeren Geheimdienste der Welt vor der Tat gaben, zu einer wohl amtlich gefütterten Fehlspur. Dann bedeutet die Tatsache, daß Monate vor der Tat die Spitze des FBI Ermittlungen gegen arabische Flugschüler und das State Department solche gegen Osama bin Laden abwürgte, den Schutz der gelegten Fehlspur. Dann macht es auch einen Sinn, daß Personen, die die Untersuchung blockierten, nach der Tat befördert wurden.

Mit Sicherheit gibt es so etwas wie die Basis »Al Kaida«. Und es gibt oder gab Osama bin Laden, der so unauffindbar zu bleiben scheint wie Saddam Hussein.

Die empörende Unwilligkeit, die Hintergründe der Terrorakte ohne Ansehen der Person aufzuklären, die exzessive Geheimhaltung, die geradezu abenteuerliche Beseitigung der erforderlichen Beweismittel, die Vorwürfe des fehlenden Patriotismus oder des Antiamerikanismus gegen die Zweifler setzen die US-Regierung dem Verdacht aus, an den Ereignissen des 11. 9. nicht unbeteiligt gewesen zu sein. Gerade weil ihre führenden Mitglieder noch vor Regierungsantritt zu Papier gebracht hatten, daß ein »Neues Amerikanisches Jahrhundert«, eine Pax Americana oder eine amerikanische Weltherrschaft im wesentlichen mit noch höheren militärischen Mitteln als bislang gegen die Sowjetunion herbeigeführt und weit in die Zukunft gesichert werden müßten, und weil dieselbe Mannschaft bereits auf das wünschenswerte Ereignis einer Katastrophe anspielte, hätte man härteste Aufklärungsarbeit erwarten können, um auch nur den Anschein einer Manipulation zu vermeiden. Das Gegenteil fand statt. Und es spricht einiges dafür, daß die 19 angeblichen Selbstmordattentäter vor der Tat durch die Lande geführt wurden, so daß ihnen später plausibel die Taten des 11. 9. in die Schuhe geschoben werden konnten. Der eigentliche Tathergang war mit Sicherheit anders. Die Flugzeuge sind mit aller Wahrscheinlichkeit durch

Schlußbemerkung 251

Fernsteuerung den Piloten aus der Hand genommen und in die Türme des World Trade Centers gesteuert worden. Doch dies allein wiederum kann die Türme nicht zu Fall gebracht haben.

Ähnlich wie bereits bei dem Bombenanschlag auf das Bundesverwaltungsgebäude in Oklahoma aus dem Jahre 1995 müssen mit hoher Wahrscheinlichkeit zwei Taten angenommen werden, die sich überlagern, jedoch getrennt voneinander abliefen. Die erste verbrecherische Tat, die bereits genügend Zerstörung angerichtet hat, wird synchron übersteuert von einem noch schrecklicheren Tatgeschehen, nämlich der kurz hintereinander ablaufenden kontrollierten Sprengung der beiden Türme. Und beide scheinbar synchron ablaufenden Taten werden über eine breit gelegte Fehlspur muslimischen Selbstmordattentätern in die Schuhe geschoben, die als Vertreter der hassenswerten, einer Neuordnung dringend bedürftigen muslimischen Zivilisation stehen. Welche Tätergruppen für welche Tat in Frage kommen, bleibt offen. Hier könnte ein Geheimdienst dem Konkurrenten die Durchdringung seiner »cosmic top secret« gehaltenen verdeckten Operation vor Augen geführt und damit die öffentliche Erregung gegen die 19 Scheinattentäter und deren Hintergrund in der muslimischen Welt mit dem Drahtzieher in Afghanistan auf die Spitze getrieben haben. Wie dem auch sei, die Folgen sind unabsehbar und vermutlich für dieses Jahrhundert bestimmend, sollte die öffentliche Meinung nicht doch noch dazu gebracht werden, an der Redlichkeit amerikanischen Regierungsverhaltens zu zweifeln.

Die ökonomisch, finanziell, kulturell und nicht zuletzt militärisch allen anderen kleineren und schwächeren Nationen haushoch überlegene Supermacht streift unter Berufung auf das Terrorereignis des 11. 9. die Fesseln des Völkerrechts ab und geht unter welchen sonstigen Vorwänden auch immer mit militärischen Mitteln zur Neuordnung der Öllandschaft des persischen Golfs und der arabischen Halbinsel über. Sie setzt in geopolitisch bedeutsamen Regionen auf neue Militärbasen.

Sie definiert Achsen des Bösen. Wo sie einzugreifen beabsichtigt, vermutet sie in aller Regel Stützpunkte der Basis-Truppe Al Kaida. Fortwährende Terrorakte scheinen die Behauptungen zu bestätigen. Die Beweise bleiben bei näherem Hinsehen meist dürftig.

Die Führungsriege für das »Neue Amerikanische Jahrhundert« fordert nahezu bedingungslose Gefolgschaft. Die bockigen Demokratien Europas werden als Anhänger der Venus im Gegensatz zu den mutigen Anhängern des Mars beschimpft, als Waschlappen, Feiglinge, Versager im Kampf gegen das Böse. Demokratische Entscheidungen, die nicht der amerikanischen Linie folgen, werden mit Sanktionen bedroht.

Sollte der eingeschlagene Weg der amerikanischen militärlastigen Außenpolitik nicht an der Empörung der Welt oder auch der Überstrapazierung der amerikanischen Finanz- und Wirtschaftskraft oder dem Unwillen des amerikanischen Wählers scheitern, so wird ein Zwang zur Anpassung an die Willkür des Stärkeren unausweichlich seine Spuren auch in der Koalition der Unwilligen hinterlassen. Der Traum Amerika, das Fanal der Freiheit und der Menschenrechte steht kurz davor, ausgeträumt zu sein. »Du sollst die Wahrheit wissen und die Wahrheit wird Dich befreien«, heißt der Sinnspruch aus dem Johannesevangelium über dem Eingangsportal der CIA in Langley/Virginia vor den Toren Washingtons.[245] Die Wahrheit über den 11. 9. 2001 könnte die befreiende Wirkung haben, die internationale, derzeit verdunkelte Szene wieder zu erhellen. Doch der Wahlspruch der CIA ist in sich bereits Täuschung und entspricht nicht ihrem Auftrag. Er ist zu schön, um jemals wahr zu werden. Nur der informierte Bürger kann die Folgen einer gewaltigen Desinformation überwinden. Die wahren Patrioten der USA haben eine Aufgabe!

ANMERKUNGEN

1 Der ehemalige CIA-Direktor R. James Woolsey spricht landauf, landab vom »Vierten Weltkrieg« gegen den militanten Islam. Der »Dritte Weltkrieg« war nach seiner Auffassung der kalte Krieg gegen die Sowjetunion.
2 Zeitangaben nach CNN.com/2001/US/09/11/chronology.attack.
3 »Time Line of Events: September 11-18, 2001«; CNN, a. a. O., datiert drei Minuten später auf 9 Uhr 43. »Timetable 11. September 2001, emperor clothes«, gibt eine Schwankungsbreite zwischen 9 Uhr 38 und 9 Uhr 41 Uhr an.
4 »Timetable 11. September 2001, emperor clothes«; die Zeitung *Pittsburgh Post Gazette*: »Flight 93 Timeline«, hat 8 Uhr 02 als Abflug nach Plan und 8 Uhr 42 als tatsächlichen Abflug ermittelt.
5 *Pittsburgh Post Gazette*, »Flight 93 Timeline«, nimmt 10 Uhr 06 als Absturzzeit an. 10 Uhr 02 seien Radarsignale auf einem 15 Meilen südlich gelegenen Flughafen auf Band aufgenommen worden.
6 Vgl. Zusammenstellung Burns, CNN, Indymedia und Gerüchte über jubelnde Palästinenser, Indymedia germany, 22. 9. 2001. Dort wird ein Artikel der *Jerusalem Times* vom 14. 9. 01 wiedergegeben, wonach ein Team des israelischen Verteidigungsministeriums mit den Aufnahmen beauftragt war. Für 200 Schekel seien in Jerusalem Süßigkeiten gekauft und unter Kinder und Passanten in Ost-Jerusalem verteilt worden. Von dort sollen die Aufnahmen über Reuters/London an CNN weitergereicht worden sein. Der frühere stellvertretende Bürgermeister von Jerusalem Benvenisti berichtete darüber nahezu wortgleich in der Zeitung *Ha'aretz* vom 13. 9. 01.
7 John Cochran, *ABC News' Special Report*, »Planes crash into World Trade Center 11. 9. 2001«.
8 CNN.com/2001/US/09/11/chronology of terror, 12. 9. 2001.
9 Wood, Allen/Thomson, Paul, »An Interesting Day. President Bush's Movements and Actions on 9/11«, globalresearch.ca., 15. 5. 2002.

10 Zur Praxis des US-Konsulats Yedda in Saudi-Arabien bei der Erteilung von Visa für Kriminelle und Terrorgruppen vgl. die Erfahrungen des Beamten des State Departments J. Michael Springmann mit der CIA-Übersteuerung des Konsulats: »The Hand That Rule The Visa Machine Rocks The World; How Langley and Foggy Bottom brought bin Laden's Terrorists to America«, *Covert Action Quarterly* Nr. 71, Winter 2001.

11 »Who Bombed The World Trade Center? FBI Bomb Builders Exposed!!« Paul DeRienzo, Frank Morales and Chris Flash, *The Shadow*, Heft Okt. 1994/Jan. 1995, enthalten in »Lectric Law Library's stacks«.

12 Asad Ismi & Farkan Haq, »Afghanistan – The Great Game Continues«, *Covert Action Quarterly*, No. 59 (Winter 1996/97), S. 49.

13 *The Washington Post* 15. 9. 1995; Frederic Whitehurst, »FBI Lab Whistleblower, Testifying at the World Trade Center Bombing Trial«, 14. August 1995

14 Andreas von Bülow, *Im Namen des Staates*, S. 473ff.

15 Brigadier General Benton K. Bartin, USAF (Ret.), »Oklahoma City Bomb Report«, 30. 7. 1995.

16 William F. Jasper, »More Pieces to the OKC Puzzle; Probing the McVeigh/Neo-Nazi connection«, *The New American*, 24. 6. 1996.

17 Nach *Le Monde du Renseignement* (Nr. 300, 28. 11. 96: »Enquete sur la nebuleuse des bin Laden«) hielt sich Osama bin Laden 1996 in London auf und stand dort unter dem Schutz der britischen Geheimdienste. Die Nachricht stimmt überein mit den Aussagen des britischen Geheimdienstagenten Shayler, der dem Reporter des Londoner *Guardian* Martin Bright mitteilte, der MI6 habe 1996 Anas al-Liby, einen der engsten Mitarbeiter Osama bin Ladens, der auf der US-Fahndungsliste der meistgesuchten Terroristen mit 25 Millionen Dollar Prämie für den Fall der Festnahme geführt würde, angeworben, um Lybiens Staatschef Muammar al-Ghaddafi zu ermorden. Bright konnte den Artikel im *Guardian* nicht veröffentlichen und ist dann auf den pakistanischen *The Dawn*, 30. 10. 2002, ausgewichen.

18 *Jane's Intelligence Review*, 1. 10. 1995; vgl. auch *Washington Post*, 3. 10. 2001.

19 Mark Ames John, »John O'Neill: An Unbelievable Life«; Robert Kolker, »O'Neill Versus Osama«, *New York Magazine*, 17. 12. 2001.

20 David Johnston, »FBI terror expert lost track of top-secret plans; Stolen briefcase held report on N. Y. operations«, *New York Times Sunday*, 19. 8. 2001; zum Hintergrund bei Chaim Kupferberg, »The Mystery surrounding the death of John O'Neill«, globalresearch.ca., 13. 6. 2002.

21 Michel Chossudovsky, »Who is Osama bin Laden«, globalresearch.ca, 12. 9. 2001.

Anmerkungen 255

22 Norm Dixon, »How the CIA created Osama bin Laden« (Le Financier Des Reseaux Islamistes), *Le Monde du Renseignement*, Nr. 239 du 20/04/94; Alexandra Richard, »The CIA met Bin Laden while undergoing treatment at an American Hospital last July in Dubai«, *Le Figaro*, 11. Oktober 2001; *Global Pree Press*, »The Top 150 Subpoena List for the 9-11 Commission«.

23 »Afghan War & Islamism Were Made in Washington«, Interview mit Zbigniew Brzezinski, http://emperors-clothes.com/interviews/brz.htm; Norm Dixon, »How the CIA created Osama bin Laden«; Ahmed Rashid, »Taliban: Militant Islam, Oil and Fundamentalism in Central Asia« (Yale University Press).

24 Richard Sanders, »Richard Helms: CIA assassination, regime change, mass murder and Sadam«, globalresearch.ca, 25. 10. 2002; Larry Chin, »The deep politics of regime removal in Iraq: Overt conquest, covert operation«, *Online Journal,* October-November 2002.

25 Andreas von Bülow, a. a. O., S. 117.

26 Andreas von Bülow, *Im Namen des Staates*, Kapitel: »Waffen, Drogen, Söldner und Freiheitskämpfer«, S. 99ff.; »Rauschgifte: Schmiermittel der Geopolitik«, S. 142ff.; »Rauschgift als Zahlungsmittel verdeckter Geheimdienstoperationen«, S. 193ff.

27 Scott, Dale/Marshall, Jonathan, *Cocaine Politics – Drugs, Armies and the CIA in Central America*, S. X/XI mit Anm. 24.

28 Hierzu grundlegend: Alfred McCoy, *The Politics of Heroin – CIA Complicity in the Global Drug Trade,* sowie Scott/Marshall, a. a. O.

29 US-Präsident Ronald Reagan, Rede vom 8. 3. 1985.

30 Ahmed Rashid, »Taliban: Militant Islam, Oil and Fundamentalism in Central Asia«; ders., »Osama Bin Laden: How the U. S. Helped Midwife a Terrorist«, The Center for Public Integrity, 2001.

31 *The New Yorker*, 24. 1. 2000; bin Laden selbst will im Interview mit Robert Fisk, *Independent*, 6. 12. 96, von der amerikanischen Seite der Finanzierung der gesamten Bewegung nichts beobachtet haben.

32 »Telling friend from foe, A bombing in Saudi Arabia raises questions about ties to terrorists«, *U. S. News & World Report*, 27. 11. 95.

33 »Family Affair: the Bushes and the Bin Ladens«, Internet.

34 »Clinton Administration supported the ›Militant Islamic Base‹. Editorial note«, globalresearch, 21. September 2001. Die Hauptanführer der Rebellion in Tschetschenien, Shamil Basayev und Al Khattab, wurden in den CIA-gesponserten Lagern in Afghanistan und Pakistan ausgebildet und indoktriniert. Nach Yossef Bodansky, Direktor der Arbeitsgruppe Terrorismus und Unkonventionelle Kriegführung des amerikanischen Kongresses, wurde der Krieg in Tschetschenien bei einem geheimen Gipfeltreffen der Hizbollah International 1996 in Mogadi-

schu, Somalia, geplant. Vgl. Levon Sevunts, »Who's calling the shots?: Chechen conflict finds Islamic roots in Afghanistan and Pakistan«, *The Gazette*, Montreal, 26. Oktober 1999.

35 »Soldiers of Islam: Origins, Ideology and Strategy of the Taliban«, *Aabha Dixit, Research Associate, IDSA.*

36 Franz Schurmann, »Afghanistan's Taliban Rebels Blend Islam and Maoism«, *Pacific News Service*, 30. 9. 96.

37 »Taliban Victory Hurts Iran, Australia Defence Association«; *Defence Brief*, Oktober 96. Vgl. auch »Gary in Afghan«, *News Update*, 26. 4. 97.

38 *New York Times*, 1. 10. 96.

39 Washington Feminist Faxnet, »The Outrage of the Month: Will this be Your Tax Dollars at Work?«, September 1996.

40 Shahram Akbarzadeh, »The Central Asian Response to Taliban«,

41 Einblick in die Beweggründe der US-Politik in: »US Interests in Central Asia«, Hearing, House of Representatives, Subcommittee on Asia and the Pacific, Committee on International Relations, 12. Februar 1998.

42 »The Family Affair: the Bushes and the Bin Ladens«, 2001. Internet

43 *The Prince George's [Maryland] Journal*, 18. 9. 2001.

44 Einzelheiten in: »Hijack Suspects Tried Many Flight Schools«, *The Washington Post*, 19. 9. 2001.

45 *American Free Press* berichtet am 3. 6. 02, die *New York Times* habe in einer kleinen Notiz die Äußerung des Verkehrsministers Norman Mineta vor dem Verkehrsausschuß des Senats wiedergegeben, wonach Moussaoui nie ein derartiges Ansinnen gestellt habe.

46 Coleen Rowley, »FBI's response to evidence of terrorist activity in the United States prior to September 11th«, Memo to FBI Director Robert Mueller, Time.com, 21. 5. 2002.

47 *New York Times*, 24. Mai 2002, S. 1.

48 Rowleys Memorandum an das FBI vom 21. Mai 2002, S. 3.

49 Rowley Report, S. 4.

50 Rowley Report, S. 7.

51 Zusammenfassung bei Russ Kick, »September 11, 2001: ›No Surprise‹«, Literaturangaben dort in Fußnote 20.

52 Rowley Report, S. 8.

53 Rowley Report, S. 9.

54 *Newsweek*, 3. 6. 2002, S. 22.

55 *New York Times*, 27. Mai 2002, S. A11.

56 Aus *New York Times*, 31. Mai 2002, S. A18.

57 Zum folgenden: Carol A. Valentine, »Operation 911: NO SUICIDE PILOTS« 5. October 2001.

58 *The Washington Post*, 12. September 2001.

59 *The Prince George's [Maryland] Journal*, 18. September 2001.

60 *The Washington Post*, 19. September, 2001, »Hijack Suspects Tried Many Flight Schools«.
61 *The Washington Post*, 19. 9. 2001, S A15.
62 *The Washington Post*, 24. 9. 2001, S. A7.
63 Daniel Hopsicker, »Terrorists Trained at US Bases«, 17. 10. 2001.
64 Dan Eggen, Mary Beth Sheridan, *Washington Post*, 13. 3. 2002; S. A01.
65 Daniel Hopsicker, Radiogespräch, *American Free Press*, 6. und 13. 1. 2003.
66 Daniel Hopsicker, »Mohamed Atta & The Venice Flying Circus«, 13. 11. 2001.
67 Paul M. Rodriguez, »Intelligence Agents Or Art Students?« March 11, 2002; Sylvain Cypel, *Le Monde*, 5. 3. 2002.
68 »Who's trying to kill flight school Owners?« GuluFuture.com, 25. 1. 2003
69 Vgl. Michael C. Ruppert, »Suppressed Details of Criminal Insider Trading lead directly into the CIA's Highest Ranks«, FTW Publications, 9. 10. 2001, sowie Tom Flocco, »Investment Espionage And The White House Bush Administration«. Links to Pre- 9/11 Insider Trading, Centre for Research on Globalisation 26. 7. 2002.
70 Michael C. Ruppert, »Suppressed Details of Criminal Insider Trading Lead Directly Into The CIA's Highest Ranks«.
71 Ernst Welteke, Präsident der Deutschen Bundesbank, zitiert in *Observer*, London, 23. 9. 2001.
72 »Investment Espionage and The White House Bush Administration; Links to Pre-9/11 Insider Trading« by Tom Flocco, 16. Juli 2002. http://www.unansweredquestions.org/Centre for Research on Globalisation (CRG), 26 7. 2002.
73 Tom Flocco, a. a. O.
74 »Investment Espionage and The White House Bush Administration«; Links to Pre-9/11 Insider Trading by Tom Flocco, 16. Juli 2002. http://www.unansweredquestions.org/Centre for Research on Globalisation (CRG), globalresearch.ca, 26 July 2002.
75 »Allegations Regarding Vince Foster, the NSA, and Banking Transactions Spying«, Part XI, by J. Orlin Grabbe.
76 Das Muster ist inzwischen in der amerikanischen Finanzwelt gang und gäbe. So hat Larry Chin, *Online Journal*, 2. 02, darauf verwiesen, daß das riesige Finanzkonglomerat der Citigroup wiederholt der Geldwäsche geziehen worden sei und in ihrem Vorstand John Deutch, den früheren CIA-Direktor, Robert Rubin, den früheren Schatzamtsminister und zugleich eng befreundet mit dem Chef von Enron, aber auch die frühere Verwaltungsdirektorin der CIA Nora Slatkin beschäftige. Zur systematischen, auch personellen Verschränkung geheimdienstlicher Aktivitäten mit Drogenhandel, Geldwäsche und Terror vgl. Andreas von Bülow, *Im Namen des Staates*, S. 142–192.

77 Michael Gilson De Lemos behauptet, die ersten Meldungen über den Verdacht gegen Osama bin Laden seien bereits 50 Minuten nach den Anschlägen aufgezeichnet worden. Vgl. »9-11: Guess Where Bin Laden Was?« Am Tag darauf titelt der *Guardian*: »Finger of suspicion pointed at Saudi dissident Osama bin Laden«, *The Guardian*, 12. 9. 2001.
78 U. S. Department Of Justice Federal Bureau Of Investigation Washington D.C., 14. 9 2001, FBI National Press Office.
79 In der Presseerklärung wurde die Mutter und Gesprächspartnerin Osama bin Ladens mit dem Namen der Stiefmutter aufgeführt. Warum die Stiefmutter und nicht die Mutter das Gespräch geführt haben soll, bleibt unerfindlich. Die Mutter hielt es für ausgeschlossen, daß ihr Sohn die Angriffe geplant haben soll. Vgl. *Free Press International*, »911 Basic Questions«, Nr. 87, The Law Party Com.
80 »Usama bin Laden Says the Al-Qa'idah Group had Nothing to Do with the 11 September Attacks«, Interview in der Zeitung *Ummat*, Karatschi, 28. 9. 2001.
81 *Berliner Zeitung*, 24. 9. 2001.
82 Interview veröffentlicht am 28. September 2001 in der pakistanischen Zeitung *Ummat*, Karatschi.
83 *United Press International*, 28. 9. 2001.
84 Wortlaut der Mitschrift in Englisch bei: http://www.truthout.com/0657.Bin.Laden.Stmt.htm.
85 Steven Morris, »Special Effects Experts Say Fake OBL Tape Fairly Easy To Make«, *The Guardian*, London, 16. 12. 2001.
86 Ivan Amato, »Lying With Pixels«, July/August 2000, Internet.
87 »Wag the Gassed Dog, What Really Happened«, 19. 8. 2002.
88 Felicity Barringer, »Why Reporters' Discovery Was Shared With Officials«, *The New York Times*, 21 1. 2002; G. Pascal Zachary, »Secret Finger-Pointing over Danny Pearl's Death«, Independent Media Institute, 4. 3. 2002.
89 G. Pascal Zachary, a. a. O.
90 Tom Flocco, »Investment Espionage and The White House Bush Administration«, a. a. O.
91 »Pearl's father: ›Israeli connection‹ could hinder investigation«, *Ha'aretz*, Tel Aviv, 25. 2. 2002.
92 Vgl. Chaim Kupferberg, »Daniel Pearl and the Paymaster of 9/11: 9/11 and The Smoking Gun that Turned On its Tracker«, Centre for Research on Globalisation September 2002 (revised 21 September 2002).
93 Reed Irvine and Cliff Kincaid, »Inexcusable CIA failure«, September 27, 2001; Christopher Bollyn, »CIA, FBI Knew Since 1995 About Possible Hijack Scheme«, *American Free Press*; Michelle Mairesse, »Keys to 9/11«.

Anmerkungen

94 U. S. Department of Justice – FBI – National Press Office, Press Release 27. 9. 2001.
95 Im Internet bei CNN.com zu finden unter aa11.victims.
96 Im Internet unter CNN.com zu finden unter aa77.victims.
97 Im Internet unter CNN.com zu finden unter ua175.victims.
98 Im Internet unter CNN.com zu finden unter ua93.victims.
99 »Seven of the WTC Hijackers found alive!« *Al-Ahram Weekly, Weekly online* mit Querverweisen auf die recherchierten Ergebnisse der genannten Zeitungen.
100 Die *Chicago Tribune* berichtet ohne Namensnennung von höheren Beamten des FBI, die gewisse Zweifel zugeben. So eine AFP-Meldung in der *Taipei Times*,« FBI probing if some or all hijackers used stolen Ids«.
101 Quellen zusammengestellt in: »Seven of the WTC Hijackers found alive!« www.muhjahideen.org.uk.
102 Die Stellungnahme der Botschaft gegenüber *The Orlando Sentinel* geht auf die Erklärung des saudischen Innenministers und Prinzen Saud Al-Faisal nach einem Gespräch mit Präsident Bush vor der arabischen Presse in Washington zurück.
103 BBC-Meldung vom 23. 9. 2001.
104 *Al-Ahram Weekly Online*, 27 Sept.–3 Okt. 2001.
105 Zur Frage der geradezu aufdringlichen Beweisspur: »Atta Emerging as Potential Link«, FoxNews.com, 25. 9. 2001.
106 ABCNEWS, Internet Ventures, 28. 9. 01, »Translation of the Hijackers' Note« (Original in arabisch).
107 Robert Fisk, »What Muslim would write: ›The time of fun and waste is gone‹?« *The Independent*, 29. 9. 2001.
108 Fisk, a. a. O.
109 *Al-Ahram Weekly Online*, Issue No. 553, 27. 9.–3. 10. 2001.
110 *Free Press International*, »911 Basic Questions«, Nr. 37, www.TheLawParty.com.
111 *The Toronto Star*, 15. 9. 2001.
112 *Sun Herald*, »A Safe House in North Port«, 24. 09. 2001; Daniel Hopsicker, »Amanda Keller worked out call in Sarasota«, *The Mad Cow Morning News*, 29. 8. 2002.
113 Daniel Hopsicker, »New developments raise troubling questions about ›Pied Piper‹ of terrorist pilots«, *The Mad Cow Morning News*.
114 David S. Fallis and Ariana Eunjung Cha, »Agents Following Suspects' Lengthy Electronic Trail Web of Connections Used to Plan Attack«; *Washington Post*, 4. 10. 01; S A24.
115 Im *The New Yorker* vom 8. Okt. 2001 schrieb der Pulitzer-Preisträger Seymour Hersh: »Viele der Ermittlungsbeamten glauben, daß einige anfänglich zielführende Beweismittel über die Identität der Terroristen

und deren Vorbereitungshandlungen wie Handbücher für Piloten zum Auffinden ausgelegt waren. Ein ehemaliger hochrangiger Geheimdienstoffizier sagte mir: ›Welche Spur auch immer hinterlassen wurde, sie wurde mit Absicht gelegt – zur Aufnahme der Jagd durch das FBI.‹«

116 »Atta Emerging as Potential Link«, FOXNews.com, 25. 9. 2001.
117 So der Sprecher des Government Printing Office, Andrew Sherman.
118 James Bamford, »Bush wrong to use pretext as excuse to invade Iraq«, *USAToday,* 29. 8. 2002.
119 Der Treff des irakischen Geheimdienstlers war mit einer Person anderen Namens zustande gekommen und vom tschechischen Geheimdienst überwacht worden. Nach dem 11. 9. meldete der observierende Dienst den amerikanischen Stellen, man habe Mohammed Atta wiedererkannt.
120 Der Knopf zum Mithören der Gespräche an Bord durch die Bodenstation muß gedrückt worden sein. George Szamuely, »9-11: Ho-Hum, Nothing Urgent«, 9. 1. 2002.
121 Vgl. ebd.
122 »Unanswered questions: The mystery of Flight 93«, *London Independent*, 13 August 2002.
123 Einzelheiten in George Szamuely, »Scrambled Messages on 9-11«, *New York Press*, 14 December 2001; Centre for Research on Globalisation (CRG), globalresearch.ca., 14 December 2001.
124 »Unanswered questions: The mystery of Flight 93«, *London Independent*, 13 August 2002.
125 »›Explosives Planted In Towers,‹ New Mexico Tech Expert Says« [Posted 14 September 2001]: http://emperors-clothes.com/news/albu.htm.
126 »In Curious Battle: An Expert Recants on Why WTC Collapsed«. http://emperors-clothes.com/news/albu.htm.
127 Eric Hufschmid, *Painful Questions; An Analysis of the September 11th Attack*, S 1f.
128 Joe Vialls, »The Mother of All Lies About 9/11: Barbara Olson's ›Phone Call‹ From Flight 77«, 27 3. 2002.
129 *Telegraph*, London, 5. 3. 2002.
130 Zum folgenden vgl. »Unanswered questions: The mystery of Flight 93«, *London Independent*, 13. 8. 2002.
131 Vgl. A. K. Dewdney, »›Project Achilles‹ Report, Part Two – February 25th 2003«. In der Untersuchung wurde die Leistungsfähigkeit von Handys verschiedener Hersteller für Gespräche aus dem Flugzeug zum Boden in einem Flugmanöver getestet und wissenschaftlich ausgewertet.
132 »Hero's final phone call«, *BBC News World: America*, 17 September, 2001.

Anmerkungen 261

133 *BBC News Events*: »News Night«. Alison Hoglan interview transcript.
134 Vgl. Joe Vialls, »›Let's roll‹ On United Flight 93 – The Saddest Lie Of All«, 20.-22. 9. 2002.
135 *New York Times*, 22. 11. 2001.
136 John Carlin, »Unanswered questions: The mystery of Flight 93, Shanksville«, 13. 8. 2002.
137 Daß die Anschläge genau am 11. 9. stattfanden (Amerikaner schreiben das Datum als 9-11), verblüfft dann doch. Es scheint eher unwahrscheinlich, daß Ausländer diese Übereinstimmung mit der amerikanischen Notrufnummer symbolträchtig ausnutzen würden.
138 Website: »How Did United Flight 93 Crash?«
139 »Carl Cameron Investigates: All US Phone Call Records And Billing Done In Israel«, Part 2, FoxNews.com, 12-13-1, wiedergegeben bei Rense.com, da unter FoxNews.com aus dem Internet genommen.
140 Sylvain Cypel, »An Enigma: Vast Israeli Spy Network Dismantled in the United States«; *Le Monde*; 5. 3. 2002.
141 Brian McWilliams, »Instant Messages To Israel Warned Of WTC Attack«, *Newsbytes*, New York, 27. 9. 2001.
142 »Nessie, Operation 911: No Suicide Pilots«, 10. 2001 by Carol A. Valentine.
143 Michael Gilson De Lemos, »The 9-11 Box-Cutter Mystery«, *The Laissez Faire Electronic Times*, 26. 8. 2002.
144 Die folgende Argumentation wäre nicht ohne die sorgfältige, die Einzelheiten hervorragend aufarbeitende Broschüre Eric Hufschmids, *Painful Questions*, entstanden. Dem Autor sei Dank gesagt für die großzügige Überlassung der Bilder und Systemskizzen, die leider nur zum geringsten Teil wiedergegeben werden können.
145 www.fema.gov/library/wtcstudy.shtm.
146 Christopher Bollyn, »New York Firefighters' Final Words Fuel Burning Questions About 9.11«, *American Free Press*.
147 www.fema.gov/library/wtcstudy.shtm.
148 »World Trade Center Attacks compared to a Volcano«, *American Geophysical Union Report*, 16. 11. 2001; Christopher Bollyn, »Seismic Evidence Points to Underground Explosions Causing WTC Collaps«, *American Free Press*, 28. 8. 2002.
149 »The Deep Mystery of Melted Steel«, *WPItransformations*, Spring 2002.
150 J. McMichael, »WTC: Proponents of Planted Bombs Still Going & Going«, 23. 10. 2001.
151 J. McMichael, »9/11 Terror: Muslims Suspend Laws of Physics!«, jmcm5@lycos.com.
152 Wortlaut bei: http://www.public-action.com/911/jmcm/ABQjournal.
153 Hufschmid, a. a. O., S. 69, Figure 6-4, Figure 6-6, Figur 6-5.

154 Committee on Science, Hearing world trade center collapse, 6. 3. 2002, S. 1.
155 *The New York Times*, 25. 12. 2001.
156 Zitiert aus: Eastday.com, 24. 01. 02.
157 Congressman Boehlert, Committee on Science, Hearing, 6. 3. 2002.
158 Eric Hufschmid, *Painful Questions; An Analysis of the September 11th Attack*, S 5.
159 FEMA REPORT, www.usfa.fema.gov/techreps/tr049.htm.
160 FEMA Report WTC, Mai 2002.
161 »Insurers Debate: One Accident or Two?« *International Herald Tribune*, 10. 10. 2001.
162 Fintan Dunne, WAG THE WTC II; THE BLOCKBUSTER *PART II* OF EXPOSING THE WTC BOMB PLOT.
163 Eric Hufschmid, *Painful Questions; An Analysis of the September 11th Attack*, S 10.
164 Bild bei Hufschmid; a. a. O., Fig. 5-30.
165 Hufschmid, a. a. O., Fig. 5-31/32/33.
166 Gebäude 7: Außenkonstruktion fällt auf kleinen Schutthaufen, Fig. 5-34.
167 Christopher Bollyn, »Unexplained 9-11 Explosion at WTC Complex«, *American Free Press*, 14. 7. 02.
168 Eine eindrucksvolle Zusammenstellung bei Patrick Martin: »Was the US government alerted to September 11 attack?« 16. 1. 2002; im Internet erscheint eine detaillierte Top-Secret-Zusammenfassung des BND über die sehr genauen Warnungen an den amerikanischen Präsidenten durch verschiedene, auch deutsche Dienste in englischer Übersetzung unter »Full English Text Of The German Intelligence Report. We have it!« Die sehr direkte Sprache, das Zitieren der Quellen, die unverblümte Beleuchtung des Ölhintergrunds der Bush-Administration erwecken Mißtrauen in bezug auf die Echtheit. Doch wer verfaßte dann die Fälschung zu welchem Zweck?
169 FBI-Direktor Robert Mueller, Vortrag über Beweise, die die 19 angeblichen Hijacker mit den Attacken des 11. 9 verbinden, Commonwealth Club, San Francisco, 19. 4. 2002.
170 John J. Lumpkin, »Spy Agency Planned Exercise On September 11 Built round A Plane Crashing Into A Building«, *Associated Press Writer*, 22. 8. 2002.
171 Vgl. »Frontline: Bigger than Enron; Top Congressional Recipients of Enron Contributions 1989-2001«, The Center For Responsive Politics. Ansonsten gebe man in die Suchmaschine Enron + (Name des Politikers) ein.
172 *National Enquirer*, 26. 2. 2002, wiedergegeben bei: Tom Flocco, »Investment Espionage and The White House Bush Administration;

Links to Pre-9/11 Insider Trading«, 16. 7. 2002. http://www.unansweredquestions.org/Centre for Research on Globalisation.
173 David Ensor, »CIA Admits Using Anthrax But Claim No Link To Letters«, CNN Washington Bureau 17. 12. 2001; Elaine Zacky, »FBI Implicated In Anthrax Mailings Cover-Up«, Tetrahedron Publishing Group, News Release, 3. 1. 2002.
174 »Bush asks Daschle to limit sept. 11 probes«, *CNN*, 29. 1. 2002.
175 Zitat bei Media Gumbel Joined: »When Did He Know It?«, Mantra Research CyberAlert 17. 5. 2002.
176 »Is truth a victim?« Madeleine Holt, *BBC News Night Archive*.
177 Vorschrift FAA und National Military Command Center bei George Szamuely, »9-11: Ho-Hum, Nothing Urgent«, 9. 1. 2002.
178 Paul Thomson, »Flight 11 Timeline«.
179 Daten aus »Timetable 11. September 2001«. Man beachte auch die Schwankungsbreite mancher Zeitangaben, die nur in einer amtlichen und öffentlich gemachten Untersuchung eingeengt bzw. exakt verortet werden könnten.
180 »Flight 93 Timeline«.
181 »Blair Controls Response to Hijack«, *London Times*, 29 Sept 2001; Commander-in-Chief of Russian Airforce, Anatoli Kornukov, *Pravda online*: 12. September 2001.
182 George Szamuely, Illarion Bykov and Jared Israel, »9-ll: Ho-Hum, Nothing Urgent«, bei http://emperors-clothes.com/indict/urgent.htm.
183 Michel Chossudovsky, »Osamagate, The Whole Story«, *True Democracy*, Herbst 2001.
184 Vgl. Lord Curzon, *Russia in Central Asia*.
185 Samuel P. Huntington, *Kampf der Kulturen: Die Neugestaltung der Weltpolitik im 21. Jahrhundert*.
186 Thomas Powers, »The Trouble with the CIA«, *The New York Review of Books*, 17. 1. 02.
187 »Senators Criticize FBI, Justice, Whistle-Blower's Allegations Ignored, Lawmakers Say«, *The Washington Post*, 31. 8. 2002.
188 Darstellung u. a. bei Donn de Grand Pré, »The Enemy is inside the Gates – Commercial Jets as guided Missiles«.
189 Der Pilot der AA 11 von Boston nach Los Angeles hatte spätestens ab 8 Uhr 14 keinen Kontakt mehr mit der Flugleitzentrale. Doch die kann dann plötzlich über Radio Stimmen der angeblichen Entführer mithören: »We have some planes. Just stay quiet and you will be OK. We are returning to the airport. Nobody move, everything will be OK. If you try to make any moves you'll endanger yourself and the airplane. Just stay quiet.« Um 8 Uhr 33: 59 hört die Bodenkontrolle erneut die

Stimmen der Entführer: »Nobody move, please, we are going back to the airport. Don't try to make any stupid moves.« Um 8 Uhr 45 raste die Maschine in den Nordturm des WTC. Vgl. Michael Ellison, »›We have planes. Stay quiet‹ – Then silence«, *The Guardian*, 17. 10. 2001.
190 Joe Vialls, »›Home Run‹. Electronically Hijacking the World Trade Center Attack Aircraft«, Oktober 2001, neuester Stand 11. 4. 2002.
191 Carol A. Valentine, »Operation 911 – No Suicide Pilots«, Rense.com.
192 *New York Times* (IHT, 17. 10. 2001, S. 8).
193 Carol A. Valentine, »Operation 911 – No Suicide Pilots«, Rense.com.
194 »Two 911 Jetliners EXCEEDED Their Software Barriers«, FriendsOfLiberty.com; submitted by Anonymous.
195 Eric Hufschmid, *Painful Questions*, S. 102, Foto 9-9 mit der Erklärung der Navy: »Feuerwehrmann vor dem Loch, wo Flug American Airlines Flight 77 schließlich nach dem Einschlag ins Pentagon zum Halt kam.«
196 Thierry Meyssan, *11. September. Der inszenierte Terrorismus, Auftakt zum Weltenbrand? Kein Flugzeug traf das Pentagon!*; ders.: »Who was Behind the September 11th Attacks?«
197 Siehe die sehr sorgfältige Darstellung bei Eric Hufschmid, *Painful Questions; An Analysis of the September 11th Attack*.
198 Datumangabe auf Video: 12. 9. 2001 statt 11. 9.; Zeitangabe: 17:37:19 statt 9:39 und einige Sekunden. Die Videobilder sind zu sehen bei Eric Hufschmid, *Painful Questions*, S. 97.
199 Eric Hufschmid, *Painful Questions*, S. 97.
200 Eric Hufschmid, Painful Questions S. 105.
201 Eric Hufschmid, *Painful Questions;* Figure 9-4/5/6/7, S. 100 - 101.
202 »Secret C.I.A. Site in New York Was Destroyed on Sept. 11«, *New York Times*, 4. 11. 2001.
203 *Telegraph*, Nashua, New Hampshire, 13. September 2001.
204 An Bord waren ägyptische Militärs, die gegen erbitterten israelischen Protest an Apache-Hubschraubern ausgebildet worden waren. Zu den Hintergründen vgl. die Darstellung von Walid Batouty: »Egypt Air 990«.
205 Eric Hufschmid, a. a. O., S. 78.
206 »More Questions And Coincidences«, Rense, 10-1-1.
207 J.R. Barnett, R.R. Biederman, and R.D. Sisson, Jr., »An Initial Microstructural Analysis of A36 Steel from WTC Building 7«; Dezember 2001.
208 Hufschmid, a. a. O., S. 102.
209 Mark Ames John, »John O'Neill: An Unbelievable Life«.
210 Allan B. Colombo, »Did Our Intelligence Community Really Fail Us?«; Joe Allbough war in der Regierung des Staates Oklahoma, als dort das Federal Building durch einen Terrorangriff zerstört wurde; er war in

Texas Stabschef des damaligen Gouverneurs George W. Bush und Wahlkampfmanager Bushs im Präsidentschaftswahlkampf.
211 Peter Bonnell, »World Trade Center, Part IV«, TIDBITS, 10/28/01.
212 *Newsweek*, 24. 9. 2001.
213 Abbildung des Belegungsplans Flug AA 11 bei Eric Hufschmid, *Painful Questions*, S. 81.
214 Victor Ostrovsky, *Der Mossad*; Ari Ben-Menashe, *Profits of War; Inside the Secret U.S.-Israeli Arms Network*.
215 »British Jews at odds after rabbi criticises Israel's ›colonialism‹ policies«, *Independent*, 28. 10. 2001.
216 »Instant Messages To Israel Warned Of WTC Attack«, *The Washington Post*, 27. 9. 2001.
217 Christopher Bollyn, »Israeli Company Mum About Perfect Timing Of WTC Pullout«, *American Free Press*, 5. 9. 2002.
218 Ted Bridis, »US Deports Israeli Spy Suspects«, *Associated Press Online*, 5. März 2002.
219 Die israelische Botschaft dementierte, die israelische Lobbyorganisation in den USA AIPAC sprach von Erfindungen. Vgl. Sylvain Cypel, »Israeli Spy Network Dismantled in the United States«, *Le Monde*, 5. 3. 2002.
220 Text bei »Federal Document Clearing House: Carl Cameron Investigates Part 1«, 13. 12. 2001.
221 DEA-Bericht auszugsweise in Justin Raimondo, »9/11: WHAT DID ISRAEL KNOW? and when did they tell us?«
222 »The White Van – Were Israelis Detained On Sept. 11 Spies?« *ABC News*, 21. 6. 02.
223 Marc Perelman, »Americans Probing Reports of Israeli Espionage«, *Forward*, 15. 3. 2002; vgl. auch Yossi Melman, »Israelis Detained For ›Puzzling Behavior‹ After WTC Tragedy«, *Ha'aretz*, 17. 9. 2001.
224 Die Abhandlung des *Forward* ist aus dem Internet entfernt. Zitate bei www.antiwar.com/justin/j031502.html.
225 Michelle Mowad, *The Mercury*, 17. 10. 2001.
226 »Tür an Tür mit Mohammed Atta«, *Die Zeit*, 24. 7. 2002.
227 Zbigniew Brzezinski, *Die einzige Weltmacht: Amerikas Strategie der Vorherrschaft*.
228 Prof. Michel Chossudovsky, »OSAMAGATE«, Centre for Research on Globalisation (CRG), Montréal.
229 Sendung »ABC News« – die Sendung ist zitiert bei Chaim Kupferberg, »The mystery surrounding the death of John O'Neill: The propaganda preparation for 9/11«.
230 »The Top 150 Subpoena list for the 911 Commission«, *Global Free Press*.

231 Alexandra Richard, »The CIA met Bin Laden while undergoing treatment at an American Hospital last July in Dubai«, *Le Figaro*, 11. Oktober 2001.
232 Samuel P. Huntington, *Kampf der Kulturen. Die Neugestaltung der Weltpolitik im 21. Jahrhundert.*
233 John W. Whitehead, »Operation Northwoods: Déjà vu or Coincidence?«, www.razormouth.com, 3. 3. 2003.
234 Noel Koch, U.S. Congress, Senate, Committee on Governmental Affairs, »Hearings on Terrorism: Interagency Conflicts in Combating International Terrorism«, S.124.
235 *Rebuilding America's Defenses: Strategy, Forces and Resources for a New Century, A Report of The Project for the New American Century,* September 2000.
236 »Some catastrophic and catalyzing event.«
237 »Study Group on a New Israeli Strategy Toward 2000«, The Institute for Advanced Strategic and Political Studies.
238 »Once banned opium poppies returning to the fields of Afghanistan«, *Canadian Broadcasting Corporation(Ca)*, January 30, 2002.
239 Paul Harris, »The heroin factor: Victorious warlords set to open the opium floodgates«, *The Observer*, 25. 11. 2001.
240 Die Opiumernte fiel von 4042 auf knapp 82 Tonnen, nachdem der oberste Häuptling der Taliban das Verbot des Mohnanbaus 18 Monate zuvor verkündet hatte. Vgl. Reuters Latin American News Service, 27. 11. 2001.
241 So der stellvertretende Außenminister der USA, Strobe Talbott, 31. 7. 1997; der US-Vizepräsident Dick Cheney, damals Geschäftsführer der gigantischen Ölzuliefergesellschaft Halliburton, meinte 1998: »Ich kann mich nicht erinnern, daß je eine Region so plötzlich zu strategischer Bedeutung emporgestiegen wäre wie das kaspische Becken.«
242 Vgl. Gilles d'Aymery, »Osama Bin Laden: Convenient Scapegoat?« 29. 10. 2001.
243 Vgl. http://www.msnbc.com/news/629529.asp.
244 Craig Hoyle, Andrew Koch, »Yemen drone strike: just the start?« *Jane's Defence Weekly*, 8. 11. 2002.
245 AND YE SHALL KNOW THE TRUTH AND THE TRUTH SHALL SET YOU FREE, Johannesevangelium 8:32.

REGISTER

AA Flug Nr. 11   15, 56, 76, 78, 95, 98f., 111, 132, 134, 174, 202, 205
AA Flug Nr. 77   16, 48, 55, 77, 83, 94, 98f., 115-117, 120, 122, 175f., 194-200, 203
ABC News   131
AFP   222
Ahmed Umar Sheik   74
Ahmed, Fayez   77
Al Faisal Al Saud, Turki   229
Al Kaida   7f., 11, 30-32, 34, 42f., 47, 51-53, 66, 72-75, 113, 117, 161, 167, 174, 179, 210, 223, 227, 231, 236-239, 241, 244, 250, 252
Al Suqami, Satam   76
Al-Dschasira   71
Alex Brown Investment Division   62f.
Alghamdi, Ahmed   77
Alghamdi, Hamza   77
Alghamdi, Saeed   77, 94f.
Alhamzi, Nawaq   56, 76, 107
Alhamzi, Salem   76, 94
Alhaznawi, Ahmed   77
Allbaugh, Joe   212
Al-Midhar, Khalid   56, 76, 222
Alnami, Ahmed   77
Alomari, Abdulaziz   77, 94-97
Al-Shehhi, Marwan   56, 58, 77, 106-108

Alshehri, Mohald   77, 94
Alshehri, Wail   77
Alshehri, Waleed   76, 95
AMDOC   128
American Airlines   61f.
American Express   161
American Press   159
Andrew Air Force Base   194
Andrews Airbase   176f.
Anthrax   51, 168f., 203
Arafat, Jassir   69, 215
Armitage, Richard   233
Ashcroft, John   52, 126, 131
Associated Press   83, 87, 90, 92, 95, 127
Astaneh-Asl, Abdolhassan   114, 155
Atta, Mohammed el Amir   96, 101f.
Atta, Mohammed   48, 53, 55f., 58, 68, 74, 77, 96f., 99-109, 148, 222, 241
AWACS   208
Ayatollah Khomeini   34

Banker's Trust   62f.
Barbouti, Ishan   36
BBC   71, 93, 95, 172
Beamer, Todd   123f.
Ben-Menashe, Ari   214
Bernard, Marcel   55

Bhutto, Benazir 45
Bin Laden, Osama 7f., 11, 23f., 28-34, 40-43, 49, 51, 53, 65-73, 105, 113, 116f., 167, 170, 173f., 179, 181, 210f., 223, 227-231, 239-241, 244, 250
Binalshibh, Ramzi 106
Bingham, Mark 124
Blair, Tony 68
Bloomberg, Michael 156
Bodine, Barbara 30-32
Boehlert, Sherwood L. 156
Boston-Logan Airport 96, 100-103, 111, 175
Bowie's Maryland Freeway Airport 55, 195
Brzezinski, Zbigniew 34, 37, 41, 224-226, 232
Büro für Alkohol, Tabak und Feuerwaffen (BATF) 26
Bush, George W. 8, 10, 12, 20f., 32, 42, 52, 62, 64-67, 94, 116, 121, 126, 131f., 155, 157, 164f., 168, 171f., 194, 210, 221, 223f., 228, 231-236, 240-243, 245f.
Bush, George 65, 164
Bush, Jeb 60, 233

Cameron, Carl 218
Cannistraro, Vincent 63
Carlyle Group 65, 228
Carter, Jimmy 224
Castro, Fidel 232
CBS News 131
Cheney, Richard B. 67, 171, 223f., 232, 234, 241, 245
CIA 9-12, 23f., 26, 28f., 32-35, 37-45, 47, 50, 59f., 62-64, 68, 73-75, 98, 161, 167-170, 172, 179, 181f., 202, 214, 222, 226-231, 239, 241, 243f., 252
Clinton, Bill 28, 157f.

CNN 66, 78, 98, 116-119, 171, 206
Comverse Infosys 128
Controlled Demolition 27, 151
Corbett, Glenn 114, 157
Cramer, Glen 127
Curzon, Lord George Nathaniel 181

DARPA (Defence Advanced Projects Agency) 190-192
Daschle, Tom 171
Dayle, Dennis 40
Daily Mirror 93
Daily Telegraph 95f.
Daily Trust 95
DEA (Drug Enforcement Agency) 26, 40, 60, 217-220, 239
Dekkers, Rudi 59
Delta Oil Company 46
Deutsche Bank 63
Deutsche Bundesbank 62
Dulles International Airport 167, 175, 194

Eberhart, Ralph 178
Egypt Air Flug Nr. 990 207f.
Embry-Riddle Aeronautical University 95
Enduring Freedom 238
Energetic Materials Research and Testing Center 151
Enron 162, 168f.
Export-Import Bank 164

FBI 10, 24-26, 30f., 47-53, 55, 58, 60-62, 68, 70, 76, 92-99, 101-104, 107f., 110, 122, 126f., 129, 157, 167-170, 180f., 186f., 200, 210-213, 220-222, 250
Federal Aviation Administration (FAA) 111, 173f., 203, 207

FEMA (Federal Emergency Management Administration) 138, 141, 143, 158f., 161, 163, 201f., 212
FinCen 62, 64, 167
Fire Engineering 157
Fisk, Robert 101
Florida Flight Training Center 59
Forward 221
Fox News 119, 131, 218
Franklin, Tom 162, 206
Französischer Geheimdienst 49f., 52
Frasca, Dave 50-53
Freedom of Information Act 243

Goldman Sachs 61
Goulatta, Pete 55
Grussley, Charles E. 51

H'aaretz 129
Hanjour, Hani 48, 55f., 76, 195
Hauer, Jerry 202f., 210
Hekmatyar, Gulbuddin 24, 43, 45
Helms, Laili 47
Helms, Jesse 47
Hitler, Adolf 171, 232
Hoagland, Jim 121
Huffman Aviation 56, 59f.
Hufschmid, Eric 161, 199, 205, 209
Huntington, Samuel 181, 229

Independent 93, 95, 101
Indischer Geheimdienst 74
Institute for Advanced Strategic and Political Studies 235
International Officer's School 58
Irakischer Geheimdienst 108
ISI (pakistanischer Geheimdienst) 38f., 41, 43, 45, 74, 227
Israeli Herzliya International Policy Institute for Counterterrorism 61

Jarrahi, Ziad 77, 107
John F. Kennedy Airport 193, 207
John Jay College of Criminal Justice 157
Jones Aviation Flying Service 56

Kennedy, John F. 230
Kennedy, Tom 213
KGB 11, 180
Kissinger, Henry 9, 31, 226
Kristol, William 232
Krongard, A. B. »Buzzy« 62f.
Kruithof, Arne 59

Lamont-Doherty Earth Observatory 149
Langley Airport 175
Leahy, Patrick J. 51
Leber, Georg 176
Lehrer, Jim 131
Lemnitzer, Lyman L. 230
Levin, Carl 63
Lewinsky, Monica 157f.
Loizeaux, Mark 151
London School of Economics 225
London-Heathrow Airport 178

Mackinder, Sir Halford 225
Maxwell Air Force Base 58
McVeigh, Timothy 25-27
Merryll Lynch 61f.
Meyssan, Thierry 197f., 200
MI6 (britischer Geheimdienst) 43
Militärischer Abschirmdienst (MAD) 25-27
Mineta, Norman 49
Mitchell, Larry 33, 229
Moqed, Majed 76
Morgan Stanley Dean Witter 62, 213
Mossad 10, 29, 37, 128, 186-188, 214, 216-221

Register

Mossadegh, Mohammed 34
Moussaoui, Zacarias 48-53, 108
Mueller, Robert S. 50, 52-54, 126, 166
Mujaheddin 37, 45, 240
Myers, Richard B. 112, 177f.

Naik, Niaz 241
National Institute of Standards and Technology 157
National Reconnaissance Organization 167
National Urban Search and Rescue 213
NASA 210
NATO 68, 187
Netanjahu, Benjamin 235, 245
Neue Strategie 2000 für den Staat Israel 236
New York Port Authority 159, 201
New York Times 31, 95, 114, 126, 141, 156, 232
New Yorker 210
Newsweek 57, 126
Nichols, Terry 27
Nixon, Richard M. 9
NORAD 111f., 173f., 178
Noriega, Manuel 244
NSA (National Security Agency) 10, 63

O'Neill, John 30, 32, 210, 212
Odigo 129, 216
Oklahoma Federal Building 25, 181, 251
Olson, Barbara 116-120
Olson, Ted 47, 116-121
Ong, Betty 132
Oppenheim Stocks 213
Ostrovsky, Victor 186, 214
Otis Airbase 175

Patriot Act 242
PBS 131
Pearl Harbor 170, 229f., 234, 236, 246-248
Pearl, Daniel 74f.
Penasola (Marineflieger-Stützpunkt) 57
Pentagon 16, 30, 32, 48, 53, 57, 72-75, 107, 110-113, 115-117, 121f., 152, 167, 173, 175f., 179, 189f., 195-199, 209f., 213, 233-235, 241
Perle, Richard 232, 235
Portland Airport 96, 101-103
Powell, Colin 67, 69
Projekt für ein Neues Amerikanisches Jahrhundert 180, 231f., 236-238, 242, 250

Rabin, Yitzhak 216
Rather, Dan 131, 172, 213
Reagan, Ronald 36, 41, 234
Reza Pahlewi, Schah 34
Romero, Van D. 151-153
Roosevelt, Franklin D. 170, 229, 234
Rowley, Coleen 49, 51f.
Royal Air Moroc 95
Rumsfeld, Donald 36, 67, 116, 131, 178, 223, 232, 234, 241

Saddam Hussein 7, 34-37, 73, 108, 164, 204, 223, 226, 234f., 241f., 244, 250
Salomon Brothers Building 153
Salomon Smith Barney 161
Sarasota Bradenton Airport 56
Saud al Faisal 94
Saudi Air 95
Saudischer Geheimdienst 31, 33, 41f., 227
Scharon, Ariel 69, 214f., 235, 245

Register

Schröder, Gerhard 68
SEC (Security and Exchange Commission) 63, 161f.
Secret Service 21
Segalovitz, Peer 219
Shanksville (Absturzstelle) 17, 110, 112, 122, 129, 189
Silverstein, Larry 159f., 201, 210
Sorbi's Flying Club 56
Specter, Arlen 51
State Department 24, 32, 47, 67, 69, 233, 250
Stewart International Airport 207f.

Taggart, Chris 46
Taliban 8, 11, 34, 43-47, 67f., 72, 174, 223, 227f., 238-241, 244
Technische Universität Hamburg-Harburg 104f.
Telegraph 119
Thomson, Larry 119
Time 108

UA Flug Nr. 175 15f., 56, 77, 87, 98f., 143, 202, 205
UA Flug Nr. 93 17, 77, 91, 95, 98f., 110, 113, 122-127
United Airlines 61f.
Unocal 46f.
Urban Moving Systems 221
US Space Command 178
US-Zollverwaltung 161, 164

Vanity Fair 126
Vereinte Nationen (UN) 10, 36
Vialls, Joe 189

Wall Street Journal 73-75
Washington National Airport 196
Washington Post 31, 54-58, 121
Westfield America 159f.
White Aryan Supremacists (Weiße Überlegenheitsarier) 25, 27
Williams, Kenneth 51f.
Wolfowitz, Paul 67, 232, 234f.
World Trade Center 15, 17, 23f., 29-31, 53f., 58, 61f., 66, 75, 100, 110f., 113, 122, 129, 131, 133f., 141, 146, 148, 153f., 157-162, 164, 173, 175, 178, 181, 185, 189, 196, 201, 203-205, 211-213, 216, 220, 241, 251
WTC-Gebäude 5 154, 163
WTC-Gebäude 6 153f., 163f.
WTC-Gebäude 7 153f., 157f., 160-163, 201-208
WTC-Nordturm 15, 17f., 54, 111f., 134, 138, 140-143, 146f., 149-151, 162f., 175f., 179, 201f., 205, 212
WTC-Südturm 15, 17f., 54, 107, 140, 143-146, 149-151, 162f., 175f., 179, 196, 201f., 205, 212

Zeit 222
Zim 216

PIPER

Andreas von Bülow
Im Namen des Staates

CIA, BND und die kriminellen Machenschaften der
Geheimdienste. 627 Seiten. Serie Piper

Der sogenannte KoKo-Untersuchungsausschuß im Deutschen Bundestag sollte eigentlich Klarheit in die Stasi-Machenschaften des Herrn Schalck-Golodkowski bringen. Doch sobald die Rede auf westliche Geheimdienste und ihre Rolle im schmutzigen Spiel um Waffen, Geld und Drogen kam, wurde abgeblockt. Die Bösen saßen nur im Osten – BND, CIA und Mossad waren sauber. Der Abgeordnete von Bülow wurde mißtrauisch, begann auf eigene Faust zu recherchieren und deckte schließlich eine systematische Verschränkung geheimdienstlicher Operationen mit der organisierten Kriminalität und dem Terrorismus auf: Geheimdienste produzieren Schwarzgeld, mit dem sie illegale Operationen finanzieren, machen Gewinne im Rauschgifthandel und verüben Attentate – die Liste ist ebenso lang wie aufsehenerregend. Ein packender und schockierender Tatsachenbericht.